# 여성과 사회

서동희 지음

신정

# 머/리/말

'젠더'에 대한 획일적인 사고방식에서 벗어나려면 어떻게 해야 하나?

우리는 언제 성별화된 사회구조를 벗어나 '젠더중립' 사회에서 경쟁하고 '주체'로서 평등한 삶을 영위할 수 있을까?

이것이 지난 세월 대학에서 사회복지학과 행정학 관련 강의를 하면서 늘 고민해 왔던 주제다. '여성가족부'의 존폐논란, 여대에서만 강세를 보이는 젠더 관련 과목들, 학회의 여교수 모임쯤으로 보이는 여성 관련 섹션들, 또한 우리 삶 속에 뿌리내린 가부장적 이념을 보편적 현실로 받아들여 사회의 소수자로 간주되는 여성의 지위(?), 폭력, 혐오 등. 그리고 상대적 박탈감과 역차별에 분노하는 한국의 20대 남성들….

남녀의 '차이'를 부정하는 어리석은 사고로부터 상대의 '성'을 혐오하며 이분화시키고자 하는 그릇된 행동에 이르기까지 우리는 스스로에게도 상대에게도 계속하여 생채기를 남기는 과오를 범하고 있다. 오래된 고정관념을 통해 전수되어 온 성에 대한 이해나 가치는 사회변화와 더불어 변하는 특성을 갖고 있으므로 '젠더'는 서로를 교감하고 공유하는 노력 속에서 상대의 성이 미래의 나의 성이 될 수 있다는 생각으로 인정하고 이해해야 할 것이다.

현재 한국여성들의 현실은 녹녹치 않다. 여권이 신장하여 사회의 모든 영역에서 여성들이 약진하고 있다지만 사회에서의 역할은 여전히 주변인 혹은 예비군 정도에 머무르고 있는 실정이다. 국내·외에서 제시하고 있는 각종 지표가 이러한 사실을 증명하고 있건만 과거에 비해 나아졌다는 이유만으로 위안을 삼기에는 국민소득 4만 달러를 눈앞에 두고 있는 선진국의 삶의 질이라 하기 어렵다.

이 책은 젠더의 개념과 여권론의 이론, 인권, 조직, 정부 및 사회복지의 영역을 여성주의적 분석이라는 주제로 풀어내고 있다. '젠더'보다는 '여성주의'라는 표현을 굳이 고집하는 이유는 여성주의적 경험연구임을 좀 더 강하게 피력하기 위함이다. 또한 각 챕터에서 제시하고 있는 사회의 각 영역에서 여성주의적 관점을 가지고 젠더불평등 구조를 찾고 변화의 필요성을 제기하는 노력이 WID와 GAD는 넘어 여성주류화를 체화할 수 있는 방법이라 생각하기 때문이다.

본 교재는 총 5개의 Part로 구성되어 있다. Part 1에서는 젠더의 개념과 여성연구의 관점을 소개하고 Part 2에서는 여성인권의 이해를 바탕으로 폭력과 여성의 가사노동에 대해 다룬다. Part 3의 여성과 조직에서는 노동시장, 조직문화, 리더십을, Part 4에서는 여성정책의 변천과 젠더평등을 위한 정부정책들에 대해 살펴본다. 그리고 Part 5는 여성과 사회복지를 다루고 있는데 여성과 복지국가모델, 여성과 사회보장제도가 포함되어 있다.

이상 간략하게 소개한 바와 같이 이 교재에서는 여성과 사회를 중심으로 관련된 주제들을 될 수 있는 한 포괄적으로 다루고자 시도하였다. 그러나 여러 측면에서 부족한 자료와 내용의 아쉬움이 존재하는 바, 수업을 수강하는 제자들과 조금씩 채워나가고자 한다.

2024년 1월

저자 서동희

# 차/례

머리말 ▪ 3

## PART 01 젠더의 개념과 여성연구

Chapter 01 젠더(Gender) 12

1. 여성과 남성의 차이 13
   1) 생물학적 성 차이 13
   2) 사회적 성 차이 13
2. 가부장제와 자본주의 20
3. 사회의 성(gender) 불평등 22

Chapter 02 여성연구의 관점 28

1. 젠더개혁(reform) 페미니즘 31
   1) 자유주의 페미니즘 31
   2) 마르크스주의 페미니즘과 사회주의 페미니즘 32
   3) 탈식민주의 페미니즘 34
2. 젠더저항(resistance) 페미니즘 35
   1) 급진적 페미니즘 35
   2) 레즈비언 페미니즘 36
   3) 정신분석학 페미니즘 37
   4) 관점 페미니즘 38

3. 젠더반란(rebellion) 페미니즘 39
1) 남성 페미니즘 39
2) 사회구성 페미니즘 40
3) 포스트모던 페미니즘과 퀴어 이론 40

PART 02 여성과 인권

Chapter 03 여성인권의 이해 44

1. 여성인권론 44
2. 인권과 다문화주의 47
1) 인권과 문화적 차이 47
2) 우리나라 결혼이주민여성의 인권 48
3. 체계적 배제의 여성인권 52

Chapter 04 여성인권과 폭력 55

1. 가정폭력 55
1) 가정폭력의 정의 55
2) 가정폭력 실태 56
3) 관련 법과 제도 57
2. 성폭력 59
1) 성폭력의 종류 60
2) 성폭력 실태 61
3. 데이트폭력 65
1) 데이트폭력의 개념과 유형 65
2) 우리나라 데이트폭력의 실태 66
4. 성매매 68
1) 성매매의 개념 69
2) 성매매에 관한 관점 69

3) 한국의 성매매 법과 정책 70
4) 탈성매매여성에 대한 복지주의적 접근 71

Chapter 05 여성인권과 가사노동 73

1. 가족 내 노동 분담 73
1) 부부의 가사노동 시간 결정요인 74
2) 가사노동 실태 75
2. 가사노동의 가치 78

PART 03 여성과 조직

Chapter 06 여성과 노동시장 84

1. 일과 여성 85
1) 산업혁명 전후의 일과 여성 85
2) 노동시장의 변화 86
2. 노동시장의 성차별 90
1) 여성의 경제활동 참여 실태 90
2) 여성의 생애주기와 경제활동 장애요인 99

Chapter 07 여성과 조직문화 107

1. 불평등 조직문화 107
2. 유리천장(glass ceiling)과 여성의 조직생활 111
1) 유리천장의 개념 111
2) 유리천장의 요인 112
3) 유리천장의 실태 113
3. 가족친화적 조직문화 117

Chapter 08 여성과 리더십 120

1. 리더십 120
   1) 전통적 리더십 유형 121
   2) 현대적 리더십 유형: 상황적 리더십 122
2. 여성적 리더십 123
3. 여성적 리더십 사례 131
   1) 안철수의 여성적 리더십 131
   2) 유한킴벌리의 CEO 132
4. 여성의 리더십 개발과제 134
   1) 주체성을 확립하라 135
   2) 조직의 정치적 기술을 이해하라 135
   3) 네트워크 구축에 힘써라 136
   4) 멘토링을 활용하라 136
   5) 여성의 다중역할의 균형을 이루어라 137

PART 04 여성과 정부

Chapter 09 여성정책의 변천 146

1. 여성정책의 패러다임적 전환 147
   1) WID 접근전략 147
   2) GAD 접근전략 148
   3) 성주류화(Gender mainstreaming) 전략 150
2. 우리나라의 여성정책 변화 154
   1) 1948년~1986년 154
   2) 1987년~1991년 155
   3) 1992년~1997년 157
   4) 1998~2017: 4차에 걸친 여성정책 기본계획 159

3. 양성평등기본법의 의미와 과제 162
1) 개정의 배경 162
2) 양성평등기본법의 주요 내용 163
3) 양성평등정책 기본계획 165
4) 양성평등기본법의 의의와 과제 169

Chapter 10 젠더평등을 위한 정부정책 171

1. 성별영향분석평가 171
1) 성별영향분석평가의 개념 171
2) 성별영향분석평가의 운영체계 173
3) 성별영향분석평가의 환류 175
4) 성별영향분석평가를 통한 정책 개선 사례 179
2. 성인지예산 181
1) 성인지예산의 분석틀 182
2) 우리나라 성인지예산 추진 경과 183
3) 성인지예산서 작성 추진 체계 184
4) 성인지예산의 발전 방안 186
3. 일 · 가정양립정책 187
1) 일 · 가정양립정책의 의미와 내용 188
2) 우리나라의 일 · 가정양립정책 190
3) 선진국의 일 · 가정양립정책 195

PART 05 여성과 사회복지

Chapter 11 여성과 복지국가모델 202

1. 에스핑 앤더슨의 세 가지 복지국가리즘 203
1) 에스핑 앤더슨의 세 가지 복지국가리즘 내용 203
2) 탈상품화에 대한 여성주의적 비판 205

2. 남성부양자모델 207
1) 강한 남성부양자모델국가 208
2) 온건 남성부양자모델국가 209
3) 약한 남성부양자모델국가 209
3. 개인주의단위모델 211
4. 여권론적 관점에서 본 복지국가 213

Chapter 12 여성과 사회보장제도 216

1. 사회보장제도 사각지대의 여성 217
2. 국민연금제도 220
1) 국민연금제도의 가입 및 급여조건 222
2) 국민연금 가입 및 급여 현황 225
3) 국민연금의 여성수급권 문제 230
3. 공공부조 237
1) 국민기초생활보장제도 신청 및 급여의 종류 237
2) 국민기초생활보장제도 수급현황 239
3) 여성 가구주 현황 241

■ 참고문헌 245

PART 01

# 젠더의 개념과 여성연구

Chapter 01 젠더(gender)
Chapter 02 여성연구의 관점

Chapter 01

# 젠더(Gender)

젠더(Gender)는 "개인의 생물학적 여성과 남성의 구분인 섹스(sex)와는 달리 개인이 속한 문화 혹은 사회와 관련된 성적 자기정체성을 일컫는 말"(상담학 사전)로 정의하며, 사회적으로 구조화된 남성 및 여성의 역할, 신념, 체계 및 태도, 이미지, 가치, 기대 등을 말한다. 이것은 권력관계에 많은 영향을 미치는데 일반적인 남성과 여성 사이뿐만 아니라 각 조직 내에도 마찬가지로 작동하여 사회적 문제를 낳기도 한다.

문화에 따라 젠더에 관한 서로 다른 사고, 즉 어떤 행동과 어떤 존재 양식이 남성과 여성에게 각각 적당한지에 관해서는 다른 생각을 가지게 된다. 젠더는 문화에서 문화로 달라지는 것뿐만 아니라 시간의 경과에 따라 혹은 특정 상황에서는 같은 문화 안에서도 달라지기도 하기 때문에 정형화된 사고로 접근하는 것은 바람직하지 않다.

# 1. 여성과 남성의 차이

## 1) 생물학적 성 차이

여성과 남성은 태어날 때부터 신체적으로 다른 구조를 가지고 태어난다. 이것은 단지 신체적인 다름을 일컫는 것으로, 어느 한쪽이 우월함을 뜻하진 않는다. 단지 유전학적으로 여성은 XX 염색체, 남성은 XY 염색체로 성별이 결정되는데, 스물세 쌍의 염색체 중 태아의 성을 결정하는 한 쌍은 어머니로부터 X염색체 하나를, 아버지로부터 X나 Y염색체 중의 하나를 받음으로써 아이의 성(sex)을 결정하게 된다. 아버지가 X염색체를 주면 아이는 X를 두 개 가진 여성이 되고, 아버지가 Y를 주면 아이는 XY를 가진 남성으로 결정되는 것이다. 여기서 X염색체는 Y염색체보다 훨씬 크고 더 많은 유전물질을 나른다. X보다 작은 Y염색체는 유전물질을 더 적게 나르기 때문에 성과 연관된 특성은 거의 X염색체에 의해 운반된다. 남아는 항상 어머니로부터 X염색체를 받기 때문에 성과 관련된 특성은 어머니에서 아들로 전달되는 것이지 아버지로부터 전달되는 것이 아니다. 신체적으로 다른 구조를 타고나게 하는 것은 남성에 의해서 결정되는 것이 아니기 때문에 호주제를 비롯해 남성의 혈통만을 중시하는 가부장적 제도들은 생물학적으로 아무런 근거가 없다(김영화·권신영·최영진, 2011)는 주장이 있다.

## 2) 사회적 성 차이

사회적 성(gender) 차이는 개인의 타고난 심리적 기질이나 사회·문화적 특성과 관련이 깊다. 일반적으로 남성과 여성은 다른 방식으로 사회화가 되어 온 까닭에, 마치 생물학적 성에 의해 성차가 발생하는 것으로 여겨 왔다. 한 실험에서, 5명의 젊은 엄마들이 베스라고 불리는 6개월 된 아이와 상호작용을 하는 모습을 관찰했다. 엄마들은 이 아이에게 미소를 자주 보내고, 인형을 가지고 놀 수 있도록 하였다. 이 아이는 '귀염둥이'로 보였으며, '온순하게 우는 여자아이'였다. 두 번째 집단의 엄마들은 같은 또래의 남자아이인 아담에게 사뭇 다른 반응을 보여주었다. 이 남자아이에게는 기차를 주었고, 같이 놀아줄 사내아이도 소개했다. 실험 속 이 아이는 '매우 씩씩하고 활동력이 강한 남자아이'였다. 그러나 실제로 이 두 집단의 아이는 옷만 다르게 입혔을 뿐 같은 아이였다. 이런 연구들을 보면, 생물학적 측면에서 남녀는 다르지만 젠더는 후천적 성역할로, 사회·문화적인 환경과 학습에 의해 형성됨을 알 수 있다. 즉 성별에 따른 다른 방식의 양육 태도가 사회의 남녀 간 성 불평등의 원인이 되기도 한다.

### (1) 동일시 이론

타고난 본성이 성역할 사회화를 촉진한다고 보는 '동일시 이론'은 프로이트(Freud)의 정신분석 이론에서 출발하였다. '동일시(identification)'란 아동이 부모를 모델로 하여 자신의 자아-이상(ego-ideal)을 무의식적으로 형성하는 고유의 학습 과정으로 이 과정을 통하여 아동은 사회가 요구하는 젠더 특성과 행동을 익히게 된다.

동일시 이론은 기본적으로 몇 가지를 가정한다. 첫째, 동일시는 발달 초기에 이루어지는 강력한 무의식적 동기를 기초로 하며, 이 후 아동과 환경과의 상호작용을 조직하기 때문에 동일시 과정에 의해 획득된 행동은 시간이 지나도 지속된다. 둘째, 성역할 사회화는 거세불안과 남근선망, 사랑의 상실에 대한 두려움 등 내적 동기에 의해 이루어지므로 성역할 사회화에서 환경의 역할은 중요하지 않다. 셋째, 아동은 동성의 부모와 강한 정서적 유대감을 갖기 때문에 동일시와 성역할 사회화는 동성 부모와의 관계에서 비롯된다. 넷째, 성역할 사회화는 동성 부모에 대한 동일시를 통해 이루어지므로 동일시 과정이 끝나면 아동과 동성의 부모는 아주 유사해진다. 그러나 동일시 이론의 이러한 가정은 경험적 연구에서 지지가 되지 못했거나 동일시의 무의식적 동기를 강조함으로써 경험적 연구를 통해 검증할 수 없다는 한계가 있다.

**〈표 1-1〉 동일시 이론에서 본 성역할 사회화**

| | 오이디푸스 콤플렉스 (남아) | 엘렉트라 콤플렉스 (여아) |
|---|---|---|
| 내용 | • 어머니에게 강한 성적 욕망을 느낌<br>→ 아버지를 경쟁자로 보고 적개심을 느낌<br>→ 이런 적개심을 아버지에게 투사하고 아버지가 자기를 경쟁자로 볼 것이라고 믿음<br>→ 아버지가 자기의 성기를 거세할 것이라 두려워함(거세불안)<br>→ 이런 두려움을 해결하기 위해 아버지를 동일시하고 어머니에 대한 욕망을 포기함 | • 원래 어머니와 정서적 유대관계<br>→ 자신이 남근이 없다는 것을 알게 됨<br>→ 남근이 없다는 사실에 대해 어머니를 비난하고 어머니에 대한 애정을 철회함<br>→ 남근선망을 아이를 갖고자 하는 소망으로 대치함<br>→ 아이를 갖기 위해 아버지를 사랑의 대상으로 택하고 어머니를 질투하게 됨<br>→ 점차로 아버지를 소유할 수 없음을 알게 됨<br>→ 어머니를 동일시함으로써 여성성을 재확립하고 다른 남성에게 매력적인 연인이 되고자 노력함 |
| 결과 | • 남성성 동일시<br>• 여성 경멸 혹은 여성에 대한 두려움<br>• 강한 초자아 발달 | • 여성성 동일시<br>• 성적 매력을 자존감의 주요 근원으로 여김<br>• 열등감<br>• 아이를 갖고자 함 |

### (2) 사회학습이론

동일시 이론이 생물학적으로 결정된 요인 및 무의식과 같이 추상적이고 검증할 수 없는 측면에 초점을 맞추었다면, 사회학습이론은 행동주의를 기반으로 하였다. 행동주의는 인간의 사회적 행동은 자극에 대한 반응이고, 특정 행동은 특성 상황에서 일어나는 강화와 모델링의 기제에 의해 학습된다고 보았다. 성역할 사회화 과정에서 부모와 중요한 타인들 혹은 사회의 여러 기관은 여아와 남아에게 적절한 젠더 기준을 제시하고, 성별에 따라 적절한 반응이나 행동을 보이면 보상이라는 강화기제를 사용함으로써 그 행동을 습득하도록 하며, 성별에 적절하지 못한 행동을 하면 벌을 내림으로써 그 행동이 습득되는 것을 중단시킨다. 또한 모델링은 관찰학습과 모방이라는 두 가지 과정에 의해 이루어진다. 사회학습이론에 의하면 동성의 부모는 아동의 행동에 영향을 미치는 가장 효과적인 모델이다. 아동이 두 가지 젠더역할에 대해 자각하기 시작하는 시기는 생애 첫해부터이며, 3세 정도가 되면 이성의 모델보다 동성의 모델을 더 많이 모방하는 경향이 있다. 아동은 자신이 여자 혹은 남자임을 끊임없이 주지 받으며, 보상을 통해 남아가 하는 일과 여아가 하는 일에 대해 다르게 강화되면서 성역할 사회화가 이루어지고 성역할 정체감이 형성된다.

### (3) 인지발달이론

정신분석이론이 인간을 무의식적인 동기를 지닌 생명체로 보고, 사회학습이론이 인간을 외부 환경으로부터의 자극에 반응하는 존재로 본다면 피아제(Piaget)의 인지발달이론은 인간이 외부환경과의 상호작용을 통해 자신의 인지구조를 발전시키고 환경에 적응한다고 가정한다. 즉, 정신분석이론이나 사회학습이론은 아동들이 성역할을 습득하는 과정을 무의식적이고 수동적으로 보는 반면에, 인지발달이론은 보다 적극적인 과정으로 보고 있다.

유아 자신이 성에 적합한 지식들을 적극적으로 구성함으로써 발달이 이루어지는 것으로 설명하는 바, 성역할 사회학은 인지발달에 따라 네 단계를 거친다. 첫 번째는 젠더 안정성을 습득하는 단계이다. 약 3세 정도에 아동은 성별이 두 가지로 구분되어 존재하고 자신이 하나의 성별에 속한다는 것을 지각하기 시작하며, 성별은 시간이 지나도 변하지 않음을 이해하는 젠더 안정성의 개념을 습득한다. 두 번째는 아동이 성역할 고정관념을 형성하는 단계로 아동은 자신의 인지 수준뿐 아니라 부모, 친구, 대중매체와 같은 외적 요인에 의해 무엇이 여성 또는 남성이 되는가에 관한 도식을 형성하며, 이를 기초로 자신이 관찰한 바를 해석하고, 미래 행동을 예측한다. 또한 아동의 고정관념적 판단에 대한 주변인의 무비판은 아동의 성역할고정관념을 더욱 강화시킨다(정현숙 외, 2020). 세 번째는 아동이 성역할선호성을 발달시키는 단계이다. 자신의 성이 기준이 되고 좋은 것인 반면, 반대 성은 일탈된 것이며 좋지 않은 것이라 믿는다. 그리하여 이 시기의 아동은 자신의 성에 적합한 행동을 모방하고 적합하지 않은 행동이나 모델을 피하기 시작한다. 마지막 단계는 동일시 단계로 젠더 정체감을 획득한 아동은 자신과 동일한 정체감을 가진 부모나 성인과 가까워지고 싶은 소망을 갖게 되고, 그 사람의 행동이나 특성, 태도 등을 동일시하고 모방하게 된다. 이와 같이 인지발달 이론에서 아동은 외부 환경의 자극에 수동적으로 반응하는 존재가 아니라 인지 수준이 발달함에 따라 외부 환경을 선택적으로 탐색하고 모방하고 동일시하는 과정을 거침으로써 성역할 사회화가 이루어진다고 보았다.

### (4) 사회구성주의

사회구성주의는 포스트모던이즘으로부터 발전하였는데, 사회문화적 영향의 세대적 재생산으로 성역할의 사회화를 설명한다(박주희, 2022). 젠더란 개인이 소유한 특성으로 구성되는 것이 아니라 사람들이 상호 작용하면서 의미를 부여할 때 발생하는 개념이다. 어떤 특정 행동이 어떤 특정한 상황에서 여성과 남성에게 적절하다는 사회적 동의가 곧 젠더인 것이다. 사회구성주의에 의하면 우리가 지금까지 정의한 젠더의 개념은 수 세기 동안 가부장제 사회의 사회적 상호작용 속에서 규정되고 구별된 것일 뿐이다. 따라서 특정한 사회적 상황에 속한 사람들이 그 의미를 공유함에 따라 젠더와 관련된 개념은 다르게 구성될 수 있다(정현숙 외, 2020).

사회구성주의는 여성성과 남성성이 일정한 특성으로 규정될 수 있고 객관적인 실제로 존재한다는 모더니즘 시각을 거부하며, 여성성과 남성성을 객관적으로 정의하고 측정하는 것은 무의미하다고 본다. 기존 모더니즘 시각은 남녀의 성역할을 고정된 것으로 간주하였으나 임신과 출산 등의 생물학적인 성역할을 제외한 영역에서의 성역할은 남녀가 처한 상황에 따라서 다르게 규정할 수 있다. 남녀가 함께 경제활동을 하는 오늘날의 현실에서 성역할 고정관념을 강조하는 것은 의미가 없기 때문이다. 또한 남녀관계는 상호 반목하는 대립관계가 아닌 상호보완성을 가지며 끊임없이 변화하는 통일된 전체로서, 고정되어 있거나 분리되는 음양론적 관점에 부합한다(김현지, 2006).

융(Jung)은 인간은 본질적으로 '양성적 존재'라고 주장하면서, 여성의 집단무의식 속에는 남성적인 영혼이 잠재되어 있고, 남성의 집단무의식 속에는 여성적인 영혼이 잠재되어 있다고 하였다. 또한 벰(Bem)은 '양성성(androgyne)'이라는 개념을 도입하였는데, 이는 그리스어로 남성을 의미하는 'andro'와 여성을 의미하는 'gyn'이 합쳐진 용어이다. 벰(Bem)은 매우 성적으로 정형화된 사람의 경우는 자신의 성과 일치된 반응을 요구하는 상황에서는 효율적인 행동을 보일 수 있으나 반대 유형의 반응을 요구하는 상황에서는 행동의 제약을 받을 것이라고 주장하였다. 그러나 양성적인 사람은 기존의 성고정관념적인 사람보다 상황에 따라 효과적인 행동을 선택하기 때문에, 성역할 적응력이 훨씬 높다. 복잡하고 다양한 현대사회에서는 이러한 양성적인 활동을 자유롭게 상황에 따라 선택할 수 있는 기회와 필연적인 경우가 발생할 여지가 상당히 많아졌고, 이는 높은 창의성과 융통성을 발휘하는 통합적 인간성으로 발전할 가능성이 높다. 또한 벰(Bem)의 연구결과에 의하면, 양성적 특성을 지닌 사람은 자아존중감이 높고 도덕성 발달과 자아 발달이 높은 것으로 나타났다(Bem, 1974, 1993).

벰은 자신의 이론에 기초하여 성역할정체감을 측정하기 위한 도구인 벰 성역할척도(Bem Sex Role Inventory: BSRI)를 개발하였다(Bem, 1974). 이 척도에서 응답자들은 점수의 중앙치를 기준으로 여성성이나 남성성이 높거나 낮은 경우와 여성성과 남성성이 모두(양성성) 높거나 낮은 경우, 모두 분명하게 나타나지 않는 경우 등 네 가지 유형으로 나뉜다.

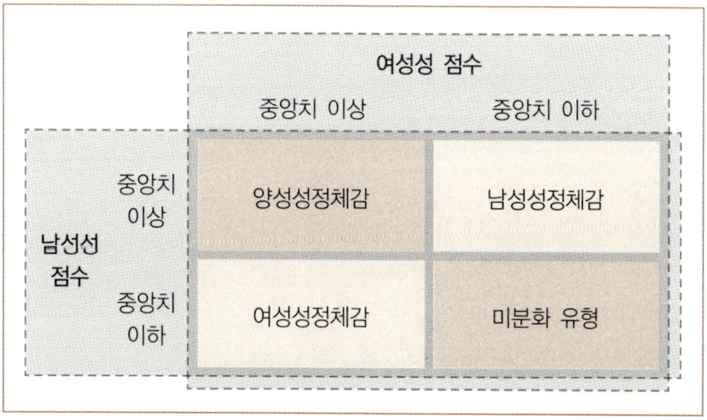


**[그림 1-1] 벰의 중앙치 분리법에 의한 성역할정체감 분류**

출처: 정현숙 외(2020). 가족과 젠더.

우리나라의 다양한 연구 및 실험에서도 꾸준히 나타나고 있는 결과는 남녀 모두 양성성을 가진 경우가 사회적응이나 정신건강 등의 측면에서 더 긍정적이다(박완성, 2003; 유가효, 1994; 최임숙, 2005 등). 이는 한 가지 성의 성역할 정체감만 가지는 것보다 상대성의 성역할 정체감을 동반한다면 균형 있는 삶을 영위하는 데 효과적이다. 따라서 현실 속에서 남녀의 성역할은 상호보완성을 가지며 상황에 따라 변화한다는 사회구성주의 시각과 본질적으로 양성적 잠재의식을 지닌 남성과 여성, 또한 양성성을 지닌 정형화 되지 않은 다양한 유형의 젠더에 대한 이해는 '여성과 사회'에 대한 접근의 초석이 된다.

## 2. 가부장제와 자본주의

서구에서는 일찍이 성 불평등적 사회구조와 권력관계를 토대로 성을 사회문화적으로 규정하면서, 오늘날에도 이어오는 여성억압과 차별의 배경을 가부장제도와 자본주의 제도로 접근한다.

가부장제는 약 2500년이라는 시간에 걸쳐 여성과 남성에 의해 형성된 역사적 창조물이다. 가장 초기형태의 가부장제는 고대국가에서 발생이 되었는데, 이 때 가부장적 가족이 조직의 기본단위이고, 오랫동안 국가의 규칙들과 가치들에 끊임없이 부정적 영향력을 생성하고 표출해 왔다. 남성에 대한 여성의 경제적 종속과 성적 종속을 토대로 형성된 성 통제를 강화하는 성의 불평등 기제를 갖고 있다. 여자의 성은 재생산을 통해 남자의 가문을 전승시키는 생식의 기능이 유일한 목적이며 순결과 정절을 절대적인 의무로 삼았다.

또한, 성 역할과 성적 정체성의 엄격한 분리는 남성은 사회에서, 여성은 가정에서 활동하도록 하고 여성의 모성 역할과 아내, 며느리로서의 역할을 강요했다. 이러한 성 역할의 분리는 성차별로 이어져 오늘날 사회활동을 활발히 하는 21세기의 여성들도 여전히 가정 내·외에서 광범위하게 경험하고 있다.

노동시장에서 여성의 불평등은 오랫동안 존재해 온 가부장제와 자본주의의 상호작용으로 얻어진 결과이다. 물론 자본주의는 엄청난 규모의 기술적 진보를 이루어 우리사회의 발전을 이루었고, 노동, 가정생활, 교육, 성에 이르기까지 많은 부분에 변화를 가져왔지만 과거로부터 비롯된 '여성 억압'을 더욱 강화하는 결과를 낳았다.

초기 자본주의사회는 여성의 생활을 근본적으로 변화시키는 듯했다. 가내생산으로 노동력을 제공하던 여성들은 공장으로 이동하여 생산활동을 하게 되면서 임금노동자로서 이전의 농경사회에서 좀처럼 찾아볼 수 없었던 사회적, 경제적 독립성을 어느 정도 회복하는 것처럼 보였다. 그러나 19세기 전반기에 이르러 다시 후퇴되기 시작했다. 농업사회에서 공업사회로 전환되면서 인구 폭증과 대규모 이주가 일어났으며, 가부장제는 자본주의의 발달과 더불어 양자가 결합하여 성별 역할분업 및 남녀의 공사분리를 강화하게 되었다. 이때 가부장제에 기초한 성별역할분업이 산업사회의 발전에 최적으로 기능적이라는 견해가 형성되었으며, 가족에 대한 기능주의적 관점으로 발전하게 하였다. 사회학자 파슨즈(1955)는 핵가족하에서, 남성은 가족부양자, 여성은 자녀양육 및 가사담당자로서의 역할이 조화를 이루어 가족원의 욕구충족을 도모하고 노동의 재생산을 통한 사회의 존속과 안정화를 가져와 근대산업사회의 발전에 기여했다고 보았다(박귀영 외, 2017). 그러나 강제로 가족에서 역할을 규정당한 여성은 자의든 타의든 경제활동에서 제외되면서 사실상 모든 생애를 남성 가장에게 의존할 수밖에 없었다. 일반적으로 여성의 노동은 집을 중심으로 이루어졌고 그들의 노동은 당연하게 여겨졌으므로 자본주의하에서 그 가치는 인정받지 못했다.

이러한 측면에서 가부장제는 성을 바탕으로 여성을 억압하는 위계 구조이다. 가부장제는 남성 지배, 여성 예속 관계를 강화하는 정치적, 경제적, 사회적, 문화적인 이데올로기까지 포함하게 된다. 가부장제 사회에서는 아버지와 아들의 관계가 매우 중요한 바, 아들은 아버지의 핏줄을 이어 나갈 권리와 의무가 있다. 가족이 아버지를 중심으로 구성되기 때문에 아버지 없이 태어난 자식은 사회에서의 경쟁력을 잃게 된다. 가부장 제도하에서는 누구와 함께 사느냐가 아닌 아버지가 누구인지가 중요하기 때문이다. 과거에 존재했던 호주제와 성 비율 불평등 또한 이러한 가부장 제도의 산물이다. 또한 가부장 제도는 여성의 신체에도 통제권을 행사하여 여성은 스스로 임신, 출산, 성생활 등을 결정할 권리를 갖지도 못한다. 예를 들어, 낙태는 그 사회의 인구가 많으면 산아제한정책이라는 명목하에 시행이 되기도 하고, 종교적 성향이 강한 곳이나 인구 감소 우려가 있는 사회에서는 낙태를 법적으로나 도덕적으로 금지하기도 한다. 이 밖에도 전쟁 및 갈등 상황이 발생하게 되면, 강간이나 성노예 문제들이 발생하게 되기도 하는데, 이러한 문제들에 대해 국가나 남성들은 어쩔 수 없이 벌어진 일, 우발적인 일로 간주해 버리기도 한다. 현대사회에 일상적으로 나타나는 직장 내 성희롱, 성폭력 문제들 역시 우리 사회에 오랜 기간 지속되어온 가부장 제도와 자본주의로 인하여 생겨난 성 불평등 때문인 것이다(김영화 · 권신영 · 최영진, 2011).

가부장 제도와 자본주의사회에 반대하는 페미니스트들은 국가의 본성에 관하여 기본적으로 여성의 억압 및 종속을 강화하는 활동을 한다는 논리의 '가부장적 국가론'을 비판한다. 1970년대의 마르크스주의 여성해방론자들은 가족 내에서 노동력 재생산을 통하여 자본주의를 유지하려는 자본과 국가의 의도가 상호작용한다고 보고, 자본의 본질적 속성을 반영하는 국가는 복지 국가적 기제를 통하여 일차적으로 가족의 기능을 유지하고 재생산하려고 하는 것이라고 주장한다(배선희, 2007).

## 3. 사회의 성(gender) 불평등

사회의 성 불평등은 위에서 살펴보았던 가부장제와 자본주의를 바탕으로 특정 사회의 경제구조와 사회조직, 그리고 그 사회 내의 특정 집단의 문화에 따라 다양한 형태를 띤다. 주로 비슷한 상황에 처한 남성에 비해 제대로의 혜택을 받지 못하고 있는 여성들에 대한 논의를 일컫는다. 예컨대, 노동시장에서 노동의 대가를 제대로 받지 못하거나, 정부의 정책에 구조적으로 소외되는 경우, 가정 내에서 가사노동의 불균형 등 다양한 형태로 성 불평등은 이 사회에 만연해 있다.

일반적으로 한국 노동시장에서의 성 불평등 문제는 심각한 성별 임금격차가 대표적이다. 경제협력개발기구(OECD) 국가별 성별 임금격차 통계는 문제의 심각성을 보여주는데, 한국 통계가 본격적으로 제공된 1992년부터 지금까지 우리나라는 성별 임금격차 부동의 1위를 유지하고 있다. 2022년 기준으로도 여성은 남성보다 31.1%나 적은 임금을 받고 있다(OECD, 2023). 성별 임금격차를 초래하는 중요한 요인으로는 직종 간 남녀 비율의 큰 차이와 동일 직종 내에서 성별에 따른 기회나 보상의 차이 등이 있다. 성별 직종분리(occupational segregation by gender)란 직종에 따른 여성과 남성의 참여 비율의 현저한 차이를 일컫는데 직업 선택의 기회를 제약한다는 그 자체로도 문제이지만, 여성이 저임금 직종에 집중되어 노동시장 전체 성별 임금격차를 증가시키고 있다는 점에서 꾸준히 문제로 제기되어 왔다. 직종분리는 서로 다른 직종 간의 임금격차와 관련되는 반면, 동일 직종 내의 남녀 간 불평등 역시 임금격차를 초래하게 한다. 염유식 · 성기호(2021)는 "두 불평등 이야기: '직종 간 불평등'과 '직종 내 불평등'으로 검토한 노동시장에서의 성 불평등" 연구에서 직종 내 성별 임금격차가 직종 간 격차보다 크다는 결과를 제시하기도 하였다.

가정 내 가사노동의 경우 역시 심각한 성 불평등을 보여준다. 독신여성이 증가하고, 사회활동을 하는 여성, 전문적인 일에 종사하는 여성, 가사노동과 가족돌봄노동을 전담할 수 없는 여성, 남편의 수입에 의존할 수 없는 여성들이 증가함에도 불구하고 가정 내 성별분업은 어린이, 환자, 장애인, 노약자의 돌봄을 여성에게 무임금으로 떠넘기고 있다. 이러한 상황에서 여성들은 이중고를 겪거나 자신의 사회활동을 포기할 수밖에 없는 경우가 늘게 된다.

성(gender) 불평등은 억압과 착취의 형태를 띠기도 한다. 여성들은 남편이나 남자친구로부터의 구타, 강간, 살인을 당할 가능성이 높고, 포르노나 성매매와 같은 성 산업에 이용되기도 한다. 또한 대중매체 상품이 되기도 하며, 몇몇 아프리카와 중동의 문화에서 여성의 성기는 절개되고, 순결 혹은 종교의 명목하에 머리에서 발끝까지 천으로 몸을 가리고 다니는 경우도 있다. 여성들은 원치 않는 임신이나 낙태를 강요당하기도 한다. 또한 남아선호사상이 강한 국가에서는 남아보다는 여아를 고아원에 더 많이 보내거나 낙태하는 경우가 많다.

성(gender) 불평등은 남성에게도 부정적인 영향을 줄 수 있다. 예를 들어, 다수의 국가에서는 남성들만 군대에 가거나 전쟁에 파병되는 경우가 있고, 소방관이나 경찰관이라는 위험에 많이 노출되는 직종을 남성들이 대부분 도맡아 하기도 한다. 이러한 사회의 규정된 성역할은 여성에게 가사노동을, 남성에게 경제활동을 하도록 규정 지어 왔다.

그러나 산업사회와 후기산업사회에서 대부분의 여성들은 아이를 돌보는 동시에 가족들의 의식주를 해결하기 위해서 임금노동을 한다. 1980년 UN보고서의 평가에서는 여성들이 전 세계의 3분의 2에 해당하는 일을 하면서도 전체 수입의 10%밖에 받지 못하였고, 세계 자산의 1%만을 소유하고 있었다. 물론 임금노동에서 젠더의 차이는 좁혀지고 있으나, 여성들은 아직도 대부분의 가사노동과 양육을 담당하는 동시에 농사일을 하고, 소규모 사업을 경영하며 가내임금노동이라는 저임금노동을 한다(주디스 로버, 2005). 이러한 측면에서 현대의 성 불평등 형태는 상호보완적인 책임형태로 보기 어렵다.

주요 사회문화 제도들은 이러한 성(gender) 불평등의 체계를 강화하고 있다. 종교는 이러한 제도들을 옳고 적절한 것으로 정당화하며 성 불평등을 생산해내는 사회적 분위기를 합리화하기도 하고, 법은 이러한 현상을 지원하고 결과를 시정하지 못하게 하는 경우가 종종 있다. 예를 들어, 남자친구나 남편이 여자친구나 아내를 강간하거나 구타하는 경우에 법적으로 고소하기 껄끄럽도록 하기도 한다.

한편 선구적 작가인 버지니아 울프는 익명의 작품들의 작가는 대부분 여성임이 틀림없다고 주장했다. 예술에서 여성들의 작품은 종종 간과되었으며 실제로도 눈에 띄지 않았다. 또한 과학에서는 편파적인 질문을 한 것과 성 차이에 대한 전통적인 생각을 지지하지 않는 결과물은 무시당해 왔다(주디스 로버, 2005).

사회의 성(gender) 불평등은 남성과 여성으로서 타고난 개인적인 문제보다는 사회구조에 깊이 배어 있는 사회의 문화, 가치, 정책, 경제, 언어 등에 따라 남성과 여성의 역할을 구분 지어 놓고 있다. 한국은 과거에 비해 명시적 성차별은 감소했으나, 위계적 젠더 관계는 오랫동안 지속되고 있다. 남아선호 경향이 쇠퇴하고, 교육 수준에서의 성별 격차도 대부분 해소되었으며, 남성 중심 전문직종으로 여성 진출이 확대되는 등 명시적 수준에서 성차별은 점차로 감소해 왔다. 그러나 UNDP의 보고서에서 지적하고 있듯이 사회 전반의 성별화된 위계적 권력관계는 쉽게 바뀌질 않는다. 경제, 정치, 교육, 건강 등 여성과 남성의 권력관계에 영향을 미치는 중요한 자원의 측면에서 측정된 성 격차 지수(Gender Gap Index)는 오랫동안 세계 하위권(2023년 105위)에 머물러 있다. 이는 주로 여성에게 집중된 육아와 돌봄, 이로 인한 경력단절, 여성의 낮은 경제활동 참가율과 성별직종 분리, 높은 성별임금 격차, 국회, 행정부 등 의사결정에서 여성의 낮은 대표성 등 자원과 영향력의 불평등한 분배의 결과이다.

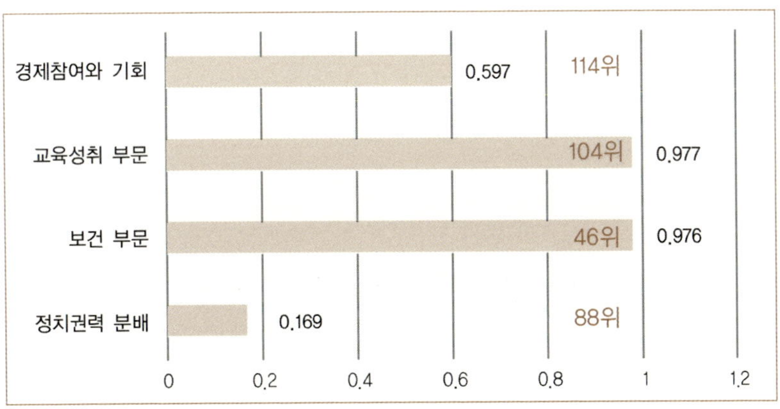


**[그림 1-2] 한국의 성 격차 지수 평가(2023년)**

출처: the global gender gap report 2023.

[그림 1-2]에서 한국의 성 격차 지수 평가를 살펴보면, 항목 중에 한국 여성의 경제활동 참여율과 남녀임금 형평성 등을 나타내는 경제적 참여와 기회 부문은 세계 146개 국가 중 114위이다. 또한, 의회에서 여성비율 등을 나타내는 정치권력 분배 부문은 84위에 그쳐 세계 경제 포럼(WEF: World Economic Forum)은 한국의 경우 정치권력 분배 부문에서 가장 퇴보한 국가라고 지적하였으며, 이는 피지와 미얀마 등과 비슷한 위치에 놓여 매우 심각한 상황이다.

한편, 한국의 성 격차 지수 추이를 2015년부터 2023년까지 살펴보면, 전체 순위가 크게 변동이 없다. 여전히 100위 밖으로 우리나라의 남녀의 성 격차가 여전히 하위에 머물러 있음을 알 수 있다.

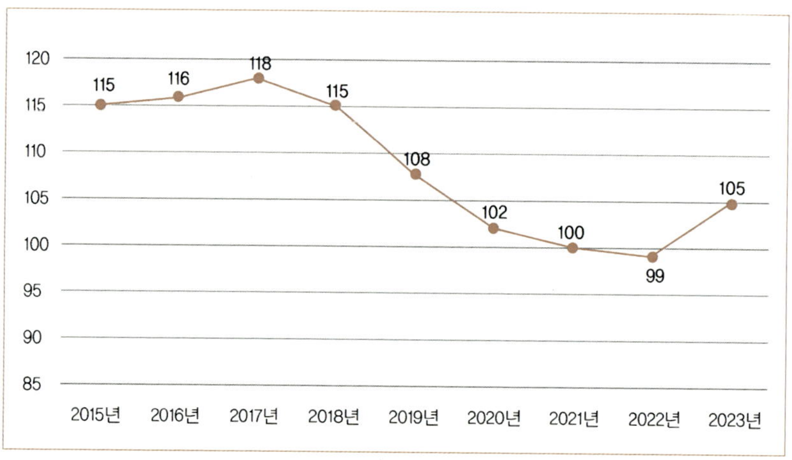


**[그림 1-3] 한국의 성 격차 지수(GGI) 추이(2015~2023년)**

출처: the global gender gap report 2023

많은 사회의 변화에도 불구하고 좀처럼 줄어들지 않는 우리나라의 성 격차의 개선을 위해서는 근본적으로 사회 작동 시스템에 대한 패러다임의 전환이 요구된다. 송다영(2019)은 불평등과 차별이 심각한 영역에 대한 집중적인 정책 투입과 성평등 정책을 적용하는 과정을 모니터링하는 방안 등을 제안하여 실질적인 정책의 실행을 강조했다. 또한 여성의 무급노동에 대한 인정이 중요함을 시사했다. 유급노동만을 주로 하는 남성을 표준으로 삼는 사회구조에서는 젠더격차가 사라지기 어려우므로, 유급노동과 무급노동을 함께 수행하는 여성의 삶을 기준으로 새로운 젠더평등을 논의할 때 비로소 균형 잡힌 평등사회를 기대할 수 있기 때문이다.

Chapter 02

# 여성연구의 관점

주디스 로버(Judith Lorber, 2005)는 성 불평등의 원인을 어떻게 해결하는가를 고려하여 페미니즘을 세 가지 넓은 범주인 젠더개혁(reform) 페미니즘, 젠더저항(resistance) 페미니즘, 젠더반란(rebellion) 페미니즘으로 나누고 있다.

젠더개혁 페미니즘은 기존의 성별화된 사회질서의 구조 내에서 여성과 남성의 지위를 동일하게 하기 위해 투쟁한다. 예컨대, 더 많은 여성이 주요 기업의 CEO가 되기를 바라고, 보다 높은 지위를 차지하길 바란다. 자유주의 페미니즘, 마르크스와 사회주의 페미니즘, 탈식민주의 페미니즘과 같은 젠더개혁 페미니즘은 일의 세계와 경제적 자원의 분배에 공식적, 비공식적으로 만연해 있는 차별 관행을 가시화시켰다. 1960년대와 1970년대부터 여성과 남성, 몸, 섹슈얼리티, 정신과 행위에 대한 전통적인 견해에 불만이 생기기 시작했다. 그 당시 여성과 남성에 대한 지배적인 생각은 그들 간의 차이를 강조하고 남성에 비해 여성을 비하하는 경향이 있었는데, 당시 남성은 양육능력을 제외하고는 여성보다 더 강하고, 똑똑하고, 일반적으로 더 능력이 있는 것으로 여겨졌다. 모성은 여성의 강점이고 책임이며, 여성의 신분이 무엇이든 언제나 어머니로서 간주된다. 따라서 젠더개혁 페미니즘 관점에서는 여성의 가치가 남성과 동등하게 평가되고 인간의 잠재력을 발휘하며 마음껏 자신의 삶을 살 수 있기를 바란다. 사람은 남녀를 불문하고 일하고, 부모가 되고, 문화와 과학을 생산하고, 관리할 수 있어야 하며, 그 외에도 스스로 선택한 사회활동에 참여할 수 있어야 한다고 주장한다.

젠더저항 페미니즘은 성별화된 사회질서들(섹슈얼리티, 폭력, 문화적 표현 등)에서 여성이 받는 억압과 착취에 대항해서 투쟁한다. 급진적 페미니즘, 레즈비언 페미니즘, 정신분석학 페미니즘, 관점 페미니즘은 남성의 지배가 너무 강하기 때문에 젠더 질서를 젠더 중립적으로 만들 수 없다는 것이다. 그들이 주장하는 젠더 평등은 결국 여성이 남성처럼 되는 것, 즉 일을 더 중시하고 감정에 좌우되지 않는 것을 의미한다. 그들은 여성의 경험을 바탕으로 한 관점의 중요성을 강조하며, 여성의 관점에서 젠더 질서를 검토함으로써 조직, 제도, 그리고 남성이 여성의 삶을 통제하도록 하는 일상의 관행 가운데 감추어진 관계를 가시화시킨다. 그들은 이것을 가부장제라 칭하는데, 이 개념은 남성의 전반적인 지배를 언급하는 개념으로서 마르크스 페미니즘에 의해 도입되고, 급진적 페미니즘에 의해 전체 젠더질서가 포함될 정도로 확장되었다. 일부 페미니스트들은 남성에 의한 여성의 억압이 너무 보편적이기 때문에 저항하는 최선의 방법은 여성 중심 사회를 형성하고 여성 지향적인 문화, 윤리를 창조해야 한다고 생각한다. 이러한 전략을 '문화 페미니즘'이라고 부른다. 문화 페미니즘은 별개의 페미니즘이 아니라 급진적 페미니즘과 레즈비언 페미니즘 내의 한 지류라고 할 수 있다. 또 다른 젠더저항 페미니스트에 따르면 여성에 대한 제도적 폭력과 여성의 섹슈얼리티에 대한 착취는 더 큰 사회와의 지속적인 정치적 연계가 필요하고, 여성만의 보호와 재활 공간이 만들어질 필요가 있다는 것이다. 모든 젠더저항 페미니즘은 여성의 몸에 대한 자존심을 독려하며, 여성들이 어떻게 성폭력에 대항하여 스스로를 보호할 수 있는가를 가르침으로써 여성에 대한 부정적 평가에 대항하는 것도 중요하다고 강조한다.

젠더반란 페미니즘은 사람들을 이분법적으로 젠더를 나누는 기반에 의문을 던지며 성별화된 사회질서 구조에 도전한다. 다문화주의 페미니즘, 남성 페미니즘, 사회구성 페미니즘, 포스트모던 페미니즘, 퀴어이론과 같은 이론은 젠더반란 측면에서의 페미니즘들로서, 여성과 남성, 이성애와 동성애 간의 범주를 다양화하고 경계를 무시함으로써 직접적으로 젠더 질서에 도전한다. 복잡한 계층체계에서 사람들이 어떻게 이익과 불이익을 당하는가를 보여주기 위해서 젠더, 인종 범주, 민족, 종교, 사회계급과 성 지향성 간의 관계를 추적한다. 그들의 주장에 의하면, 성별화된 사회질서는 여성과 대항한 남성은 물론 남성들끼리도 대결하게 만든다. 인종과 민족집단은 물론, 경제적 계급이 동일한 남성과 여성은 다른 집단의 동성보다 더 많은 공통점을 갖는다. 성 지향성이 여성과 남성 집단을 구분하여 게이 남성, 레즈비언 여성으로 나누어져 자신들만의 공동체를 형성한다. 이들은 사회적 지위와 중요성을 인식하여 여성과 남성의 범주를 여러 측면에서 탐색했다. 다문화, 다인종, 그리고 다민족 페미니즘들은 많은 사회에서 불이익을 당하는 집단들의 과거와 현재의 법적, 사회적 차별을 시정하고, 동시에 자신의 문화를 보존하기 위한 강력한 정치운동의 일환이다. 이들은 세계에는 다양한 목소리들이 있고, 이 다양한 목소리들을 위하여 어떻게 지식과 문화의 생산, 그리고 사회권력 체계에서 고려될 수 있는지 파악해야 한다고 강조한다.

전반적으로 각 페미니즘 유형에서 나온 정책은 그 페미니즘의 이론적 논지에 따라 강조점이 달라진다. 젠더개혁 페미니즘은 젠더 불평등의 원인으로 복있는 가족과 경제에서 여성의 일에 초점을 맞춘다. 젠더저항페미니즘은 여성에 대한 폭력과 성적억압, 그리고 지식과 문화 생산에서 여성의 경험이 가시화되지 못함을 비난한다. 젠더반란 페미니즘은 불평등한 젠더질서를 만들고 유지하는 과정과 상징을 해체한다(주디스 로버, 2005).

# 1. 젠더개혁(reform) 페미니즘

## 1) 자유주의 페미니즘

자유주의 페미니즘이 세운 주요 공로는 현대사회가 여성과 남성을 다르게 대우한다고 주장함으로써 얼마나 심각하게 여성을 차별하는가를 나타내는 것이다. 자유주의 페미니즘 이론에 의하면 젠더 불평등을 없애기 위해서는 생물학적 차이는 무시되어야 한다. 여성과 남성은 젠더 중립적인 방식으로 존중 및 대우를 받아야 하고 법으로 이를 보장해야 한다. 미국에서 자유주의 페미니즘은 남성 주도의 업종과 전문직으로 여성이 진출하는 것을 방해하는 많은 장애물을 제거했고, 임금수준 평등화에 기여를 했고, 낙태를 합법화하는 측면에서 성공을 거두었다. 그러나 자유주의 페미니즘은 여성과 남성이 근본적으로 다르다는 일반적인 생각을 뒤엎지는 못했다. 비록 젠더의 차이를 인정하면서 공평한 혹은 공정한 대우가 이루어질 수 있다고 해도 현대사회의 직장 내에서는 여성의 대우는 아직 멀었다. 예를 들어 봉급, 취업 기회, 승진 등에서 남성과 큰 차이를 보이는 측면에 대해, 자유주의 페미니즘은 성별화된 취업 기회와 불공정한 임금 책정과 같은 젠더 차별의 드러난 문제들에 초점을 맞추면서 동시에 여성이 전문직, 정부 및 문화 기관에서 권위 있는 직책을 담당할 수 있다고 보았다. 자유주의 페미니즘의 정치는 민권운동(차별반대 법안과 차별 폐지 프로그램)을 무기로 젠더 불평등, 특히나 취업에서 발생하고 있는 불평등에 대응하여 맞서왔지만 수많은 여성이 승진 앞에 '유리천장'에 부딪쳐 낙담하게 되었다. 즉, 자유주의 페미니즘은 이 유리천장을 만들어내는 비공식적인 차별과 배제의 과정에 대항하는 것에는 실패하고 말았다. 자유주의 페미니즘이 성취한 직장과 가정에서의 젠더 평등은 미국의 중, 상류층에 집중되어 있다고 비판받기도 한다. 이 계층에 속해 있는 사람들은 좋은 직장과 안정된 수입을 확보하며,

부모가 모두 있는 가정에서 생활할 가능성이 더 많게 되었다. 한편 스칸디나비아 국가들은 보편적 복지정책을 통하여 젠더평등을 위해 노력을 하고 있으며, 많은 여성들이 정부 기관이나 고위직에 진출해있다. 그러나 세계 여성들을 기준으로 보았을 때 아주 작은 집단의 여성들만이 이러한 국가들의 혜택을 받고 있다.

자유주의 페미니즘은 젠더 불평등의 원인을 젠더 정형화와 여성비하, 직업에 있어서 남성과 여성을 구분하는 것, 낮은 보수의 여성 직업, 여성의 승진 기회 박탈(유리천장), 주부 근로자를 위한 탁아시설 부족, 출산 선택의 제한으로 꼽았고, 이러한 불평등을 해결하고자 내세운 방안은 젠더 중립적인 자녀 양육 및 교육, 남성 주도 업종 및 전문직으로의 여성 진출, 여성의 승진을 저지하는 유리천장 제거(고용차별철폐), 여성의 정계 진출, 자녀 양육의 부모 공동 분담 및 이를 위한 고용주의 재정지원, 합법적이고 이용 편리, 저렴한 임산 관련 서비스 등이다. 자유주의 페미니즘의 이러한 노력은 직장과 교육에서의 젠더 차별과 정형화에 대한 의식화, 언어사용에서의 젠더 중립화, 차별 철폐안 구상과 법적 대응을 위한 여성 및 비특권층 남성, 시민단체와의 공조에 기여를 했다.

자유주의 페미니즘에서 성평등은 법적·정치적·사회적 권리를 통해 여성과 남성이 동등한 기회를 갖는 것으로 정의되어 왔다. 결과는 여성이 남성과 평등한 지위를 얻기보다 '열등한 남성'이 되는 의도치 않은 결과를 가져왔다고 비판받기도 한다. 한국의 자유주의 페미니즘의 예로는 1960년대 이후 40년간 진행되어 왔던 가족법개정운동(호주제폐지)이나 1987년 제정된 남녀고용평등법 등이 있다.

### 2) 마르크스주의 페미니즘과 사회주의 페미니즘

마르크스주의와 사회주의 페미니즘 이론은 여성과 남성 사이의 경제적, 심리적 차이, 그리고 성별화된 노동 분업화에 의해 각기 다른 지위에서 발생하는 여성에 대한 남성의 권력에 초점을 두고 있다. 이 이론은 주로 여성의 노동으로 규정되어 있는 가사노동과 주로 남성의 노동으로 규정되어 있는 유급 생산 노동의 구분에 기초를 두고 있다. 여성은 가정에서는 생산과 재생산 노동을, 가정 밖에서는 낮은 보수의 직장에서 노동을 하기 때문에 착취를 당하게 된다. 복지국가하에서 출산과 양육의 혜택을 받는 여성들은 물질적으로 나은 조건에 있지만 경제적으로는 독립적이라고 할 수는 없다. 왜냐하면 남편에게 경제적으로 의존하는 사적 가부장제 대신 국가 중심의 공적 가부장제에 속하게 되기 때문이다. 이때 가정이나 직장에서 젠더 평등을 추구하기보다는 여성을 유급 및 무급의 노동자 그리고 자녀를 출산하는 사람으로 취급하고, 국가가 무급노동이나 저임금의 일자리를 일부 제공함으로써 여성이 국가에 의존하게끔 하는 결과를 초래하기도 한다. 일반적으로 여성은 가정 밖에서 전일제 노동을 하게 되더라도 양육이라는 '가정 돌봄'이라는 책임을 감당하게 된다. 그래서 여성들은 상호성, 협력성, 개인적 책임과 나눔, 신체적 접촉과 애정의 세계 속에서 대부분의 삶을 보내게 되고, 그들이 사는 세상은 남성들이 사는 산업생산의 비개인적이고 추상적인 세계와는 대비가 된다.

시장에서 남성의 노동은 소비한 시간 혹은 제조된 생산품에 맞는 보상을 얻게 되지만, 가정에서의 여성 노동은 끝이 없고, 보상은 없으며, 여성 자신보다는 타인이 더 우선시된다. 이러한 일은 지적이고, 신체적이며, 정서적 노동이다. 자본가와 무산층의 경제적 위치가 그들의 계급의식을 형성하는 것과 같은 맥락에서 여성의 일상적 노동은 남성과는 다른 의식 차이를 만들어 놓는다. 즉, 마르크스주의 페미니즘과 사회주의 페미니즘에서 보는 젠더 불평등의 원인은 가족에 대한 무임금 노동에서의 여성들의 노동력 착취, 여성인력을 노동예비군으로 사용하는 것(비정규직 등), 여성 직업의 저임금 책정으로 꼽았다. 마르크스주의 및 사회주의 페미니즘 관점에서 이러한 불평등을 해결하고자 내세운 방안은 가정양육을 위한 정부 지원의 모자보건, 탁아시설, 양육보조금, 무상교육들과 여성을 위한 정규직 임금노동, 남성 및 여성 직업의 급료 평등화를 위한 비교가치 정책 등이 있다.

마르크스주의 및 사회주의 페미니즘의 이러한 노력으로 여성을 자본주의와 사회주의 경제 맥락에서 유급 및 무급 노동자로 살펴볼 수 있는 젠더관점의 분석과 가정에서의 여성 무임금노동의 필요성과 가치를 산업경제의 기능화와 미래 노동자의 사회적 재생산 측면에서 가시화 한 점, 사회복지국가와 전 공산주의 국가에서 모자복지를 정부가 지원하게 된 점 등이 있다(주디스 로버, 2005).

### 3) 탈식민주의 페미니즘

세계 경제는 값싼 노동력으로 최대한의 이윤을 창출하는 고도의 생산력으로 국가와 개인의 경제적 이익을 반영한다. 전 세계 가정들은 생존을 위해 아이들을 노동시장으로 내보내야 하는 일들이 빈번히 발생한다. 이러한 상황에서 여성과 어린 딸들은 가정에서 이중의 취약성을 갖게 된다. 그들은 저임금 노동원이고, 그들의 수입들은 가정으로 먼저 들어가게 되며, 가내 사업에 종사하는 경우에는 무임금인 경우가 빈번하다. 또한 가족의 생계를 위하여 젊은 나이에 매춘으로 팔려가기도 한다. 여성은 육체적으로 가정을 유지 시키는 맥락에서 아이를 낳고, 생후 1년이 되기 전에 아이가 죽는 경우도 매우 흔하게 발생한다.

탈식민주의 페미니즘은 여성의 열악한 상황들을 시정하기 위해서는 전반적인 경제구조와 가족, 친족체계가 명확하게 규명되어야 한다고 주장한다. 전 세계에 걸쳐, 남성들의 대부분이 사유재산을 소유하고, 더 나은 직종을 독점하며 법을 만들었다. 이 과정에서 남성은 고용시장과 가정에서 여성에 대한 이중적 착취행위를 함으로써 불평등을 야기하였고, 모든 형태의 여성 노동 착취는 남성의 입지를 견고히 하는 결과를 낳았다. 가족을 위해 저임금이나 무임금으로 일하는 여성들의 경제적 가치가 현재 우리 사회에서 그들을 종속시키는 주된 원인이다. 젠더개혁 페미니즘 정책은 임금노동에서 변해야 할 여성의 지위를 정확하게 알려주고 있다. 그러나 전반적으로 성별화된 사회질서가 젠더 불평등의 원인이 되기 때문에 경제적 변화만 가지고는 불평등을 해소하기란 어렵다.

탈식민주의 페미니즘 관점에서 이러한 불평등을 해결하고자 내세운 방안은 현대화 프로그램에서 여성의 경제적 자원을 보호해야 하는 것, 여성들에 대한 교육을 적극 지원하는 것, 모자 건강관리와 가족계획 서비스 지원, 엄마들의 공동체 조직을 만드는 것 등이 있다. 탈식민주의 페미니즘의 이러한 노력으로 현대화와 경제재편 프로그램에서의 젠더관점의 분석과 여성과 아동 노동자 착취에 대한 예방, 보호 개입, 또한 여성의 권리를 인권으로 인정하게 되었으며, 경제적 자원이 여성의 사회적 지위에 미치는 중요성을 입증할 수 있게 되었다(주디스 로버, 2005).

## 2. 젠더저항(resistance) 페미니즘

### 1) 급진적 페미니즘

일부 급진적 페미니스트들은 여성이 남성보다 더 우월하다고 표현한다. 남성은 폭력적이고 성적으로 공격적이지만 여성들은 양육적이고 감성적으로 민감하여 조직을 운영하는 데 더 적합한 능력을 갖추고 있다. 지도자로서의 여성은 위계적, 권위적인 부분은 덜하고, 협력적이고 협조적이다. 이러한 유토피아적인 비전에도 불구하고 급진적 페미니즘의 실질적인 행동들은 강간 문제 해결을 위한 센터나 가정폭력 여성들을 위한 센터를 설립하고, 여성들을 위험으로부터 예방하는 교육을 하는 데 중점을 둔다.

급진적 페미니즘 정책은 고도의 기술을 이용한 출산기술이나 유방 확대 수술 등, 또한 매매춘, 포르노 등의 섹스산업에 반대하는 투쟁을 벌인다. 즉, 급진적 페미니즘은 젠더 불평등의 원인을 가부장 제도, 사회 제도에 내재되어 있는 합법적인 여성 억압 형태, 광고나 매스컴들의 문화적 생산물에서 여성의 몸을 대상화하는 것, 포르노와 매매춘을 통한 성 착취 등으로 꼽았다. 급진적 페미니즘 관점에서 이러한 불평등을 해결하고자 내세운 방안은 강간과 구타 방지를 위한 보다 유효하고 실효성 있는 법안, 남성들의 가학적인 폭력성으로부터 여성들을 보호할 수 있는 센터 및 쉼터 시설, 성희롱을 차별의 한 형태로 밝혀내는 것, 여성의 몸, 섹슈얼리티, 모성적인 특성에 대한 모든 것을 칭송하는 것 등이 있다. 급진적 페미니즘의 이러한 노력으로 가부장제는 여성 억압체계라는 인식을 가져오게 되었고, 여성에 대한 폭력을 직·간접적 통제 수단으로 인식했으며, 강간 및 구타 방지를 위한 강력한 법안을 제정하기 시작했다. 또한 폭력과 억압 등으로부터 여성들을 보호할 수 있는 센터나 쉼터 시설들이 설립되었으며, 직장과 학교에서의 성희롱 방지를 위한 지침들과 데이트 강간의 위험을 인식하게 되었고, 세계 대학들에서 여성학 프로그램들이 개설되기 시작하였다(주디스 로버, 2005).

### 2) 레즈비언 페미니즘

레즈비언 페미니즘은 급진적 페미니즘의 한 분파로서 이성애와 전통적인 가족생활에 대해 극단적 반대 입장을 표명한다. 레즈비언 페미니즘은 이론적으로는 특히 낭만적이고 성적인 이성애 관계가 여성을 억압하는 본질적인 이유라고 주장한다. 가능하면 남성들과 관계를 형성해 나가지 않는 것이 좋다고 하는데, 이것은 남성의 지배적인 사회적 지위와 일상의 상호작용과정에서 여성을 억압하려는 경향 때문이다. 여성은 공적 영역에서 남성과 함께 일하고 상호

작용을 하긴 하지만 사적인 영역에서는 여성이 훨씬 더 나은 파트너라고 생각한다. 레즈비언 페미니스트 분리주의자들은 한발 더 나아가 여성만을 위한 문화공동체, 정치조직 등을 형성한다. 이러한 레즈비언 페미니즘은 젠더 불평등의 원인을 억압적인 이성애, 여성의 사회적 공간에 대한 남성의 지배력으로 보았다.

레즈비언 페미니즘 관점에서 이러한 불평등을 해결하고자 내세운 방안은 여성 동일시 여성에 대한 권한 부여, 여성만을 위한 직장 및 문화행사 정치조직, 그리고 레즈비언 성관계가 있다. 레즈비언 페미니즘은 지역사회와 문화에 여성 동성애를 확산시켰고, 여성의 권리와 동성애 권리를 위한 이중 투쟁, 이성애적 사랑에 대한 비판적 분석에 영향을 끼쳤다(주디스 로버, 2005).

### 3) 정신분석학 페미니즘

정신분석 페미니즘은 여성억압의 근원이 여성의 정신 안에 있다고 보고, 정신분석을 통해 여성의 권리신장을 꾀하는 페미니즘이다.

여성을 지배하려는 남성의 본성, 그리고 억압에 최소한으로 저항하는 여성의 경향성을 인간의 사유와 무의식에서 발견한다. 정신분석 페미니스트는 한 개인이 '여성적' 혹은 '남성적' 관점을 가지고 스스로 그리고 타인을 '여성' 혹은 '남성'이라고 생각하는 데에 무의식이 깊게 관여한다고 믿는다. 이처럼 정신분석 페미니즘은 성 불평등의 원인과 해결책을 모색하는 데 있어서 심리적 요소들을 함께 고려할 수 있도록 한다.

정신분석 페미니스트에 따르면, 가부장적 사회의 남성성과 여성성은 유아기와 어린 시절에 무의식적으로 형성되어 정형화된 것이다. 따라서 가부장적 남성성과 여성성에서 해방되기 위해서는 유아기 및 어린 시절의 경험과 언어 구조가 변화될 필요가 있다. 프로이드는 성별화된 성격 발달은 소년이 페니스를 잃을 것을 두려워하여 어머니에 대한 감정적 밀착을 억압하고 더 힘이 강한 아버지와 동일시하는 오이디푸스 콤플렉스의 해결에서 나온다. 여성은 페니스가 없기 때문에 문화 창조에 참여하지 않는 것이고, 남성은 페니스를 잃을 것이란 두려움으로 인하여 문화 창조에 적극 참여하게 되는 것으로 본 것이다. 여자아이는 여성적 정체성을 발달시킴에 있어서 어머니에게 감정적으로 밀착하게 된다. 페니스가 없음으로 인하여 감정적 욕구를 채워줄 수 없는 것을 알고, 여성은 아이를 보육하여 애착 관계를 형성함으로써 감정적 욕구를 채운다고 보았다.

이러한 정신분석학 페미니즘은 젠더 불평등의 원인을 성별화된 성격 구조(자아에 얽매인 남성과 자아를 투과시키는 여성)로 보았다. 또한 남성이 여성에 대해 갖고 있는 승화된 두려움, 남성의 남근중심적인 사고와 억압된 감정들에 의한 지배적인 문화가 성 불평등을 야기시킨다고 보았다. 정신분석학 페미니즘 관점에서 이러한 불평등을 해결하고자 내세운 방안은 남성도 여성과 마찬가지로 열성적인 부모가 되어 부모 역할을 공유해야 함을 강조했고, 여성의 감정, 섹슈얼리티를 부각시키는 문화적 생산물의 필요성이다. 정신분석학 페미니즘의 이러한 노력으로 남성성과 여성성의 무의식적 근원에 대한 분석적 관점이 생겨났고, 여성의 감정, 섹슈얼리티를 바탕으로 한 문학들로서 불평등에 대항하는 기여를 하게 되었다(주디스 로버, 2005).

### 4) 관점 페미니즘

관점 페미니즘은 보편적, 객관적인 것으로 생각되는 지식이 실은 지배집단이 아닌 사람들의 경험을 배제하기 때문에 한쪽으로 치우쳐 있다고 주장을 한다. 이들은 젠더 불평등의 원인을 지식생산에서 여성의 시각과 경험을 무시하는 점, 과학에서 여성을 배제하는 점, 사회과학에서 여성 시각을 배제하는 점으로 꼽았다. 관점 페미니즘에서는 이러한 불평등을 해결하고자 내세운 방안으로 여성들의 삶과 일이 어떻게 그들의 의식적 혹은 무의식적 사고를 형성하는지에 대하여 마르크스주의 페미니즘, 사회주의 페미니즘, 정신분석학 페미니즘이 주장하는 각각의 관점을 지식생산에 반영해야 한다고 주장했다. 관점 페미니즘의 이러한 노력은 연구 문제에 대한 재구성에 영향을 미치고, 과학적 사실의 보편성에 도전했으며, 지식생산을 위한 페미니즘 패러다임을 창출하는 데 영향을 주었다.

## 3. 젠더반란(rebellion) 페미니즘

### 1) 남성 페미니즘

남성 페미니즘은 남성과 남성성 연구에 페미니즘 이론을 적용한다. 남성 페미니즘은 남성과의 관계에서 여성을 연구하는 페미니스트에게 요구되는 과제들처럼 남성을 여성처럼 하나의 젠더로 취급하면서 신중하고 면밀하게 검토한다. 남성과 여성의 젠더는 상대적이고 사회질서의 구조 속에 깊이 스며들어 있어 남성들에 의한 경제적, 교육적 자원과 정치권력에 의한 지배로서 성 불평등이 발생한다고 보았다. 또한 모든 남성에게 이로운 제도화된 특권들과 여성에 대한 남성의 폭력과 성적 착취를 조장하는 사회적 가치들이 젠더의 불평등을 야기 시켰다고 보았다. 이러한 불평등을 해결하기 위해서는 자원과 권력을 여성과 남성이 공유를 해야 하고, 여성의 지위는 물론 동성애자들을 포함하여 혜택받지 못하는 남성들의 지위도 향상시켜야 한다고 보았다. 또한 남성이 책임감을 가지고 스스로의 폭력적 행위들을 통제해야 한다고 했다. 남성 페미니즘에 의하여 사회는 남성의 젠더를 제도화된 지배·종속관계로 일부 인식할 수 있게 되었고, 남성은 여성뿐 아닌 다른 남성들까지도 지배하고 있다는 것을 인식하게 되었으며, 스포츠 안에서의 폭력문화에 대한 비판을 할 수 있게 되었다.

### 2) 사회구성 페미니즘

사회구성 페미니즘에 의하면 성 불평등은 일상생활에서 젠더의 차이를 사회적으로 구성하고 있는 데서 비롯된다. 직장이나 가족에서의 성별화는 다음 세대로 대물림하여 젠더 간의 경계를 유지하게 됨으로써 젠더의 불평등은 계속해서 재생산된다고 보았다. 이들이 내세운 불평등 해소 방법으로는 젠더 구성의 과정을 가시화하는 것이다. 자연스럽게 대물림되고 있는 젠더구성을 사람들이 인지할 수 있도록 해야 하고, 일상생활에서 젠더 경계에 대한 도전이 필요하다. 우리 주변에서 젠더불평등이라고 인지하지 못하고 있었던 부분들을 밝히고 이에 대한 도전들을 헤나가는 역할을 한다. 마지막으로 성별화된 노동의 분화가 일어나지 않도록 일과 가족의 역할을 재구성해야 한다.

사회구성 페미니즘 관점으로 인하여 대면적 상호작용을 제도적 구조와 연결할 수 있게 되었다. 즉, 문제를 인식하고 제도적으로 연결할 수 있게 되었다는 것이다. 또한 섹슈얼리티의 사회적 구성과 그에 대한 사회통제를 분석할 수 있게 되었고, 사회질서의 성별화된 가정을 가시화하고 변화할 수 있도록 영향을 주었다.

### 3) 포스트모던 페미니즘과 퀴어 이론

포스트모던 페미니즘과 퀴어이론은 젠더 범주가 이분법적이고, 상반되고, 고정되어 있다는 점을 비판한다. 그들은 섹슈얼리티와 젠더는 변화적이고, 유동적이며 다양한 범주를 포함해야 한다고 보았다. 여성이라고 하는 보편적 범주를 기초로 한 정책들을 비판하는 입장이다. 이들은 사회의 특권을 소유한 젠더와 그렇지 못한 젠더로 이분화하며(여기서의 젠더는 여성, 남성, 그리고 그 밖의 성을 뜻한다) 이성애를 당연시하는 사회 때문에 성 불평등이 발생한다고 보았다. 이를 해결하기 위한 방법으로는 젠더와 성의 경계를 의도적으로라도 모호하게 해야 함을 주장하고, 무엇이 정상인가에 대한 끊임없는 문제를 제기해야 한다고 하였다. 또한 '퀴어' 몸, 섹슈얼리티, 젠더를 만들어내는 대중문화 활동이 필요하다고 주장하였다.

이들의 영향력으로 인하여 '수행성(performativity)'과 '퀴어성(queerness)'이라는 젠더 개념이 생겨났고, 자연스러움과 정상에 대한 관념을 지원하는 대중문화에서 젠더와 성의 상징을 해체하는 흐름을 가능하게 하였으며, 동성애, 양성애, 이성 복장, 성전환을 개방하여 서구문화의 일부가 되도록 하였다.

## 생각해보기

**01** 여성과 남성의 젠더적 관점에서 성 불평등에 대하여 이야기 나눠보고, 그에 맞는 극복방안들을 찾아보자.

**02** 성역할 사회학에 대한 모더니즘 시각과 포스트모더니즘의 시각을 비교해 보고, 각각의 장점과 단점을 이야기해 보자.

**03** 젠더개혁, 젠더저항, 젠더반항 페미니즘의 각각 성격에 대해 설명해 보고, 이들의 정책적 접근에 대해 설명해 보자.

**04** 그룹별로 국내 정책들을 정하여 앞서 공부했던 페미니즘 유형으로 분류하여 비판하고, 그 이유를 토론해 보자.

# PART 02

# 여성과 인권

Chapter 03 여성인권의 이해
Chapter 04 여성인권과 폭력
Chapter 05 여성인권과 가사노동

Chapter 03

# 여성인권의 이해

## 1. 여성인권론

인권(Human Rights)이란 평등관점에서 인류의 보편적 권리를 담보로 설정된 개념이다. 그러나 실존하는 인권은 특정 계층이나 상황에 따라 차별적 대우가 이뤄지고 있으며, 여기서 사회구조적으로 고질화된 성 불평등에 따른 여성인권과 복지문제가 발생한다.

여성인권론은 보편적 인권론에서 말하는 보편성에 대한 비판담론으로서 대두되었다고 볼 수 있다. 역사를 살펴보면, 프랑스의 작가이자 정치가인 올랭드 구즈(Olampe De Gouge)가 시민혁명에서 공포된 '인간과 남성시민의 권리선언(La Declaration des droit de l'homme et du citoyen)'을 넘어 '여성과 여성시민의 권리선언(La Declaration des droit de la femme et du citoyenne)'을 발표한 데 그 연원을 두기도 하고, '성차별'을 금지한 세계인권선언(1948년)에서 시작된 것으로 보기도 한다.

1948년 세계인권선언은 전문에서 기본적 인권과 남녀 간의 평등권에 대한 개념을 재확인하였다. 세계인권선언 제2조에서는 "모든 사람은 인종, 피부색,

성, 언어, 종교 등 어떠한 이유에 의해서도 차별을 받지 않고 모든 권리와 자유를 누릴 수 있음"을 명시하였고, 제16조는 "성년 남녀는 인종, 국적, 또는 종교에 의한 어떤 제한도 받지 않고 혼인하며 가정을 만들 권리를 가짐"을 명시하였으며, 제25조는 "어머니와 어린이는 특별한 보호와 원조를 받을 권리를 가짐"을 명시하여 여성의 평등권과 보호권을 선언하였다. 1966년 유엔이 채택한 국제규약인 '경제 · 사회 · 문화적 권리에 관한 국제조약'은 제3조에서 가입국이 경제적 · 사회적 · 문화적 권리를 남녀가 평등하게 누리도록 보장할 의무를 지도록 하였으며, 제7조에서 여성의 노동에 대한 동일한 임금과 노동조건을 보장하도록 규정하였다. 또한 '시민적 · 정치적 권리에 관한 국제조약'은 가입국이 시민적 · 정치적 권리를 남녀가 평등하게 누릴 것을 보장할 의무를 지도록 하였으며, 제23조는 법률 앞에서 평등하며, 성으로 인하여 차별받지 않도록 보장한다고 명시하였다.

여성에 대한 차별은 일반적 평등권의 강조만으로 해결할 수 없는 특수성이 존재한다는 인식이 확산됨에 따라, 유엔 인권위원회와 별도로 설치된 여성지위위원회(Commission on the status of Women)는 1967년 "여성차별철폐선언(United Nations Declaration on the Elimination of Discrimination Against Women)"을 채택했다. 그러나 선언은 법적 구속력을 갖지 못한 탓에, 여성차별을 철폐하는 데 실효성 있는 조치를 취하지 못하는 한계가 있었다. 이에 1979년 "여성에 대한 모든 형태의 차별철폐에 관한 협약(Convention on the Elimination of All Forms of Discrimination Against Women)"을 채택하였다. 1981년 20개 회원국의 비준을 받아 효력을 발생하였고, 유엔 여성차별위원회도 공식 출범하였다. 우리나라는 1984년 국회의 비준 동의를 얻어 1985년 조약을 공포하면서 정식 가입국이 되었고 국내법으로 협약의 효력이 발생하게 되었다. 이후 여성차별철폐협약을 강화하기 위한 조치로 1999년 선택의정서가 제정되었고, 2000년 발효되었다. 우리나라는 2006년 선택의정서에 가입하고,

2007년 조약을 공포하였다(배화옥 외, 2015).

여성인권론은 일반적인 국제인권법체계에서 여성의 입장을 배제해 왔다는 문제제기와 더불어 기존 인권법체계 내에서 여성의 인권을 주요 의제화하도록 노력해 왔다. 단순히 기존의 인권틀에 '여성' 이슈를 포함시키는 것에 그치는 것이 아니라 틀 자체가 편향성의 극복을 위한 대안적 틀로서의 의미를 갖는다. 그간 인류의 절반인 남성만이 인권주체였다면 또 다른 절반인 여성이 인권주체로 인정되면서 기존의 인권 개념 그 자체에 대한 재정의를 요청하고, 젠더의 개념은 기존의 개발, 안보, 환경 등의 분야에 있어서도 새로운 기준을 제공하게 된다. 예컨대, 공권력에 의한 인권유린을 주로 문제 삼은 기존 인권틀에서, 가정폭력 피해자의 인권은 과연 어떠한 인권 개념 및 수단에 포함시킬 수 있을지에 대한 논의 등 다양한 측면에서의 고려가 필요하기 때문이다.

유엔을 중심으로 하는 국제사회에서는 국제 여성운동의 등장과 세력화, 지구적 연대와 초국적 논의의 경향은 여성인권담론 자체에 전지구적 합의라는 정당성을 부여하며 여성문제에 대한 보편원칙으로서의 위상을 견고히 해오고 있다. 억압, 폭력 등 여성을 둘러싼 각종 문제들이 여성인권의 기준으로 권리침해 여부가 판단되고, 양성평등 실현, 여성 삶의 개선 등의 과제도 여성인권이 그 구심점으로 활용되어야 한다는 것을 뜻한다(허민숙, 2013).

국제여성인권운동은 "피해자" 여성을 강조하기보다는 "인간" 여성을 강조한다는 점에서 "인간이 인간이기 때문에 가지는 권리"로서 여성권리의 외연을 전환시켰다는 차이점이 있다. 이는 피해와 구제의 담론에서 정의와 책임의 담론으로의 전환을 말하는 것으로, 여성의 피해 사실보다는 인간으로서 존중을 받으며 생존할 수 있는 삶의 조건에 방점을 둔다. 그러나 여기서 인간으로서 보편적 여성인권에 대한 강조는 여성의 실제 삶과 경험의 실질적 터전인 문화에 대한 고민을 갖게 한다. 특히 다문화를 인정하고 받아들이는 동시에 여성인권 개념이 충분히 통용될 수 있는 문화적 환경을 창출해 내야 한다는 어려움이 있다.

# 2. 인권과 다문화주의

## 1) 인권과 문화적 차이

여성인권과 문화적 차이 간의 긴장은 계속되는 논쟁거리다. 특히 비서구 사회의 전통이 조장하는 가부장제의 희생자로의 여성들과 범죄자로서의 무슬림 남성이라는 구도는 시대의 흐름에 따라 다양한 사례들 속에서 젠더와 인종·민족·문화 정치학이 상호교차적으로 작동하고 구성되면서 서구의 문화적, 정치적 헤게모니를 재생산하는 국면들을 만들어 왔다(김보명, 2018).

여성의 권리 보호와 증진을 위해서 문화를 변화시킬 필요가 있다는 요구는 1990년대의 여성인권 운동 이전에도 있었는데 1979년의 '유엔여성차별철폐협약'의 경우만 보더라도 많은 국가들이 협약에 서명하고 비준에 동의했지만, 협약의 내용이 개별 국가의 문화적 관습이나 전통에 어긋나는 경우 그 적용을 유보하고 있다. 따라서 비엔나회의와 베이징대회에서 대두되었던 여성인권 논의의 가장 주요한 특징은 바로 "문화의 예외 금지(no cultural exemptions)"를 명확히 한 것이라고 여성인권론자는 강조한다(Okin, 2000: 32). 실제로 비엔나 행동계획과 베이징 행동강령에서는 이러한 여성인권을 침해하는 문화적 관습 혹은 전통이 변해야 한다고 구체적으로 적시하고 있다. 비엔나 행동계획에서는 "문화적 편견"에 기인한 여성을 상대로 한 폭력은 "인간의 위엄과 가치에 위배"됨으로 인권침해라고 규정한다. 또한 베이징 행동강령은 여성인권 침해가 문화적 정당성의 어떠한 예외도 허용할 수 없다는 강력한 구절을 담고 있다. "여성인권을 침해하는 전통, 관례 혹은 현행 습관의 부정적인 면은 금지되고 폐지되어야 한다"(Beijing Declaration and Platform for Action, para. 112)(김희강, 2009). 문화적 다양성을 핑계로 여성과 소수자에 대한 폭력을 정당화할 수 없고, 젠더중립적이지 못한 문화적 규범을 정당화할 수도 없다. 사라 송(Sarah

Song)의 분석(2005)에 의하면, 다문화주의는 소수문화 공동체 내부의 권력관계에 대해 중립적이거나 무지한 태도를 취함으로써 비백인 이주민 여성들이 경험하는 이중적 억압, 즉 젠더 억압과 인종적 억압을 재생산하는 효과를 낳기도 하였다. 사례를 보면, 혼외 관계를 맺은 아내를 구타하고 살해한 중국 이주민 남성에 대해 문화적 차이를 이유로 상대적으로 가벼운 형량을 선고한 1988년 뉴욕 주 법원의 판결이 있었다. 당시 피고인과 변호인, 그리고 인류학자는 중국의 유교적 관습과 가부장적 문화를 부각시켜 아내를 구타하고 살해한 중국 이주민 남성의 행위를 문화적으로 변호했다.

## 2) 우리나라 결혼이주민여성의 인권

### (1) 결혼이주여성의 인권 문제

오랫동안 제3세계 여성들과 한국남성들과의 국제결혼에서 가장 큰 물의를 일으킨 인권문제는 인신매매성 결혼이다. 이 같은 인신매매성 결혼은 결국 이들 여성의 인권억압으로 이어지기 마련인 바, 이 결혼이주여성들은 구타와 외출금지, 의처증 등으로 인한 학대, 경제력 향상을 위한 노동활동 강요 등 인권 사각지대에서 고통을 겪고 있다(안진, 2013). 뿐만 아니라 배우자가 가정에서 폭력을 일삼는 경우가 많다. 가정폭력-상습구타, 성적학대, 돈 주고 사온 소유물 취급하는 인격모독, 시집식구에게는 가정부 취급 등으로 고통을 받고, 남편이 아내를 유기하는 경우로 한국남성이 합방 후 초청하지 않아 오가도 못하는 신세가 되거나, 남편이 무단가출하거나, 이혼을 종용하는 경우도 있다. 또한 국제결혼 이주여성은 배우자에 대한 경제적 의존도가 높은데, 국적취득에 있어 한국인인 배우자가 서류에 동의해 주지 않는 경우 국적취득이 사실상 불가능하다. 그리고 기본적으로 결혼이주여성은 경제적으로 취약하기 때문에 자녀 양육을 향유하기가 대단히 어려운 상황에서 출생한 미성년인 자(子)를 양육하고 있거나 양육하여야 할 자(者)로 규정한 것 자체가 현실적으로 규범의 담보력을 확보하기 어렵게 만든다. 끝으로 신분상의 불안문제, 즉 국적법과 체류권의 문제이다. 이주여성의 경우 방문 시 동거비자로 체류자격을 취득해야 하는 외국인의 신분이기 때문에 복지대상에서 제외되고 결혼사유가 해소되면 법적으로 불법체류자가 되기 때문에 법적으로 매우 불안정한 상태에 놓여있다. 인권문제에 부딪혔을 때 긴급하게 피신할 곳이 없다는 것 또한 문제이다. 이 문제를 해결하고자 한국이주여성 전용쉼터가 설치되어 있으나 이를 대폭 확대하고 지원해야 한다(이무선, 2014).

### (2) 결혼이주여성의 권리

보호되어야 할 결혼이주여성의 권리는 자국민 여성의 권리와 별반 다를게 없다. 그러나 결혼이주여성들에게 가장 기본적이면서도 취약한 권리부분을 살펴보면 다음과 같다.

#### ① 건강권

건강권은 생명권에서 필수적인 신체와 정신건강을 아우르는 권리영역으로, 모든 사람은 사회·경제적 지위와는 상관없이 자신이 필요로 하는 의료서비스를 받을 수 있는 권리를 말한다. 코로나19 시대를 겪으며 이주민의 경우 미등록 신분 또는 의료비 부담, 언어 및 문화적 차이로 인해 백신접종 혹은 의료기관 방문을 어렵게 만드는 요인이 된다고 분석한 바 있다(국가인권위원회, 2020a). 이 연구에 의하면, 코로나19 시기 동안 28.8%의 이주민이 의료기관을 이용하는 데 어려움 및 두려움을 느낀다고 답하였다. 결혼이주여성의 경우에 불안정한 법적 지위가 건강권을 해치는 요인이 되지는 않았으나 언어와 문화적 차이가 긴급하고 빈번하게 변경되었던 코로나 대응 지침을 이해하고 서비스를 이용하는 것에 대한 어려움을 갖게 했다고 한다(국가인권위원회, 2020a).

### ② 소득보장 · 생계유지권, 노동권

「2018 전국다문화가족실태조사」에 따르면 결혼이민자·귀화자의 고용상태가 일반 국민보다 크게 불안정한 것으로 나타났다(최윤정 외, 2019). 취업한 결혼이민자나 귀화자 가운데 27.9%는 단순 노무 종사자, 17%는 서비스 종사자로 매우 높은 비율이고, 임시직(21.4%)과 일용직(18.5%) 비중 또한 상당히 높다(국가인권위원회, 2020a). 최근 조사된 연구보고서에 따르면, 불안정한 고용상태에 있는 이주민들에게 코로나19 이후 가장 힘든 점은 실직 혹은 비정규직 전환으로 인한 경제적 피해(66.6%)였으며, 이러한 상황에서 결혼이주여성이 느끼는 코로나19로 인한 가계소득 감소는 더 크게 체감될 수밖에 없다(국가인권위원회, 2020a).

### ③ 돌봄권 · 사회적관계

결혼이주여성들이 겪고 있는 의사소통 문제, 문화적 차이에서 오는 심리적·사회적 고립감, 가족 간 갈등과 같은 다양한 문제들의 결합은 자녀 양육을 주로 하는 결혼이주여성들의 스트레스를 배가시키는 요인으로 작용한다. 「2018 전국다문화가족실태조사」에 따르면, 가족 외에 한국에서 자녀교육, 일자리, 집안 문제 등을 의논하거나 도움을 요청할 사람이 없다는 답변이 항목별로 30~40%에 이른다(최윤정 외, 2019). 많은 결혼이주여성들은 부족한 지지체계 내에서 모국의 가족들에게 자녀돌봄을 의지하는 경우가 매우 많다. 결혼이민 귀화자의 35.3%가 자녀 양육을 위해 모국의 가족을 한국으로 모셔온 적이 있다. 상당수의 결혼이주여성들은 온전히 홀로 자녀돌봄을 감당해야 하는 어려움에 처해 있다.

### ④ 정보접근권

영어권 외 나라에서 온 결혼이주여성들은 긴급한 상황에서 정보의 접근이

용이하지 않다. 코로나19 시기의 감염병 방역 관련 정보(긴급지원, 선별진료소 운영, 마스크구입, 백신예약 등)는 신속하고 정확하게 국민에게 일괄 공유돼야 하는데 대부분이 영어를 중심으로 제공되다 보니 정보격차가 발생하게 된다(국가인권위원회, 2020b). 이러한 경험에서 우리는 정보접근권 한계가 건강권 침해로 이어질 수 있다는 사실을 알게 되었다.

⑤ 혐오방지 및 비차별권

최근 코로나19 때문에 특정 국가 소속 혹은 인종으로 인식되는 사람들을 향한 차별과 낙인이 심해지고 있다. 다수가 가지고 있는 전염병에 대한 불안과 두려움을 특정집단에 대한 차별과 혐오로 전가하여 전염병과 무관한 목적으로 억압과 분열의 통치방식으로 이용하기도 한다. 실제로 16.2%의 이주민이 일상에서의 혐오와 차별의 경험으로 어려움을 느끼는 것으로 나타났다(국가인권위원회, 2020b). 이러한 사회적 분위기는 이주민이나 난민, 망명 신청자에 대한 부당한 대우나 기본권에 대한 제한 등으로 이어져 결혼이주여성의 인권 문제를 더욱 악화시키게 된다.

### (3) 결혼이주여성과 국제인권규범

1948년 UN총회에서 채택된 세계인권선언에 의하면, 결혼이주여성과 그 자녀들은 인류의 일원으로서 당연히 국제인권규범에서 제시하고 있는 모든 권리 향유의 주체이다. 세계인권선언은 국제적인 차원에서 모든 개인이 누려야 할 기본적 권리를 선언하고, 국제규범의 발전방향을 제시해 왔으며, 국제사회는 성별, 국경, 인종 등을 초월하여 모든 인간이 누려야 하는 보편적 원리로서의 인권개념을 발전시켜 왔다. 이와 같이 결혼이주여성들과 자녀들의 인권문제도 세계인권선언 다수 규정의 법적 구속력을 가진다고 볼 수 있다. 따라서 결혼이주여성들은 UN여성차별철폐협약상 인권침해에 대해 보호를 받을 권리가 있는 것이다(김선택, 2010). 이 같은 유엔여성 차별철폐협약은 전 세계 186개국이 비준하였으며, 우리나라도 1984년 12월에 비준하였다. 협약 제1부 1조에서는 여성에 대한 차별을 "정치, 경제, 사회, 문화, 시민 그리고 기타 모든 분야에 있어서 결혼 여부와 관계없이 양성평등의 인권을 기초로 하는 기본적인 자유로 인식, 향유하는 것을 저해하거나 무효화하는 효과 또는 목적을 가지는 성별에 근거한 모든 종류의 차별, 배제 또한 제한"이라고 정의하고 있다(이무선, 2014). 2011년 7월 11일부터 29일까지 유엔여성차별철폐협약 제7차 한국정부이행보고 심사에서, 위원회는 결혼이주여성의 가정폭력에 대한 예방 및 보호를 위해 가능한 조치를 포함하여 외국인 여성이 자신의 권리와 배상방안을 인지하도록 여성에 대한 인식개선 캠페인을 시행할 것을 한국 정부에 권고한 바 있다(김상찬 외, 2011). 우리의 결혼이주여성에게도 이 같은 UN여성차별철폐협약 같은 국제규범에 의하여 차별받지 않을 권리가 인정됨을 주지시킬 의무가 있음을 알려준 것이다. 그러나 현실적으로는 여전히 이와는 동떨어진 다문화가족의 실상을 접하고 있는 우리사회는 아쉬움을 남긴다.

## 3. 체계적 배제의 여성인권

지구상의 절반 이상의 여성들은 평생 동안 가정이라 불리는 '사적 영역' 안에서 살아간다. 주로 여성들이 하는 가사노동은 무보수노동으로써 가족에 대한 사랑이라는 사적인 의미를 부여받고, 여성의 재생산(자녀출산) 역시 가족관계 속에서 이루어지는 사적 결정인 것이다. 또한 성과 사랑, 친밀감의 관계는 계산과 이익에 의해 환원될 수 없는 비시장적이고 비정치적인 영역으로 간주되어 왔다. 하지만, 이러한 '사적' 영역은 사랑과 숭고함뿐 아니라 불평등과 억압이 존재하는 공간이라는 것이 많은 연구자들에 의해 논의되어 왔다.

여성인권 사안의 체계적 배제의 논리는 기존 인권법의 체계에서 어렵지 않게 발견할 수 있다. 시민적, 정치적 자유로 대표되는 제1세대 인권은 공적 영역에 있는 남성들의 인권을 보호하고자 하는 지향을 가진다. 예컨대 시민적, 정치적 권리에 관한 국제조약 제6조(생명권)에는 공적 조치에 의한 생명 및 자유의 임의적인 박탈로부터의 보호 등을 규정하고 있지만, 여성들이 경험하는 생명의 위협들, 즉 남아선호에 의한 태아감별 및 낙태, 출산, 유아살해 등은 생명권에서 말해지는 보호대상이 아니다. 고문에 관한 국제법적 정의 역시 공적 영역 안에서의 것으로 한정되어 있어 정부와 관련되지 않은 사적 영역에서의 여성에 대한 심각한 폭력을 포함하지 못한다. 아내 살해와 구타, 강간과 같은 여성에 대한 폭력은 처벌되지 않거나 약하게 처벌되어 왔기 때문이다.

경제권, 사회권, 문화권을 의미하는 제2세대 인권에서 공사 분리의 시각이 약화되긴 하였으나 여전히 지속되고 있다고 지적된다. 대부분의 여성들이 맺게 되는 경제적, 사회적, 문화적 관계는 국가가 아니라 가부장적 국가 구조에 의해 권위를 부여받은 남성과의 관계이다. 예컨대 여성들의 노동은 주로 무임금노동으로 사적인 가정 영역 내에서 수행되는 경우가 대부분이기 때문에 공적 영역에서의 노동조건을 전제하는 ‘A규약’ 제7조 규정(동일노동에 대한 동일임금 보장 조항)으로는 여성의 가사노동을 포함할 수 없다. 남성의 입장에서는 대개 그들이 주인이 되는 가정영역에서의 권리 침해를 별로 걱정할 이유가 없고, ‘공적 영역’에서의 시민적, 정치적 권리에 오로지 강한 관심을 갖는다. 하지만 대다수 여성들을 취약하게 만드는 사회적이고 문화적인 체계는 단지 국가 공권력에 의해 자행되는 침해에 국한하지 않는다. 공사 분리론은 먼저 사적 영역에서 사인(私人)에 의해 발생한 여성에 대한 침해를 은폐하며, 국가가 그 책임을 지고 조사를 하고 가해자를 처벌을 해야 한다는 의무를 불명확하게 만들어 왔다. 이런 견지에서 번취(Bunch)는 누가 사적 영역이라고 규정하며 영역간을 분리하였는가 묻는다. 여성들이 사적 영역에서 민주주의와 인권을 부정당할 때, 공적 영역에서도 마찬가지 상태가 된다고 경고한다. 사적 영역이 '여성의 공간'이라는 규범은 여성들의 이동과 여행을 통제하고, 집회와 정치활동, 경제활동을 지양시킬 것이며, 오로지 사적 영역에서 가족들을 위한 노동과 재생산활동 만을 장려하는 태도를 이끌어 낼 것이다. 이는 공사 영역의 공고한 구분과 이에 대한 국가의 용인은 남녀의 성별 분업을 강화하고 공적 영역에서 여성들을 배제할 것이기에 다원적 민주주의와 시민의 공적 활동은 크게 침해될 수밖에 없다는 것이다.

이러한 논의는 기존의 국제법 체계가 수용하는 공사 이분법을 근본적으로 성찰하고 있다. 공/사 이분법을 넘어서기를 요청하는 여성인권의 보장은 기존의 인권체계의 틀에 대한 변화를 의미한다. 실제로 여성차별협약(CEDAW) 및 여성폭력철폐 선언 등 여성인권을 보장하기 위한 국제규약에서는 특별히 가족영역 및 사적영역에서의 남녀평등 보장과 여성폭력의 근질 조항을 명시하고 있다. 근본적으로는 인권론의 약한 고리로 여겨지는 사인(私人)에 의한 인권의 훼손에 대해 앞으로 인권론은 어떠한 법적 논리로 대처해야 하는 것인지 그 과제를 제시하고 있다. 여성인권의 고양이 이러한 '사적 세계' 속으로 침투하지 않는 한, 사회의 요소요소에 흩뿌려진 공간들은 인권의 외곽지대에 머물 수밖에 없다.

Chapter 04

# 여성인권과 폭력

여성인권보장을 위해 마련된 인권법들은 그 내용면에서 여성이 겪는 '차별'의 금지와 '폭력'의 방지로 집약될 수 있다. 1980년대 여성운동은 여성에 대한 다양한 사회적 차별문제를 제시하면서 아내폭력, 성폭력, 성매매와 같은 여성에 대한 폭력과 인권에 대한 문제제기를 시작하였다. 그러나 최근 강남역 묻지마 살인사건과 같은 극단적이고 무차별적인 젠더폭력과 여성혐오의 사회적 분위기가 심각해져만 가는 상황에서 여성의 인권과 젠더를 기반으로 하는 다양한 폭력에 대한 이해가 필요하다.

## 1. 가정폭력

### 1) 가정폭력의 정의

가정폭력이란 부부간에 실제적 상해를 입히는 것으로 범위를 축소해서 보지만, 실제 다양한 측면에서 폭력을 구분할 수 있다. 가정폭력의 종류는 폭력 행사의 대상을 기준으로 하여 부모의 자녀에 대한 학대인 아동폭력, 부부간에 발생하는 남편폭력과 아내폭력, 알코올중독과 같은 약물중독으로 인하여 배우자인 아내와 자녀 등의 가족 구성원에게 폭력을 행사하는 가족폭력, 성인 자녀에 의한 노부모 학대로 나타나는 존속폭력 등으로 구분할 수 있다.

또한 폭력의 형태에 따라 구분하면, 상대의 신체에 물리적인 힘을 가하여 상해를 입히거나 손상을 입히는 것으로, 밀치기부터 칼이나 흉기 등을 사용하는 데에 이르기까지 광범위하고 다양한 유형의 신체적 폭력이 있다. 다음으로는 화를 내거나 위협 등으로 감정적인 상처를 입히는 심리·정서적 폭력이 있으며, 욕이나 비난 등 말로써 상처를 입히는 언어폭력과 강제적인 성관계나 공격수단으로 성을 이용하는 등 성폭력이 있으며, 또한 경제권을 갖고 생활하면서 상대에게 경제적 자율권을 주지 않거나, 경제 활동을 함에도 불구하고 상대에 의하여 자신의 소득을 통제당하는 경제적 폭력도 있다.

가정폭력에 대한 사회적 인식이 바뀌어 가고 있음에도 불구하고, 여전히 가정폭력의 가해자는 알코올중독자거나 학력 및 사회 계층이 낮은 것으로 인식하고 있다. 그러나 실제 가정폭력자 중에 알코올중독자는 극히 일부이며, 가해자가 술에 취한 상태라 하더라도 구타한 사실을 부인하거나 술 때문에 구타했다는 변명 거리에 불과하다. 또한 가해자의 대부분이 가정 이외의 사회나 직장에서는 원만한 생활을 하고 있으며, 의사나 변호사 등 전문직 종사자와 성직자 등 교육 정도와도 무관하다.

### 2) 가정폭력 실태

가정폭력은 가족 구성원 중 한 명 또는 다수가 다른 구성원에게 신체적, 정신적인 피해를 주는 것이다. 가정폭력은 말 그대로 가정에서 일어나는 폭력으로 피해자는 외부로부터 이 사실이 알려지는 것을 원하지 않아 도움을 청하지 않는 등 구조적으로 악순환이 반복되는 사회적 문제 중 하나이다. 여성가족부의 2022년 가정폭력 실태조사 결과를 보면 2021년 8월부터 2022년 7월 기준 배우자 또는 파트너에 의한 신체적, 성적, 경제적, 정서적 폭력 중 하나라도 경험한 비율은 7.6%로 나타났다. 2019년(8.8%)보다 1.2% 감소한 수치를 보여주지만, 이것은 절대 적은 비율이 아니다. 하지만 더 심각한 문제는 가정폭력을 당한 뒤 피해자가 도움을 청한 비율이다. 폭력 발생 이후 어디에도 도움을 청한 적 없다는 비율은 92.3%로 2019년(85.7%)보다도 증가했다. 피해자가 도움을 요청하지 않은 이유로는 폭력이 심하지 않다고 생각해서(36.9%), 그 순간만 넘기면 되어서(21%), 가족 안에서 알아서 해결할 일인 것 같아서(20.5%)가 있었다. 여기서 볼 수 있듯이 가정폭력의 가장 큰 문제는 피해자가 가정폭력을 당한 뒤 어디에도 도움을 요청하지 않았다는 비율이 90%가 넘는다는 것이다. 가정폭력에 대한 인식 및 인지도에서는 '가정폭력은 가정 안에서 해결해야 할 개인적인 문제다'라는 질문에 아니라는 부정 응답이 79.5%로 나타났다. 하지만 현실은 가정 내에서 해결하려는 모습이 더 커 보이므로 적극적인 대응이 필요해 보인다.

### 3) 관련 법과 제도

가정폭력은 가정의 문제로서 개인사에는 국가가 관여하면 안된다는 인식 하에 범죄로 인정되지 않다가 1990년대 들어 「가정폭력특별법」, 1997년 「가정폭력범죄의 처벌 등에 관한 특례법」, 「가정폭력방지 및 피해자보호 등에 관한 법률」이 제정되면서 국가의 적극적 개입이 요구되는 사회적 범죄임을 표방하게 되었다. 하지만 이렇게 만들어진 「가정폭력처벌법」은 당시 법 제정의 시급함 때문에 가부장적 성격을 내새한 상태로 탄생하였으며, 「가정폭력처벌법」 전반을 관통하는 패러다임은 '가정 보호 및 유지'이다. 「가정폭력처벌법」은 제1조

(목적) 조항에서 가정폭력범죄를 '형사처벌이 아닌 보호처분'으로 '가정의 평화와 기능 회복'에 방점을 두고 있다. 피해자의 인권보장보다 가정유지보호가 중점인 목적 조항은 가정폭력을 '심각한 폭력범죄'가 아닌 여전히 '가정 내의 경미한 범죄'로 간주하는 법 관점으로 작동하므로 실효성 있는 조항의 도입을 저해하고 있다. 가정폭력은 개인의 존엄성과 인권을 침해하는 사회적 범죄로서 명확히 규정하고, 「가정폭력처벌법」은 '폭력으로부터 침해받은 가족구성원의 인권' 보장을 위해 존재해야 한다(박복순, 2018).

한편, 가정폭력 사건에 대해서는 처분을 불처분, 상담조건부 기소유예, 가정보호사건, 형사처분으로 다원화하고, 그 구분 기준을 재범위험성에 두어야 하며, 이를 위한 평가기준을 확립해야 한다. 이러한 제안은 가정폭력처벌법이 제정되어 시행된 이후 지속적으로 논의에서 빈번하게 이루어지고 있다. 그러나 재범위험성을 평가하는 기준은 확고하게 확립되어 있지 않고, 일선의 사법경찰에게 일관된 기준으로 재범위험성을 평가하도록 기대하는 것 또한 무리이다. 이러한 현실을 감안하여 2021년 또다시 법 개정을 하여 범죄유형의 추가와 조치추가가 이루어졌다. 기존에는 폭력을 행사는 배우자가 집에 들어오거나 나가라는 요구를 듣지 않는 경우 「가정폭력처벌법」에 근거하여 처벌을 할 수 있었으나 2021년 법 개정 이후 주거침입, 퇴거불응 또한 처벌이 가능한 범죄로 인정되었다. 또한 기존에는 경찰에 신고하여 출동하여도 폭력을 행사하는 자를 현행범으로 체포할 수 없었으나 2021년 개정 이후 폭력 행위자를 경찰이 현행범으로 체포할 수 있게 되었으며 접근 금지 처분을 내릴 수 있는 기준이 확대되었고, 처벌의 수위가 높아졌다. 이렇듯 법의 시행과정에서 드러난 다양한 한계를 극복하기 위해 수차례 개정을 거쳐 오고 있으나, 그 실효성에 대한 의문은 여전히 남아 있다.

## 2. 성폭력

성폭력이란 성을 매개로 한 학대행위나 폭력을 말한다. 「성폭력범죄의 처벌 등에 관한 특례법」에 의하면, 성폭력이란 '상대방의 의사에 반하여 힘의 차이를 이용하여 가해자의 일방적인 성적 행위를 통해 상대방의 성적 결정권을 침해하는 모든 성적 행위'를 일컫는다. 성폭력의 범위는 법률적으로 주로 강간, 강제추행(폭행이나 협박을 수반한 성적 행위)을 의미하였으나, 최근에는 상대방의 의사를 무시한 채 성행위를 한 경우 폭행이 없어도 강간, 강제추행으로 인정한다. 이러한 성폭행은 주로 힘(권력) 있는 자가 힘없는 사람에게 행사하는 성적 폭력으로 다양한 형태로 나타난다. 친족 성폭력은 주로 아버지, 할아버지, 삼촌 등이 여아를, 직장에서는 상사가 부하직원을, 아동 성폭력은 어른이 아이를, 장애인 성폭력은 비장애인이 장애인에게 성적 폭력을 저지르는 비대칭적 권력관계 속에서 이루어지는 학대라는 공통점이 있다.

성폭력의 발생원인은 개인적 차원과 사회적 차원으로 나누어 볼 수 있다. 개인적 차원으로는 흔히 정신병리학적 관점으로 본다. 성폭력은 성적 욕구충족이라는 목표와 수단의 괴리로 인해 신경증적인 성격이 유발된다. 실제 미국에서 성폭력 가해자의 85%가 하나 이상의 정신장애 범주를 만족시키는 증상을 보였고, 그중 성도착증의 유병률은 58%로 보고되었다(Dunsieth et al., 2004).

한편 사회적 차원의 관점은 가부장적, 보수주의적 관점과 사회 하위문화의 관점으로 설명할 수 있다. 가부장적이고 보수주의적 사고에서 흔히 성폭력의 가해남성의 잘못이라기보다는 성폭력을 당한 여성이 그럴만한 이유가 있을 것이라고 여겨왔다. 대표적인 예가 '짧은 치마를 입은 여성은 성폭력을 당할만하다, 여자가 밤늦게 다니니까 성폭행을 당한다' 등으로 여성의 탓으로 돌리는 경우가 허다했다. 결과에 상관없이 원인 제공은 정숙하지 못한 여성의 잘못으로 돌리는 경우가 많았다. 하위문화 관점은 성폭력이 일종의 하위문화체계 속에서 학습되고 강화되는 현상을 말하는데, 예를 들어 음란물을 접하는 경험, 이를 공유할 수 있는 능력이 남성의 능력 중 일부로 취급되어 성적 행위를 통해 지위를 인정받고자 하는 욕구를 발생시킨다. 여성이 배제된 군대 공간에서 우열을 다투는 기본 요소로 성이 활용되는 현상 등이 여기에 속한다.

## 1) 성폭력의 종류

### (1) 성희롱

성희롱은 성에 관계된 말과 행동으로 상대방에게 불쾌감, 굴욕감 등을 주거나 고용상에서 불이익을 주는 등의 피해를 입히는 행위를 말한다. 음란한 농담이나 언어, 외모에 대한 성적인 비유나 평가, 원하지 않는 신체접촉, 회식이나 야유회 자리에서 술을 따르도록 강요하는 행위 등이 성희롱에 포함된다.

성희롱은 「남녀고용평등법」과 「남녀차별금지법」에서 처음으로 명문화되었으며 「성발전기본법」, 「국가인권위원회법」 등에 성희롱 방지를 위한 조항이 규정돼 있다. 특히 「남녀고용평등과 일·가정 양립 지원에 관한 법률」에서는 직장 내 성희롱을 "사업주·상급자 또는 근로자가 직장 내의 지위를 이용하거나 업무와 관련하여 다른 근로자에게 성적 언동 등으로 성적 굴욕감 또는 혐오감을 느끼게 하거나 성적 언동 또는 그 밖의 요구 등에 따르지 아니하였다는 이유로 근로조건 및 고용에서 불이익을 주는 것"으로 정의하고 있다. 한편, 성희롱은 피해자가 사업주에게 가해자에 대한 부서전환과 징계 등의 조치를 요구할 수 있고 성희롱 가해자를 대상으로 손해배상을 청구할 수 있으나 형사처벌 대상은 아니다.

### (2) 성추행

성추행은 강제추행을 뜻하는 것으로, 성희롱과 다른 것은 폭행이나 협박을 수단으로 추행한다는 것이다. 즉, 성희롱이 성적인 수치, 혐오의 감정을 느끼게 하는 일체의 행위라면 성추행은 이러한 추행 행위에 폭행, 협박 등 강제력이 가해지는 경우이다. 형법 제298조에 따라 강제추행한 자는 10년 이하의 징역 또는 1500만 원 이하의 벌금에 처한다.

### (3) 성폭행

성폭행은 강간과 강간미수를 의미한다. 강간은 '폭행 또는 협박을 가해 사람과 교접행위를 하는 것'을 말한다. 형법 제297조에 따라 강간한 자는 3년 이상의 유기징역에 처한다.

국내에서 강간죄는 폭행이나 협박 등 물리력이 있어야 성립하는데, 이를 두고 성폭행 피해자를 충분히 보호하지 못한다는 비판이 있다. 이에 따라 피해자가 거부했음에도 성관계가 이뤄졌을 경우 이를 성폭행이라고 판단해야 한다는 비동의 간음죄 원칙이 쟁점화되고 있다.

## 2) 성폭력 실태

경찰청 통계에 따르면, 최근 5년간 성폭력 범죄는 2017년 32,234건을 기록하였고, 이후 소폭 감소하여 2018년과 2019년에는 31,396건이 발생하였다. 2020년에는 다시 소폭 감소하며 전년 동기 대비 1,929건 줄어든 29,467건으로 집계되었다. 그러나 2021년에는 감소추세가 반전되어 전년보다 2,788건 증가 된 32,255건이 발생하였다. 가장 최근인 2022년 9월 기준 성폭력 범죄 발생은 전년 동기 대비 39.1% 증가한 30,122건으로 나타났다. 전통적인 성폭력

범죄인 강간·강제추행을 포함한 대부분의 성폭력 범죄가 2022년 9월 기준 전년 동기 대비 전반적으로 증가한 것으로 나타났다.

〈표 4-1〉 성폭력 범죄 현황(2017~2022)

| 구분 | 총계 | | 강간 · 강제추행 | | 카메라 등 이용촬영 | | 통신매체 이용음란 | | 성적목적 다중이용 장소침입 | |
|---|---|---|---|---|---|---|---|---|---|---|
| | 발생 | 검거 | 발생 | 검거 | 발생 | 검거 | 발생 | 검거 | 발생 | 검거 |
| 2017 | 32,234 | 31,041 | 24,106 | 23,284 | 6,465 | 6,220 | 1,249 | 1,142 | 414 | 395 |
| 2018 | 31,396 | 30,045 | 23,467 | 22,633 | 5,925 | 5,613 | 1,365 | 1,218 | 696 | 571 |
| 2019 | 31,396 | 29,971 | 23,531 | 22,680 | 5,762 | 5,440 | 1,437 | 1,224 | 666 | 627 |
| 2020 | 29,467 | 28,137 | 21,702 | 21,063 | 5,032 | 4,744 | 2,047 | 1,701 | 686 | 629 |
| 2021 | 32,255 | 29,030 | 20,366 | 19,218 | 6,240 | 5,352 | 5,115 | 3,959 | 534 | 501 |
| 2021.9 | 21,662 | 20,361 | 14,433 | 13,975 | 4,058 | 3,596 | 2,768 | 2,410 | 403 | 380 |
| 2022.9 | 30,122 | 26,193 | 16,726 | 15,698 | 5,120 | 4,172 | 7,849 | 5,947 | 427 | 376 |
| 대비(%) | 39.1↑ | 28.6↑ | 15.9↑ | 12.3↑ | 26.2↑ | 16.0↑ | **183.6↑** | **146.8↑** | 6.0↑ | 1.1↓ |

출처: 경찰청(2023).

전통적 성범죄로 이해되는 강간·강제추행의 경우, 2022년 9월 기준 전년 동기 대비 15.9%가 증가한 16,726건, 카메라 등 이용촬영의 경우 26.2% 증가한 5,120건이 발생하였다. 2022년 9월 기준 성폭력 범죄 중 특히 통신매체 이용 음란의 증가 폭이 두드러진다. 통신매체 이용 음란의 경우 2022년 9월 기준 전년 동기 대비 무려 183.6% 증가하여 7,849건이 발생하였다. 이는 이미 전년도 총 발생 건수를 크게 상회하는 수치이다. 여타 성폭력 범죄의 경우 전체 발생 건수의 증감 추이와 유사하게 소폭 감소세를 유지하다 2021년과 2022년 9월 기준 상승추세로 돌아선 반면, 통신매체 이용음란죄의 경우에는 2017년 이후로 계속하여 증가추세를 보이고 있다. 즉, 2018년 9.2%, 2019년 5.2%, 2020년 42.4%, 2021년 152.3%, 2022년 9월 전년 동기 대비 183.6% 증가하였고, 특히 2020년부터는 증가 폭이 크게 확대되고 있음을 확인할 수 있다.

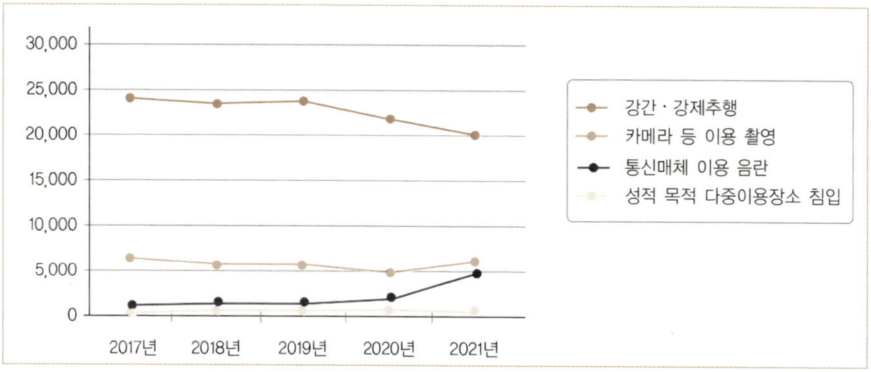


**[그림 4-1] 성폭력 범죄 발생건수 추이(2017~2021)**

출처: 여성가족부(2022e).

한편, 여성가족부는 「성폭력방지 및 피해자보호 등에 관한 법률」 제4조에 근거하여 3년마다 성폭력 안전실태조사를 실시하고 있다. 최근 2022년의 보고서에 의하면, 2021년 8월부터 2022년 7월까지 약 1년간 성폭력 경험으로 PC, 휴대전화 등 통신매체를 이용한 피해 6.1%, 불법 촬영 피해 0.2%, 촬영물이나 허위영상물 등의 유포 피해 0.1%, 성기 노출 피해 0.1%, 성추행 피해 0.2%, 강간(미수 포함) 등이 있었다. 흔히 성폭력 하면 신체적인 성폭력을 생각하지만, 성폭력 경험 비율을 보면 큰 논란이 됐던 n번방 사건과 같은 사이버 성폭력의 비율이 상당히 높다. 성폭력은 피해 후 일상생활의 변화, 성폭력 2차 피해 등과 같이 성폭력 사건이 일어난 뒤 피해자에게 뒤따라오는 부정적 영향이 있다. 한편 성폭력의 피해 대응에 대한 조사결과 중 수사기관을 통한 대응은 전체 응답자의 경우 2.6%가, 여성 응답자의 경우 3.2%, 남성 응답자의 경우 1.4%가 '경찰에 신고한 적이 있다'고 응답했다. 경찰에 신고하지 않았다고 응답한 여성응답자의 경우 '피해가 심각하지 않았기 때문에'(73.3%), '신고해도

소용이 없을 것 같아서'(31.3%), '확실한 증거가 없었기 때문에'(23.3%), '남에게 알려지는 것이 두려워서'(13.7%) 순이다. 남성 응답자의 경우 '피해가 심각하지 않았기 때문에'(77.4%)가 다수를 이루고 있다. 이렇듯 피해자와 피의자의 밀접한 관계에 의해 성폭력의 심각성을 간과하거나, 지극히 사생활이라는 잘못된 인식으로 인해 지속적인 2차 3차 피해를 양성하는 경향이 있다.

성폭력은 상대방의 의사에 반하여 가하는 성적 행위로 상대의 성적 자기 결정권을 침해하는 모든 행위를 의미하며, 신체적, 정신적, 언어적 폭력을 모두 포함한다. 그러나 이러한 성폭력에 대한 처벌 및 대응은 상당히 관대한 것으로 평가된다. 다음 한겨레의 기사는 우리나라의 성폭력에 대한 구성요건이 얼마나 후진적인지를 보여주고 있다. 이미 선진국에서는 상대젠더의 동의 여부를 중심으로 성폭력의 구성요건을 규정하고 있는 바, 중요한 여성인권의 측면에서 성적 자기 결정권에 대한 심도 깊은 이해와 조속한 구성요건의 재검토가 필요하다.

〈한겨레〉는 '2022년 성폭력 안전실태조사' 결과를 입수해 보도했다. 여성가족부가 한국여성정책연구원과 한국갤럽에 맡겨 지난해 8~10월 19살 이상 국민 1만여명을 대상으로 실시한 조사다. 이 조사 결과를 보면, 성추행 피해 경험이 있는 여성 가운데 피해 당시 폭행이나 협박이 있었다고 답한 비율(복수 응답)은 각각 2.7%, 7.1%에 그쳤다. '가해자의 속임'이 34.9%로 가장 많았고, '갑작스럽게 당함'(26.6%), '강요'(18.7%), '지위(권한) 이용'(16.2%) 등이 뒤를 이었다. 피해 경험자가 훨씬 적긴 하지만 강간(미수 포함)도 크게 다르지 않았다. 강요(41.1%)와 속임(34.3%)이 협박(30.1%)이나 폭행(23.0%)보다 더 많았다. 조사를 수행한 연구진은 '정책적 시사점'에서 "폭행·협박을 전제하고 있는 강간죄 구성요건의 변경을 보다 적극적으로 검토할 필요가 있다"고 제안했다.

이런 조사 결과가 나온 것은 이번이 처음은 아니다. 2019년 전국성폭력상담소협의회 소속 66개 성폭력상담소가 접수한 상담 사례를 분석한 결과, 폭행·협박 없이 발생한 성폭력이 71.4%에 이르는 것으로 조사됐다. 이런 이유로 여성단체들은 그동안 줄곧 강간죄 기준을 폭행이나 협박이 아닌 동의 여부로 바꿔야 한다고 주장해왔다. 그래야 '피해자의 저항을 불가능하게 하거나 현저히 곤란하게 할 정도의 폭행·협박'이 없었다는 이유로 가해자가 법망을 빠져나가는 '처벌 사각지대'를 메울 수 있기 때문이다. 유엔 여성차별철폐위원회 등 국제 인권기구들도 수차례 강간죄 구성요건 변경을 한국 정부에 권고해왔다. 영국·스웨덴·독일 등 여러 나라는 이미 동의 여부를 중심으로 성폭력의 구성요건을 규정하고 있다. 그러나 한국 정부는 여전히 요지부동이다. 최근 여성가족부는 '비동의 강간죄' 검토 계획을 밝혔다가 법무부와 여당의 반대에 9시간 만에 입장을 철회했다. '여성 인권 후진국'이라는 오명을 언제까지 자초할 셈인가.

## 3. 데이트폭력

### 1) 데이트폭력의 개념과 유형

데이트폭력이란 데이트 관계에서 발생하는 언어적, 정서적, 경제적, 성적, 신체적 폭력을 의미한다. 좁게는 데이트 또는 연애를 목적으로 만나고 있거나 만난 적이 있는 관계에서부터 넓게는 맞선, 부킹, 소개팅, 채팅 등을 통해 연애의 가능성을 인정하고 만나는 관계까지 포괄하며, 사귀는 것은 아니나 호감을 가지고 있는 상태까지 포함한다. 데이트폭력의 유형을 살펴보면 통제, 언어적·정서적 폭력, 신체적 폭력, 성적 폭력이 있다.

우리나라에서의 데이트폭력에 대한 인식은 가정폭력이라든지 형법상의 폭력 등에 비해 일반적이지 못하다. 연인관계인 당사자 간 발생하는 폭력(신체적, 정서적, 언어적, 경제적 폭력 및 성폭력 등)이라는 점에서 그 심각성에 대한 인식이 부족하고 과거 가정폭력을 안이하게 대처한 바와 같이 수사기관 등에서의 소극적인 대처가 최근 흉포한 범죄로 발전시키고 있는 추세이다. 데이트폭력의

〈표 4-2〉 데이트폭력의 유형

| 통제 | 언어적·정서적 폭력 | 신체적 폭력 | 성적 폭력 |
|---|---|---|---|
| • 누구와 함께 있는지 항상 확인<br>• 옷차림 제한<br>• 일정을 통제하고 간섭<br>• 자신의 마음에 들지 않으면 그만두게 함<br>• 휴대폰, 이메일, SNS 등을 자주 점검 | • 욕을 하거나 모욕적인 말<br>• 위협을 느낄 정도로 소리 지르기<br>• 피해자 탓으로 돌리기<br>• 나를 괴롭히기 위해 악의에 찬 말<br>• 스스로가 형편없는 사람이라고 느낄 정도로 비난<br>• 자해·자살협박 및 시도<br>• 명예훼손 등 | • 팔목이나 몸을 힘껏 움켜쥠<br>• 세게 밀침<br>• 팔을 비틀거나 머리채를 잡음<br>• 폭행으로 삐거나 살짝 멍/상처가 생김 | • 나의 의사에 상관없이 몸을 만짐<br>• 성관계 강요<br>• 불법촬영 및 성적 촬영물을 찍기를 강요<br>• 성적의심<br>• 단톡방 성희롱 등 |

경우, 가정폭력과 같이 '폭행이 발생하고 난 후 가해자의 반성과 사과에 따른 피해자의 용서, 이후 또다시 폭행이 가해지는 패턴'으로 지속적으로 반복이 되면서 상습폭행으로 발전하고 더 나아가 이별 후에도 발생하는 스토킹을 비롯하여 심지어는 살인에 이르기까지 잔인한 사건으로 나아가는 심각한 형태를 보이고 있다.

## 2) 우리나라 데이트폭력의 실태

현재 데이트폭력에 대한 법률상 규제는 유형에 따라 형법 내지 특별법에 의존하여 다른 폭력범죄와 동일하게 적용하고 있다. 데이트폭력만을 위한 체계화된 적용 법률이 없으며, 보복범죄와 같은 2차적 피해에 대한 연구가 아직은 미흡한 실정이다.

〈표 4-3〉 최근 5년간 데이트폭력 발생 및 검거 현황

| 구분 | | | 2017 | 2018 | 2019 | 2020 | 2021 | 2021.9 | 2022.9 | 대비(%) |
|---|---|---|---|---|---|---|---|---|---|---|
| 신고건수(112) | | | 14,136 | 18,671 | 19,940 | 18,945 | 57,297 | 41,335 | 52,767 | 27.7↑ |
| 형사입건(명) | 계 | | 10,303 | 20,356 | 9,858 | 8,982 | 10,554 | 7,153 | 9,869 | 38.0↑ |
| | 폭행·상해 | | 7,552 | 7,461 | 7,003 | 6,416 | 7,507 | 5,101 | 7,013 | 37.5↑ |
| | 체포·감금·협박 | | 1,189 | 1,089 | 1,067 | 898 | 1,000 | 691 | 892 | 29.1↑ |
| | 살인 | 기수 | 17 | 16 | 10 | 14 | 6 | 6 | 1 | 83.3↓ |
| | | 미수 | 50 | 26 | 25 | 17 | 10 | 9 | 9 | – |
| | 성폭력 | | 138 | 99 | 84 | 51 | 145 | 84 | 205 | 144.0↑ |
| | 주거 침입 | | 481 | 707 | 827 | 826 | 894 | 646 | 582 | 9.9↓ |
| | 경범 등 기타 | | 876 | 847 | 842 | 760 | 992 | 616 | 1,167 | 89.4↑ |

출처: 경찰청(2023), 경찰대학교 치안정책연구소(2023).

경찰대 치안정책연구소가 2022년 12월 29일 발간한 '치안전망 2023' 보고서에 의하면, 데이트폭력 신고 건수는 2022년 9월 기준 5만 2,767건으로 전년 동기(4만 1,335명) 대비 27.7% 늘어난 것으로 집계됐다. 연구소는 "이러한 경향성이 유지된다면 2023년에도 데이트폭력의 신고 및 입건 건수가 증가할 것으로 예측된다"고 내다봤다. 2022년 9월 기준 데이트폭력의 입건사건 증가는 특히 폭행·상해, 체포·감금·협박 및 성폭력 범죄에서 두드러진다. 데이트폭력 중 폭행·상해의 경우 2022년 9월 기준 전년 동기 대비 37.5%, 체포·감금·협박은 29.1%, 성폭력은 144.0% 증가하였다. 데이트폭력 중 성폭력 범죄의 경우, 2021년에도 전년 대비 184.3% 증가한 것을 고려하면, 2년 연속 큰 증가폭을 나타내고 있는 것으로 확인되었다. 데이트폭력 피의자 역시 9,869명으로 2021년 9월(7,574명)에 견줘 30.3% 증가했다. 성폭력 범죄도 증가세를 보였는데, 2022년 9월 기준 전체 성폭력 범죄 신고 건수는 전년 동기 대비 39.1% 늘어난 3만 122건으로 집계됐다. 특히 통신매체 이용 음란 범죄 신고 건수는 7,849건으로 전년 동기(2,768건) 대비 183.6% 늘었다. 전통적 성범죄로 불리는 강간·강제추행 범죄는 1만 6,726건(전년 대비 15.9% 증가), 카메라 등 이용촬영

범죄는 5,120건(26.2% 증가)으로 집계됐다.

전체적으로 데이트폭력의 피해자가 큰 증가폭을 보여주고 있으며, 특이할 사항은 10대 피의자가 전년 동기 대비 60.1% 늘어 가장 큰 폭의 증가세를 보이고 있다는 사실이다. 데이트폭력 10대 청소년 피의자가 늘어난 원인으로는 폭력적인 매체 환경과 성평등 교육 부재 등이 꼽힌다. 경찰대 치안정책연구소는 이들의 예방을 위해서는 데이트폭력의 범죄성·위험성에 대한 학교 교육 등 청소년 대상 교육과 홍보 정책이 적극적으로 이뤄져야 한다고 했다.

## 4. 성매매

국제인권단체 국제사면위원회(엠네스티)는 '합의에 의한 성매매 행위는 범죄로 보지 않는다'는 결의안을 채택했다. 성을 사고팔거나 알선하는 행위를 범죄로 규정할 경우 성매매는 음성화될 위험성이 크고, 그로 말미암아 성노동자에 대한 차별과 폭력, 학대위험과 같은 인권침해를 막기 어려워진다는 점을 고려하였다. 그러나 우리나라의 헌법재판소는 자발적인 성판매자까지 처벌하도록 규정한 「성매매알선 등 행위의 처벌에 관한 법률」에 합헌 결정을 한 바 있다.

성매매와 관련한 대립은 폭력이나 강요에 의한 성매매의 경우가 아닌 특히 자발적 성매매의 유형에서 보인다. 폭력이나 강요에 의한 성매매 또는 성의 착취를 목적으로 하는 성매매에 대하여는 이견 없이 처벌을 긍정하지만, 자발적 성매매의 경우는 가해자와 피해자의 구분이 불명확하고 성인 간의 합의적 행동에 대한 형사규제가 타당한가에 대한 의문이 제기되기도 한다. 결국 자발적 성매매의 처벌은 성적자기결정권을 존중하는 사회 가치관에 역행할 수 있으며 입법자가 특정 도덕관을 강제하는 것이 될 수도 있다. 다만 자발적 성매매의 허용 여부에 대한 찬반 양측 모두 궁극적으로는 성매매 여성의 인권을 보호하고자 하는 것이기 때문에 합의에 의한 성매매에 대한 비범죄화 논쟁은 계속될 것이다.

### 1) 성매매의 개념

「성매매알선 등 행위의 처벌에 관한 법률(이하 성매매처벌법)」에서는 '성매매'란 불특정인을 상대로 금품이나 그 밖의 재산상의 이익을 수수하거나 수수하기로 약속하고 성교행위, 구강·항문 등 신체의 일부 또는 도구를 이용한 유사성교 행위의 어느 하나에 해당하는 행위를 하거나 그 상대방이 되는 것을 말한다. 또한 성매매피해자(「성매매처벌법」 제2조)란 아래 항목의 어느 하나에 해당하는 사람을 말한다. 위계, 위력 그 밖에 이에 준하는 방법으로 성매매를 강요당한 사람, 업무관계 고용관계 그 밖의 관계로 인하여 보호 또는 감독하는 사람에 의하여 「마약류관리에 관한 법률」 제2조에 따른 마약·향정신성의약품 또는 대마에 중독되어 성매매를 한 사람, 청소년 사물을 변별하거나 의사를 결정할 능력이 없거나 미약한 사람 또는 대통령령으로 정하는 중대한 장애가 있는 사람으로서 성매매를 하도록 알선 유인된 사람, 성매매 목적의 인신매매를 당한 사람 등이 해당된다.

### 2) 성매매에 관한 관점

성매매행위에 대한 시각은 불법행위로 보는 관점, 부도덕한 행위로 보는 관점, 여성에 대한 폭력으로 보는 관점, 사회문제로 보는 관점 등 여러 가지로 구분할 수 있다. 성매매를 불법행위로 보는 관점에서는 성매매를 의무적 치료나 법적 규제 중심으로 사고하고 정책을 추진한다. 성매매를 부도덕한 행위로 규정하는 관점에서는 성매매여성을 타락한 여성으로 인식하고 이러한 낙인으로부터 여성들을 벗어나게 하는 전략을 구성한다. 성매매를 여성에 대한 폭력으로 보는 관점에서는 성매매여성을 비난이나 처벌의 대상이 아닌 피해자로 규정하고 성매매정책도 여성의 치료와 자활에 집중하는 반면 성매수자는 처벌의 대상이 된다. 대표적인 국가로는 스웨덴이 있다. 성매매를 개인의 문제가 아닌 사회문제로 파악하고 접근하는 관점에서는 성매매여성에게 교육적·직업적 대안을 제공하지 못하는 사회지원체계에 대한 문제의식을 지닌다. 대표적인 국가로는 네덜란드, 호주 등이 있다.

### 3) 한국의 성매매 법과 정책

우리나라의 대표적인 성매매 관련 법률은 2004년 3월 제정된 「성매매 특별법」이다. 성매매를 방지하고 성매매 피해자 및 성을 파는 행위를 한 사람의 보호와 자립을 지원하는 것을 목적으로 제정되었다. 「성매매 특별법」은 일반적으로 「성매매 방지 및 피해자보호 등에 관한 법률」과 「성매매알선 등 행위의 처벌에 관한 법률」을 일컫는다.

「성매매 방지 및 피해자보호 등에 관한 법률」은 성매매를 방지하고 성매매 피해자 및 성을 파는 행위를 한 사람의 보호와 자립을 지원하는 것을 목적으로 하며(동법 제1조), 국가는 법적·제도적 장치를 마련하고 필요한 행정적·재정적 조치를 해야 한다고 정하고 있다(동법 제2조). 또한 성매매 예방 교육, 지원시설의 설치 및 업무·운영, 상담소 및 성매매방지중앙지원센터의 설치 등을 규정하고 있으며, 동법에서는 성매매 및 성매매 알선행위 등을 정의하고, 그러한 행위를 금지하고 있다. 또한 성매매 피해자를 보호하고, 특히 성매매를 한 자는 1년 이하의 징역이나 300만 원 이하의 벌금·구류 또는 과료에 처한다.

### 4) 탈성매매여성에 대한 복지주의적 접근

우리나라와 마찬가지로 성매매 금지주의를 채택하고 있는 스웨덴의 성매매 여성에 대한 대책은 많은 시사점을 제공한다. 노르딕 모델에서 성매매는 기본적으로 인권침해 행위로 간주하고, 불평등에 기인한 착취라는 점을 강조한다. 사실 금지주의나 합법적 규제주의에서도 성 상품이 된 건 항상 여성이며 착취의 대상도 여성이라는 점에 주목할 필요가 있다고 주장한다. 스웨덴의 경우, 성판매자에게 처벌 대신, 주거 · 법률 · 교육 · 보육 서비스 등을 지원하여 큰 효과를 보게 되었고 노르딕 모델을 도입하는 나라가 점차 증가하고 있다. 비범죄주의를 취하였던 프랑스의 경우 6년간의 논란 끝에 2016년, 합법적 규제주의를 취하였던 캐나다는 2014년, 아일랜드는 2017년에 노르딕 모델을 전격적으로 도입하였다. 유럽의회와 유럽위원회 또한, 2014년에 유럽 국가들에게 노르딕 모델의 채택을 권고하였다(최정일, 2018).

우리나라의 성매매여성을 대상으로 하는 복지주의적 접근은 다양하게 이루어질 필요가 있다. 특히 탈성매매를 도모하는 여성의 경우 오갈 데 없는 상황에서 또다시 성매매의 늪으로 빠져들기 쉬운 현실은 회복과 자활을 위한 사회적 지원이 절실하다. 이정희(2019)는 탈성매매 후 회복을 위한 사회복지정책을 다음 네 가지 측면에서 강조하고 있다.

첫째, 탈성매매 여성들의 심리사회적인 회복을 위해 각 여성이 처한 다양한 환경을 먼저 고려하여 개인의 강점을 부각시킬 수 있는 적절한 개입방안이 필요하다. 탈성매매 여성에 대한 개입 시 구조지원사업에서 시행하는 의료, 법률 서비스 등의 일률적인 서비스만을 안내하기보다 각 여성의 독특한 경험과 주변 환경을 우선적으로 고려해야 한다.

둘째, 탈성매매 여성들은 자녀를 통해 삶의 희망을 찾고 회복탄력성을 발휘하지만, 반면에 자녀는 탈성매매 여성의 힘든 회복 과정을 함께 하며 외상을 경험할 수 있어 여성과 자녀를 모두 고려하는 개입이 필요하다.

셋째, 탈성매매 여성은 안전한 공간에서 다른 탈성매매 여성들과 자신의 경험을 함께 나누고 공감을 주고받으면서 외상을 극복하게 되므로 자조모임을 활성화할 필요가 있다. 자신의 피해 경험이 혼자만의 경험이 아님을 깨달을 때 고립감에서 벗어나고 부정적인 감정을 수용하며, 자기 경험을 체계화하여 주체성을 획득할 수 있다(Saleebey, 2006).

넷째, 참여자들은 구조지원사업 종료 후에도 다양한 삶의 과제에 직면하고 있어 지속적인 추후상담(follow-up)이 필요하다. 사회복지사들의 문제해결을 위한 정보제공과 심리적 안정을 위한 상담은 탈성매매 여성들이 사회적으로 고립되지 않고 일상생활을 살아가는 데 도움이 되며, 성매매로의 재유입을 예방할 수 있는 방법이다. 구속이나 억압되지 않는 자유로운 삶을 원하는 탈성매매 여성의 특성상 사례관리가 아닌 모니터링 형태의 추후상담(follow-up)은 중요하다.

Chapter 05

# 여성인권과 가사노동

현대 복지국가의 젠더 불평등 담론에 있어 가장 중요한 이슈는 여성과 남성이 일상의 시간을 서로 다른 양상으로 사용하는 문제이다(Hook, 2010: 1480). 여성의 경제활동참가가 증가하고 맞벌이가 보편적인 가족구조로 자리 잡은 오늘날에 이르러서도 무급 가사노동의 영역은 여전히 성 불평등한 역할분담을 통해 유지되고 있다.

## 1. 가족 내 노동 분담

한국 사회에서 성 불평등한 가사분담 문제는 매우 심각하다. 사회의 변화 속에서 여성의 가사노동 시간은 조금씩 감소하지만 남성의 가사분담 비율은 매우 미미하여 절대적 가사노동 시간의 격차는 현격하다.

### 1) 부부의 가사노동 시간 결정요인

2인생계부양자 가구가 젊은 세대를 중심으로 대표적인 가족의 형태로 자리잡아가는 현재까지 사적 공간인 가정 내의 역할은 여성에게 여전히 책임을 부과하고 있다. 가정 내 가사 및 돌봄을 중심으로 하는 무급노동(unpaid labor)의 성 불평등한 분담의 원인에 대해 대표적으로 시간 가용성(time availability) 이론, 부부간 상대적 자원(relative resource)의 차이, 그리고 성역할 태도(gender role attitudes)를 제시한다(허수연·김한성, 2019).

시간 가용성 이론이란 부부가 노동시장의 참여시간을 고려하여 가사노동에 들이는 시간을 합리적으로 조정하고 분담한다는 이론이다(김소영·진미정, 2016; Shelton & John, 1996). 이 이론에 의하면 보편적으로 남성은 여성에 비해 경제활동참가율이 높을 뿐 아니라 맞벌이라 하더라도 유급노동시간이 더 긴 경향이 있으며, 여성은 남성보다 시장에서의 기대소득이 낮기 때문에 남성이 유급노동에 더 많은 시간을 쏟고 여성이 대부분의 가사노동을 담당하는 것이 부부의 합리적인 선택이 된다. 즉 여성이 대부분의 가사노동을 담당하는 현상은 유급노동시간에 대한 합리적인 투자에서 고려한 선택이라는 것이다.

다음으로는 상대적 자원의 차이에서 불평등한 가사분담의 원인을 찾는 이론이 있다. 일반적으로 가사노동은 남성과 여성 모두 선호하지 않는 육체노동이자 감정노동으로 사회적으로 가치를 인정받지 못하는 무급노동이기 때문에 누구나 하고 싶어 하지 않는다. 따라서 더 많은 자원(높은 교육수준, 높은 직업지위나 소득 등)을 가진 배우자가 가사노동을 피하기 위해 자신이 가진 협상력을 활용한다는 것이다(Shelton & John, 1996; Bianchi et al., 2000). 이때 많은 여성들은 남성 배우자에 비해 고용지위 및 소득이 상대적으로 낮거나 상대에게 경제적으로 의존하는 경우가 많아 가사노동을 전담하거나 더 많이 부담한다. 그러나 현실적으로 아내의 소득이 남편보다 많거나 고용지위가 더 높더라도 가사노동 분담은 뚜렷하게 달라지지 않거나 오히려 전통적인 성역할로 되돌아간다는 지적 또한 있다(김수정 · 김은지, 2007; 허수연 · 김한성, 2019; Hook, 2006).

마지막으로 성역할 태도(gender role attitudes)에 따라 부부간의 가사노동 분담이 결정된다는 주장이 있다. 성역할 태도란 남성의 일과 여성의 일을 구분하여 성별 역할을 분리하는 것을 말한다. 일반적으로 무급노동인 가사노동을 여성의 성역할로 간주하고 유급노동인 경제활동을 주로 하는 남성의 경우 가사노동에서 당연 면제 받는 등 전통적인 성역할관을 가진 사람일수록 여성의 가사노동을 당연시하게 된다. 하지만 평등한 성역할 태도를 가지고 있는 여성은 가사노동을 더 적게 하는 한편 평등한 성역할 태도를 가지고 있는 남성은 가사노동에 더 참여하는 경향이 보고되기도 했다(Bianchi et al., 2000).

가사노동이 전술한 가용 시간이나 상대적 자원에 따라 결정되는 이론에 의한다면 맞벌이 가구의 경우 공평한 가사분담에 수렴해야 하지만 현실은 그렇지 못하다. 개인은 사회적으로 학습된 성역할을 내면화한 순응의 결과 남성과 여성에게 기대되는 역할을 수행하게 된다는 성역할 태도를 바탕으로 하는 접근은 가구 내 시간의 배분이 '합리적인 교환'의 결과라기보다는 젠더역할 사회화의 결과이다(김수정 · 김은지, 2007). 결국 사회와 가족 내 고착된 성역할태도는 무급가사노동 시간의 성별 격차를 가장 첨예하게 설명할 수 있다(허수연 · 김한성, 2019).

## 2) 가사노동 실태

2022년 취업 포털 인크루트는 맞벌이 기혼남녀 1,284명을 대상으로 '맞벌이 부부의 가사분담 정도'를 분석하고, 같이 벌어도 가사노동은 여성이 '3배' 더 한다는 결과를 제공했다.

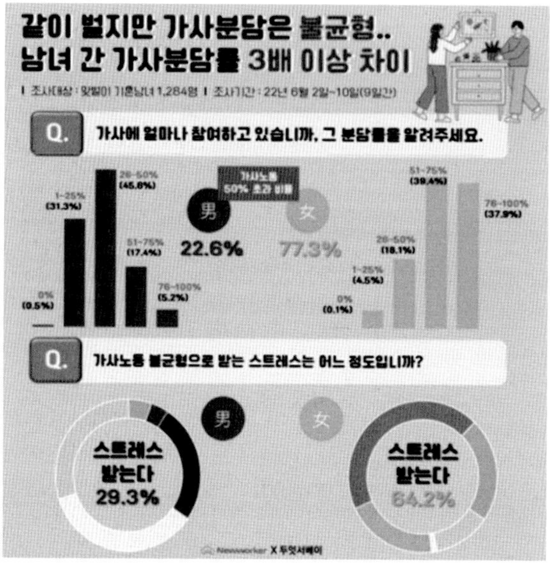


**[그림 5-1] 맞벌이 부부의 가사분담 정도(2022년)**

출처: 경향신문(2023.05.25.).

가사노동 분담에 대해 남성 응답자의 경우 '배우자'(65.0%)를 가장 많이 꼽았고 다음으로 '본인'(27.9%)을 선택했다. 반면 여성 응답자의 경우 '본인'(84.0%)이 압도적으로 많았고 '배우자'(7.9%), '친정어머니'(3.6%) 등이 뒤를 이었다. 성별 차이를 보다 뚜렷하게 확인하기 위해 진행한 '가사분담률' 질문에선, '가사노동 50% 초과 비율'에서 여성(77.3%)이 남성(22.6%)보다 3배 이상 높았다. 구체적으로 남성 응답자들은 '26~50% 분담'(45.6%)을 가장 많이 꼽았고, '1~25% 분담'(31.3%)이 뒤를 이었다. 배우자보다 더 많이 가사노동을 한다고 밝힌 남성 응답자는 22.6%였다. 반면 여성 응답자들은 '51~75% 분담'(39.4%), '76~100% 분담'(37.9%)을 주로 답했다. 배우자보다 더 많이 가사노동을 한다고 응답한 여성 응답자 비율은 77.3%였다.

이어 가사분담 불균형으로 생기는 스트레스를 조사한 결과에선 '스트레스 받는다'고 답한 여성은 64.2%에 달했다. 반면 남성의 경우 29.3%만이 '스트레스

받는다'고 답했다.

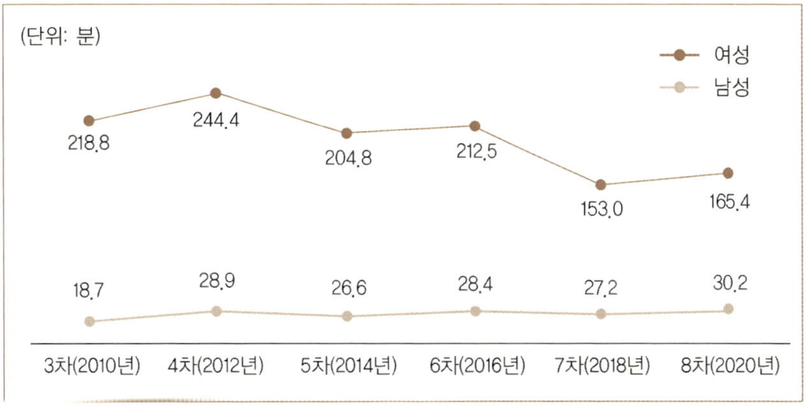


**[그림 5-2] 부부간 가사노동 시간 변화(평일)**

**〈표 5-1〉 부부간의 가사노동 시간 변화** (단위: 분)

| 구분 | | 3차 | | 4차 | | 5차 | | 6차 | | 7차 | | 8차 | |
|---|---|---|---|---|---|---|---|---|---|---|---|---|---|
| | | 본인 | 남편 | 본인 | 남편 | 본인 | 남편 | 본인 | 남편 | 본인 | 남편 | 본인 | 남편 |
| 평일 | 가사노동 | 218.8 | 18.7 | 164.9 | 17.7 | 153.9 | 17.2 | 153.9 | 18.6 | 120.2 | 18.0 | 133.9 | 21.0 |
| | 돌봄노동 | | | 79.5 | 11.2 | 50.9 | 9.4 | 58.6 | 9.8 | 32.8 | 9.2 | 31.5 | 9.2 |
| 토요일 | 가사노동 | 213.1 | 31.8 | 154.0 | 23.1 | 139.2 | 22.7 | 136.4 | 26.3 | 117.5 | 26.1 | 132.4 | 31.7 |
| | 돌봄노동 | | | 86.5 | 28.7 | 54.4 | 20.2 | 61.0 | 21.8 | 41.2 | 21.3 | 35.5 | 21.8 |
| 일요일 | 가사노동 | 214.2 | 50.9 | 155.7 | 37.6 | 139.5 | 33.8 | 133.9 | 35.8 | 116.0 | 34.7 | 135.2 | 40.6 |
| | 돌봄노동 | | | 87.1 | 37.6 | 53.5 | 26.7 | 59.2 | 28.1 | 40.1 | 26.7 | 36.0 | 27.5 |

주: 1) 4차조사부터 가사노동과 돌봄노동을 구분하여 조사하였음.
2) 해당 없음, 모름/무응답 제외
출처: 한국여성정책연구원(2022). 여성가족패널조사 원자료 분석(가중치 부여)

2010년부터 2020년까지 10년 동안 부부간의 가사노동 시간의 변화 추이를 시간 양을 중심으로 분석한 결과를 살펴보면 다음과 같다(조선미 외, 2022). 대체로 여성의 가사노동 시간은 감소하고 남성의 가사노동 시간은 증가추세를 보이고 있다. 2010년 조사에서 평일의 경우 여성의 가사노동 시간은 218.8분,

남성은 18.7분으로 나타났고, 2014년 조사부터 여성의 가사노동 시간은 하락하여 2020년 조사에서는 165.4분으로 감소하였다. 반면 남성은 약간의 등락을 거듭하면서 꾸준히 증가하여 2020년 30.2분으로 나타났다.

한편, 2023년 서울시가 발표한 '2022 서울서베이' 분석 결과에서도, 미취학 자녀(만 0~6세)를 둔 가구 중 아내가 주로 가사를 책임진다는 응답이 맞벌이와 외벌이 가구에서 모두 절반 이상의 비율을 보여 서울에서 미취학 자녀를 기르는 부모들은 맞벌이 여부와 상관없이 여전히 엄마의 가사노동 부담이 더 큰 것으로 나타났다(경향신문, 2023. 05. 25.).

가사 분담은 '아내가 전적으로 책임진다'는 답변이 맞벌이 가구 9.5%, 외벌이 가구에서 12.6%였다. '아내가 주로 책임지고 남편이 약간 돕는 정도'라는 응답은 맞벌이 41.7%, 외벌이 66.2%였다. 여성 관여도가 더 높다는 답변이 맞벌이에서도 51.2%로 나타났다. 다만 맞벌이 가구에서는 '아내와 남편이 공평하게 가사 분담을 한다'는 응답이 절반에 가까운 48.0%였다. 외벌이 가구는 이 비율이 20.6%였다. '남편이 주도권을 가졌다'는 가구는 양쪽에서 모두 1% 미만으로 미미했다.

여성이 가족 돌봄과 가사노동으로 받는 스트레스는 벌이 형태와 무관하게 남성보다 높았다. 외벌이 가구 여성 중 가사·돌봄이 스트레스의 주요 원인이라고 꼽은 비율은 81.7%였고, 맞벌이 가구에서도 57.4%로 가장 높았다. 반면 남성은 주요 스트레스 요인으로 사회생활이나 과도한 업무량을 들었다.

## 2. 가사노동의 가치

인간이 생존에 필요한 공기와 물의 중요성을 평상시에는 느끼지 못하고 살아가듯이 우리는 가사노동의 가치나 중요성에 대해 간과하고 사회적·경제적 활동에만 집중하는 경향이 있다. 전업주부는 자기 자신의 고유한 지위를 갖지 못하고 남편의 지위에 따라 이차적인 지위를 갖으며, 사회적·경제적·법적 불이익을 받는다. 그러므로 주부 스스로도 가사노동의 가치를 확신하지 못하여 가사노동을 가치 없는 것으로 치부하며, 그로 인해 가정에서 무시당하고 산다는 인식을 갖게 된다.

우리나라는 1970년대 후반부터 가사노동 시간에 관심을 갖기 시작하여 1980년대 들어 가사노동의 중요성 및 경제적 가치평가의 필요성과 평가방법을 논하기 시작했으며, 이후 지속적으로 가사노동의 가치를 평가하려는 노력을 이어오고 있다. 그러나 가사노동에 대한 다양한 접근이나 연구들이 사회적이고 법적인 평가에 반영되어 있지 않다는 사실은 이론과 현실 사이의 커다란 괴리를 보여준다. 여전히 가사노동을 사적인 영역의 개별적 노동으로 인식하고 성별분업의 논리에서 벗어나지 못하고 있다.

자본주의사회에서의 생산체계는 여성을 가정 내의 '아내와 어머니 그리고 소비자'로서의 기능을 하는 사적 생활의 담당자로 인식하였다. 모든 영역에서 이분법적인 사고로써, 생산과 소비, 직장과 가정, 임금노동과 무임금 가사노동, 공적생활과 사적생활 등을 규정짓고 있다. 이러한 맥락은 자본주의적 가정에 대한 어떠한 분석에도 당연히 여겨져 왔다. 이와 같이 가사노동을 사적영역으로 이해하는 것은 가사노동이 생산적인 노동이고 그 진정한 가치가 평가되어야 한다는 주장을 개별 가정의 역할관계나 성역할의식에만 국한시키는 결과를 가져온다. 즉 가사노동을 둘러싼 모든 논쟁을 개별 가정 영역 내에서 풀어나가는 것이 최선의 방법이라는 결론을 이끈다. 가족의 구조주의적 기능론자들은 사회전체의 순기능적인 결과를 위해 가정은 가족원의 욕구충족을 위한 여러 가지의 기능을 제대로 수행해야 하는데 사적인 영역인 가사노동에 여성의 역할과 기능에 방점을 두고 있는 것이다.

재생산노동으로서의 가사노동 개념은 여성의 낮은 지위에 영향을 주고 결국 여성의 인권과도 연관이 있다. 가사노동에 대한 개념과 인식을 생산성에 근거하여 그 가치를 공적영역으로 확대시키기 위한 노력이 여권주의자들을 중심으로 있어왔으나 노동분리를 전제로 한 공적 영역-사적 영역의 이분적인 사고체계가 이마저도 어렵게 했다. 여성들의 경제활동이 당연시 되면서 고용에 있어서 평등한 기회를 촉진시키기 위해서는 가정에서의 성별역할분업이 평등하게 이루어지지 않은 상태에서는 실현하기 어렵다. 인간의 존엄이 보장되고 남녀평등한 사회를 이루기 위해서는 성별역할분업을 유지시키는 사회통념과 법제도를 해체하고 남녀가 공동으로 일과 가사를 담당할 수 있어야 여성의 노동권과 기본적 인권을 확립할 수 있다.

## 생각해보기

**01** 가정폭력이 발생하는 가장 큰 원인과 이유는 무엇인지 설명해 보자.

**02** 성매매방지법과 성매매처벌법이 실제 성매매 방지에 어느 정도 영향을 미쳤을까?

**03** 인권차원에서 결혼이주여성을 보호할 수 있는 법적 제도적 개선점은 무엇인지 탐구해 보자.

**04** 직·간접적으로 경험해 온 제노포비아에 대해 토의하고, 이를 개선할 수 있는 방안을 토론해 보자. 또한 이러한 제노포비아가 내 안에도 자리하고 있는지에 대해 반성하고 성찰하는 시간을 가져보자.

# PART 03

# 여성과 조직

Chapter 06 여성과 노동시장
Chapter 07 여성과 조직문화
Chapter 08 여성과 리더십

Chapter 06

# 여성과 노동시장

여성들은 결혼과 출산 및 육아를 겪으면서 남성과 차별적인 생애주기를 경험한다. 여성의 결혼과 출산을 통한 가족의 형성은 여성의 역할을 가정 내로 투입할 것을 요청하며 어머니로서의 역할을 강조해 왔고, 상대적으로 여성의 사회참여를 가로막아 경제활동을 어렵게 하는 결과를 초래하였다. 전통 가부장사회에서 현대사회로 변화하는 과정에서 여성들은 결혼과 취업 중 어느 하나를 선택해야 하는 상황에 처하게 되었고, 경제활동을 하다가도 출산과 함께 직장을 떠나는 문화적 풍토가 만연하였다. 이는 일과 가족의 양립을 지원하는 제도가 갖추어져 있지 않고 여성의 일차적인 역할은 가정에 있다는 성별분업 의식이 뿌리 깊게 존재했기 때문이다.

그러나 여성들의 의식 전환과 자아실현에 대한 욕구, 젊은 사람들의 맞벌이 선호, 국가 경쟁력 확보를 위한 여성의 역할 등 다양한 요구에 의해 여성들은 점차 노동시장에 진출하여 활발한 경제활동의 뿌리를 내리고 있다.

# 1. 일과 여성

## 1) 산업혁명 전후의 일과 여성

원시사회는 생산수단이 공유된 공동생산과 분배가 이루어진 사회로 이해되며, 생산이 자연의 조건에 의해 크게 영향을 받고 계급이 미분화된 시기였다. 이때는 인간이 자연에 의존하는 단계였고, 평등한 성별 관계가 작동되었다고 볼 수 있으며 자연히 인간을 생산하는 여성의 지위는 다른 시기에 비해 상대적으로 높았다고 할 수 있다. 이후 구석기 시대에는 여성과 남성의 성역할 분담이 있었다고 본다. 남성은 사냥, 여성은 채집과 집안 관리를 하며 공존하였는데, 사냥에 비해 수익이 안정적인 채집 활동과 출산과 양육은 당시의 여성들에게 상대적으로 안정적 지위를 누리게 하였을 것이라고 추측한다. 신석기 시대의 농경사회에서도 여성의 지위는 높았고, 역할은 중요했다.

전통사회로 접어들면서 사회적 관계가 보다 다양해졌고 계급 간의 위계는 분명해졌다. 자연히 원시사회와는 다른 위계적 성별 관계가 작동하기 시작했다. 이러한 위계적 성별 관계 속에서 젠더가 다르다는 것은 계급이 다름을 의미했으며 예속민들의 경우 자유민 사이의 성별 관계와는 다른 질서가 작동되었다고 추측할 수도 있다.

여성의 시장노동 진출이 가능했던 것은 거주 이전의 자유나 결혼제도의 변화와 같은 시대 분위기 탓도 있지만, 여성이 가정에서 벌이할 수 있는 경제구조가 무너지고, 자급자족의 경제가 몰락한 탓도 있다. 이처럼 생산방식의 변화, 공장제 기계공업으로의 전환은 여성의 지위에 큰 영향을 미쳤다.

시장노동에 참여한 여성 대부분은 가사노동과 시장노동이라는 두 가지 일을 했지만, 위계적 성별 관계는 여전하여 일터에서의 여성의 권한을 약화시켰다. 이처럼 산업화 초기에는 사회적 역학관계에서 열위에 있는 여성이 실제적으로 열등한 지위의 인간으로 전락된다(홍태희, 2009). 이렇듯 자본주의와 산업화가 가져다준 것은 양면적이었다. 여성은 남성에 비해 시장노동에서 불리했지만, 과학의 발전에 따른 기계화는 육체노동의 강도를 줄여 여성의 경쟁력을 점차 강화시켰다. 이렇게 시작한 공장노동을 수행하기 위해 여성에게 더 많은 교육의 기회가 허락되었다.

산업화가 일정 정도 진행된 20세기는 더욱 가속화된 산업화와 정치적 민주화를 바탕으로 성별 관계의 변화가 나타나고, 아울러 여성의 교육 신장과 경제활동이 더욱 활발해졌다. 차별은 여전히 사회 곳곳에 존재하지만 지난 삶과 비교컨대 변화는 분명하게 나타나고 있다.

## 2) 노동시장의 변화

21세기 노동시장의 인력 부족 현상은 여성에 대한 수요의 증가와 함께 여성노동에 다양한 변화를 가져왔다.

### (1) 여성의 고용환경

최근 노동시장에서 여성에 대한 수요가 증가하고 다양한 분야에서 고용과 승진에 대한 차별이 약화되고 있는 것은 고무적인 현상이나 아직도 여성의 사회참여에 장애가 되는 요소들은 성 불평등을 초래하고 있다. 특히 우리사회에 남아 있는 유교적 가치관은 여성의 역할 분담론에 근거하여 출산, 자녀 양육, 가사노동이 여성에게 더 적합하다는 인식과 함께 노동시장의 남성우위 체제 내에서의 성차별로 이어지고 있다.

한편, 여성의 고용환경은 경제, 사회, 문화, 그리고 가족의 측면에서 긍정적으로 변화하고 있다. 과학기술의 발달은 육체노동도 여성의 능력 범위 내에서 할 수 있도록 소프트화되었고, 사회구조가 정보화됨에 따라 다수 직업의 특성이 정신노동과 섬세함이 필요하므로 성별에 따른 남녀차이가 큰 의미가 없는 환경이 되었다. 또한 경제활동을 하는데 신경영기법은 기혼여성들에게 재택근무 혹은 근무시간 선택제의 활용 등 유연한 근무여건을 제공하게 되었다. 다양한 분야의 인력 수요 증가와 국가경쟁력을 위한 여성 인력 활용의 절실함 역시 여성고용에 유리하다.

사회환경에서는 보육시설, 방과후 아동지도, 가족돌봄지원, 노인요양시설 등의 사회서비스 관련 직업이 증가함에 따라 많은 여성노동자가 요구된다. 여전히 성별이 분화되어 있는 노동시장의 직업군에 따라 사회서비스직은 여성에게 많은 기회를 준다는 현실은 여성에게 긍정적이기도 부정적이기도 하다. 또한 근로기준법과 남녀고용평등법 등 각종 노동 관련법이 개정되어 여성들에 대한 성차별을 완화시키고 있다.

우리나라의 유교문화는 퇴색되고 서구의 수평적 개인주의 문화가 유입되어 남녀평등 의식이 점차 강해지고 있는 부분은 상당히 고무적이다. 더불어 여성의 높은 교육수준은 사회참여와 자아실현을 위한 의식을 갖게 하고 남성과 여성이 일과 가정을 양립하는 문화를 형성하는 원동력이 되었다. 가족의 핵가족화는 여성들이 사회진출을 하는 데 큰 영향을 주었다. 전통적인 대가족하에서 여성들은 가정 내 노동을 주로 한 반면, 가족계획으로 인한 핵가족화는 여성이 자녀 양육과 교육, 시부모 부양에 전적으로 매달려 온 과거와는 다르게 사회활동을 자유롭게 할 수 있게 되었기 때문이다. 뿐만 아니라 경제와 기술의 발달로 인한 가사노동의 혁명 역시 여성들의 사회·경제활동에 큰 영향을 미쳤다.

그러나 여성들의 고용환경에는 부정적이 측면도 있다. 남녀고용평등법 시행 후 남녀 분리모집, 성별 인원배정, 낮은 직위 및 직급 모집, 직무 수행상 불필요한 채용조건 등의 형식적 요소는 상당히 시정되었으나, 주관적 기준에 의한 채용기회, 불리한 고용형태 등과 같은 본질적 요소는 여전히 남아 있다. 상당수 여성이 고용된 기업에서도 주요부서인 인사 및 기획 등의 업무는 주로 남성이 담당하고, 상위직위로 갈수록 여성의 비율은 매우 낮아진다. 조직의 중요한 영역에 남성이 주로 근무하는 이상 노동시장 내 승진, 인사이동 등과 관련된 남녀차별의 관행 개선에는 상당한 시간이 걸릴 수밖에 없고, 여전히 여성은 남성에 비해 노동시장 내 주변인의 위치에 있을 수밖에 없다. 또한 가족 내에서 남녀의 역할 변화가 가시적이긴 하지만 가사노동과 가족돌봄의 주된 부담은 계속 여성들이 안고 있다(정영숙 외, 2020). 따라서 법률로 보장된 남녀평등이 어느 선까지를 의미하는지 모호할 따름이다.

### (2) 여성의 시간제 노동

양육 부담을 지닌 여성들이 시간제 노동으로 인해 노동시장에 머물러 있을 수 있는 기회가 많아졌지만, 시간제 고용은 부정적인 효과를 더 많이 가져올 수도 있다. 시간선택제란 정규직과 같은 수준의 고용안정성과 4대 보험이 보장되며 근무시간만 짧은 일자리를 가리킨다. 신규 입직자를 시간제로 고용하는 채용형과 전일제 노동자가 양육이나 기타 필요에 따라 시간제로 전환해 근무를 계속하는 전환형이 있다. 그러나 우리나라의 경우, 정부가 진행한 양호한 시간선택제 일자리 창출 정책의 성과는 미미하다. 한국 시간선택제 노동자는 대부분의 경우 정규직이라기보다 준정규직 대비 시간 비례 대우를 받고 있다고 볼 수 있으며, 여전히 조직 내에서 주변적인 일자리에 제한되고 있다(신경아, 2015). 고용안정성과 사회보험 가입 수준을 제외하면 시간제 일자리의 질은 전반적으로 낮다(권혜원, 2001). 시간제의 경우 학력 수준이 높음에도 불구하고 저임금이 보편화되어 있고, 본인이 원하는 노동시간보다 짧은 노동시간에서 비롯된 임금 불이익이 커서 비자발적 시간제 특성이 강하다. 또한 전일제로의 전환가능성이 매우 낮고, 승진 및 경력발전 기회도 제한되어 있었으며, 동일가치 노동을 하는 전일제 대비 차별이 존재한다. 임신, 출산, 육아와 돌봄의 이유로 노동시장에서 이탈한 여성 노동자들에게 시간제 노동이 충분한 유인 기제가 되지 못하는 이유는 짧은 노동시간에서 비롯되는 임금 페널티가 강하고, 전일제로의 전환가능성, 승진 및 경력발전의 기회가 부족한 일자리를 매력적인 양질의 일자리로 인식하기는 힘들기 때문이다.

좀 더 경쟁력 있는 여성 근로자의 유입을 위한 전환형 시간선택제의 활용을 촉진하는 것이 바람직하다. 시간제 일자리가 '전환가능한 선택권(reversible option)'으로 확립되어(김영미, 2011; 권혜원, 2016), 노동자들이 전일제에서 시간제로, 또 그 역의 방향으로 자유롭게 전환할 수 있다면 고용을 유지하면서 다양한 생애주기 욕구를 충족시킬 수 있다.

### (3) 여성노동의 양극화

1970년대 이후 지속되어 온 여성의 교육 수준 향상과 성차별금지나 동일노농-동일임금 등 남녀평등을 위한 각종 정책의 실시 결과 고학력의 여성들이 과거 남성의 독점적 영역이었던 전문·기술·관리직에 진출하여 노동시장 상층의 일정부분을 형성하게 되었다. 반면 이와는 대조적으로 단순사무직·서비스직·생산직 등 노동시장 하층의 여성들에게는 성별 직업분리나 성별 임금격차의 정도가 약화되지 않으며 오히려 이들 집단의 빈곤이 더욱 심화되는 양상을 보인다. 이러한 양극화 현상은 첨단기술 및 정보 분야에서 요구하는 지식과 기술을 습득한 여성과 그렇지 못한 여성의 미래는 정보화 사회에서 더욱 두드러지게 된다.

우리나라 여성노동시장은 남성노동시장에 비해서 완만한 양극화 현상을 경험하고 있다. 상위보다는 하위 일자리가 최근 2000년 이후에 보다 더 많이 증가했으며, 특히 이러한 일자리는 높은 연령과 낮은 수준의 교육을 받은 여성들로 채워져 있다. 하위 일자리층의 증가가 상위나 중간수준 일자리 증가폭을 훨씬 웃돌고 있으며, 특히 50대 이상의 여성들이 취업하고 있는 일자리에서 하위 일자리의 증가폭이 두드러지고 있다. 또한 저학력 여성들의 일자리가 주로 하위층에서 증가하고 있으며, 고학력 여성들조차 중간수준이나 상위 일자리 뿐 아니라 하위 일자리까지 폭넓게 분포되어 있는 현실을 고려할 때, 우리나라 여성노동시장이 하향 계층화를 경험하는 증거라고 할 수 있다. 직업특성별로 살펴본 여성일자리 분포에서도, 상위 일자리에서는 비정규직보다는 정규직 일자리의 증가율이 더 높은 반면, 하위 일자리에서는 비정규직의 일자리증가가 정규직의 그것보다 훨씬 높은 것으로 나타났다. 하위일자리에는 저학력이면서 높은 연령대의 여성들이 주로 취업하며 단시간 비정규직종의 비율이 높게 나타나고 있는 우리나라 여성노동시장의 일자리 특성은 상위와 중간수준 일자리의 증가추세가 목격되고 있음에도 불구하고, 전반적인 여성근로층의 빈곤화를 초래하고 확대시킬 위험을 내포하고 있다(김영옥 외, 2006).

## 2. 노동시장의 성차별

### 1) 여성의 경제활동 참여 실태

〈표 6-1〉과 〈표 6-2〉에 의하면 우리나라 여성들의 경제활동 참가율은 2015년 51.9%에서 2022년 54.6%, 여성고용률[1]은 2015년 50.1%에서 2022년 52.9%로 느리지만 꾸준히 증가하고 있다.[2] 물론 선진복지국가의 60~70%대에는 미치지 못하는 수치이긴 하지만 여성의 경제활동의 지속적인 증가는 매우

1) 고용률은 얼마나 많은 사람이 실제로 취업하고 있는지를 가장 간명하게 드러내는 지표이다. 이전에는 경제활동참가율을 주요 지표로 주목하였으나, 실업률이 높아지고 실업자와 비경제활동인구의 경계를 뚜렷하게 구분하는 것에 대한 논란도 있어서, 최근에는 고용률을 노동시장의 현황을 드러내는 핵심적인 지표로 사용하는 경향이 강해졌다. 국가 간 비교지표로도 고용률이 주로 사용된다.

2) 경제활동참가율과 고용률은 다소 차이가 있다. 최근 통계청의 자료는 고용률로 통일하고 있다.

바람직하다. 남성 고용률과의 격차 또한 2015년 21.3%에서 2022년 18.6%로 꾸준히 줄어들고 있다. 이는 출산율의 저하, 국가의 보육 관련 서비스 확대, 가전제품의 발달 등으로 인한 여성의 경제활동 증가, 여성의 사회 진출에 대한 인식 개선이나 여성의 고학력화, 자아실현 욕구 증대 등 복합적인 요인이 영향을 준 것으로 볼 수 있다.

〈표 6-1〉 성별 경제활동 참가율

| 성별/연도 | 2015 | 2016 | 2017 | 2018 | 2019 | 2020 | 2021 | 2022 |
|---|---|---|---|---|---|---|---|---|
| 남 | 74.1 | 74.0 | 74.1 | 73.7 | 73.5 | 72.6 | 72.6 | 73.5 |
| 여 | 51.9 | 52.2 | 52.7 | 52.9 | 53.5 | 52.8 | 53.3 | 54.6 |
| 전체 | 62.8 | 62.9 | 63.2 | 63.1 | 63.3 | 62.5 | 62.8 | 63.9 |

출처: 통계청(2023).

〈표 6-2〉 성별 고용률

| 성별/연도 | 2015 | 2016 | 2017 | 2018 | 2019 | 2020 | 2021 | 2022 |
|---|---|---|---|---|---|---|---|---|
| 남 | 71.4 | 71.2 | 71.2 | 70.8 | 70.7 | 69.8 | 70.0 | 71.5 |
| 여 | 50.1 | 50.3 | 50.8 | 50.9 | 51.6 | 50.7 | 51.2 | 52.9 |
| 전체 | 60.5 | 60.6 | 60.8 | 60.7 | 60.9 | 60.1 | 60.5 | 62.1 |

출처: 통계청(2023).

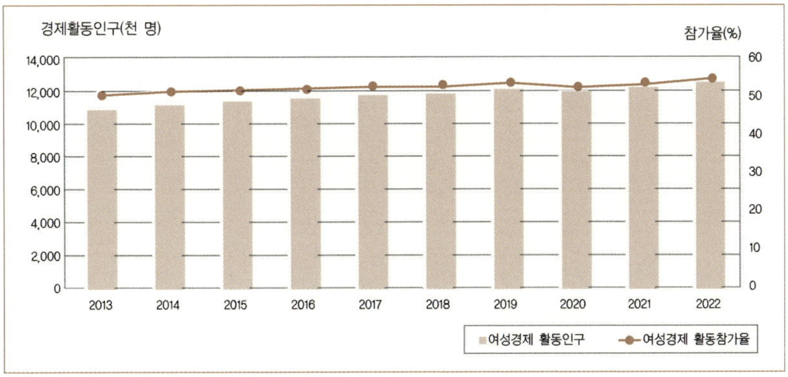


[그림 6-1] 여성경제활동인구 및 참가율

출처: 통계청(2023), E-나라지표.

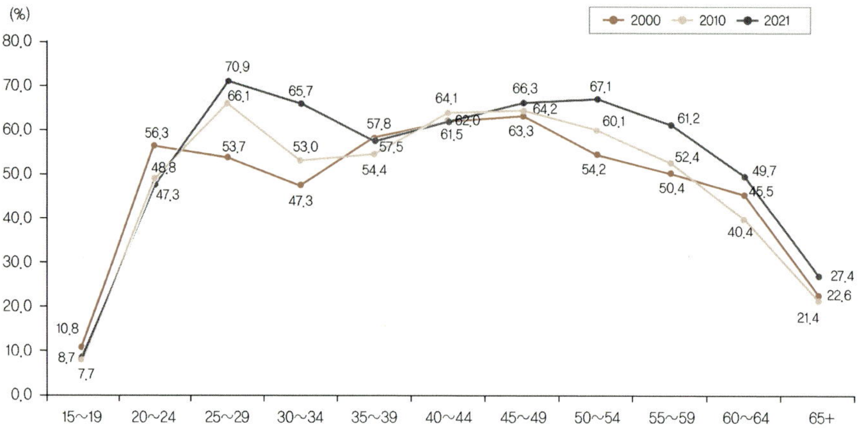


**[그림 6-2] 연령대별 여성 고용률**

출처: 통계청(각 연도). 경제활동인구조사; 여성가족부(2022). 2022 통계로 보는 남녀의 삶. p. 19.

**〈표 6-3〉 여성의 연령대별 고용률**

| | 전 체 | 15 ~19 | 20 ~24 | 25 ~29 | 30 ~34 | 35 ~39 | 40 ~44 | 45 ~49 | 50 ~54 | 55 ~59 | 60 ~64 | 65 이상 |
|---|---|---|---|---|---|---|---|---|---|---|---|---|
| 2000 | 47.0 | 10.8 | 56.3 | 53.7 | 47.3 | 57.8 | 62.0 | 63.3 | 54.2 | 50.4 | 45.5 | 22.6 |
| 2005 | 48.6 | 9.0 | 57.2 | 63.1 | 48.6 | 57.3 | 64.1 | 61.7 | 57.5 | 48.4 | 42.9 | 22.3 |
| 2010 | 47.9 | 7.7 | 48.8 | 66.1 | 53.0 | 54.4 | 64.1 | 64.2 | 60.1 | 52.4 | 40.4 | 21.4 |
| 2015 | 50.1 | 8.8 | 50.8 | 68.5 | 59.6 | 54.2 | 62.9 | 68.6 | 66.0 | 57.3 | 47.5 | 22.7 |
| 2020 | 50.7 | 7.5 | 44.1 | 68.7 | 64.5 | 58.6 | 61.4 | 66.0 | 65.5 | 60.6 | 50.1 | 26.9 |
| 2021 | 51.2 | 8.7 | 47.3 | 68.0 | 65.7 | 57.5 | 61.5 | 66.3 | 67.1 | 61.2 | 49.7 | 27.4 |
| 2022 | 52.9 | 9.5 | 50.2 | 73.9 | 68.5 | 60.5 | 63.5 | 65.9 | 68.9 | 64.6 | 52.5 | 28.0 |

출처: 통계청(각 연도). 경제활동인구조사; 여성가족부(2022). 2022 통계로 보는 남녀의 삶. p. 19.

우리나라 여성의 연령대별 고용률에서 나타나는 가장 큰 특징은 M자형 곡선이다([그림 6-2] 참조). 2022년 여성의 고용률은 25~29세가 73.9%로 가장 높게 나타났으며, 고용률이 가장 높은 연령은 2000년~2015년대와 비교하여 40대 후반에서 20대 후반으로 이동한 현상을 볼 수 있다. 이러한 현상은 최근 들어 혼인 및 출산 기피 현상, 만혼, 일·가정지원제도 등의 영향으로 노동시장을 이탈하지 않는 여성이 많아지며 고용률저점 연령이 높아지고 M자형 곡선이 우상향하는 양상을 보인다. 그러나 20대 후반의 고용률이 높아지긴 하였으나, 출산과 육아 시기인 30대에 다시 감소하고 40대에 다시 증가하는 여전히 전형적인 M자 패턴을 보인다.

국제지표를 기준으로 M자형 관련 추이를 살펴보면 독일, 영국, 프랑스, 미국, 이탈리아 등의 여성경제활동인구의 고용률은 15~19세가 가장 낮고, 20~40세까지 증가하다가 50세 이후에 다시 낮아지는 ∩자 포물선형을 띠고 있다([그림 6-3] 참조). 그러나 우리나라와 일본은 출산·육아를 담당하는 30대 전·후반 여성이 노동시장에서 대거 퇴장하는 경력단절 현상이 여전히 나타나고 있으며 이에 따른 연령대별 고용률 분포가 M자형 곡선을 띠고 있는 것으로 보인다.

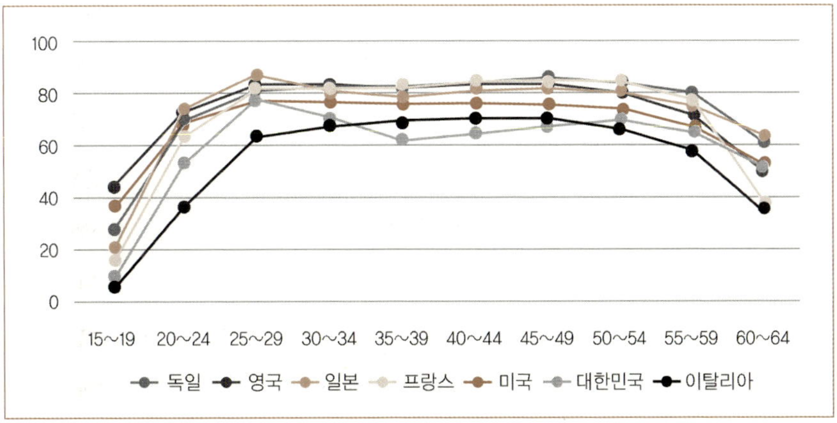


**[그림 6-3] 여성경제활동 참여율**

출처: OECD.stat. LFS - Sex and Age Indicators(Accessed on 20 January 2021)

한편, 2022년 여성 취업자의 임금근로자 비중은 75.4%로 전년 대비 0.7%p 상승하여 취업자의 임금근로자 비중은 여성이 75.4%로 남성(71.6%)보다

3.8%p 높은 것으로 나타났다([그림 6-4], 〈표 6-4〉 참조). 이와 같이 여성 취업자의 임금근로직 진출이 증가한 것은 경제적 지위가 임금을 중심으로 결정되는 현 사회에서 고무적이라 할 수 있으나 〈표 6-4〉 임금 근로의 구성을 보면 불안정한 여성 취업자의 지위로 인해 여전히 상용근로자의 비중은 여성이 남성에 비해 낮음을 알 수 있다. 물론 여성 상용근로자 비중 역시 52%로 계속 증가하고 있으나 남성(56.6%)에 비해 낮은 수준이며, 상대적으로 임시근로자 비중은 여성(24.4%)이 남성(11.4%)에 비해 두 배 가까이 높게 나타났다. 여성 근로자 중 임시직과 일용직으로 대표되는 비정규직 여성 근로자에 용역직, 특수고용직 등의 공식적인 노동통계에 포함되지 않는 비정규직이 포함된다면 여성 임금근로자 상당부분은 고용불안과 저임금 속에서 차별을 받으며 일하고 있다는 결론에 이른다.

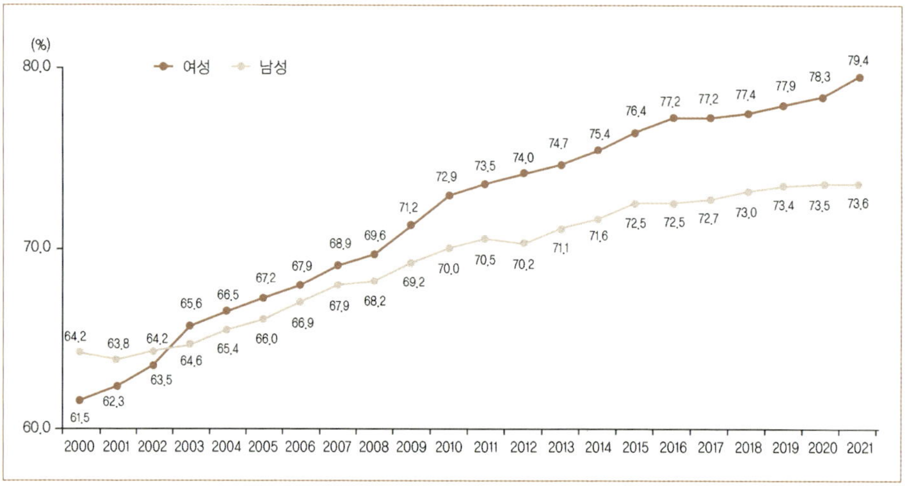


**[그림 6-4] 연도별 임금근로자 현황**

출처: 통계청(연도). 경제활동인구조사; 여성가족부(2022). 2022 통계로 보는 남녀의 삶.

〈표 6-4〉 성별 취업자의 종사상지위별 구성비

(단위: %)

| | | 임금 근로자 | 상 용 | 임 시 | 일 용 | 비임금 근로자 | 자영업자 | 무급가족 종사자 |
|---|---|---|---|---|---|---|---|---|
| 여성 | 2000 | 61.5 | 19.2 | 28.4 | 13.9 | 38.5 | 16.2 | 19.3 |
| | 2005 | 67.2 | 25.7 | 30.2 | 11.3 | 32.8 | 15.3 | 13.9 |
| | 2010 | 72.9 | 34.5 | 30.0 | 8.4 | 27.1 | 12.9 | 10.9 |
| | 2015 | 76.4 | 43.1 | 27.6 | 5.8 | 23.6 | 11.0 | 9.1 |
| | 2018 | 77.4 | 47.4 | 25.5 | 4.5 | 22.6 | 14.2 | 8.4 |
| | 2019 | 77.9 | 48.7 | 24.9 | 4.3 | 22.1 | 10.6 | 8.0 |
| | 2020 | 78.3 | 50.8 | 23.7 | 3.8 | 21.7 | 10.8 | 7.7 |
| | 2021 | 79.4 | 52.0 | 24.4 | 3.1 | 20.6 | 10.4 | 7.2 |
| 남성 | 2000 | 64.2 | 38.0 | 17.0 | 9.2 | 35.8 | 24.2 | 2.0 |
| | 2005 | 66.0 | 41.1 | 16.4 | 8.5 | 34.0 | 22.7 | 1.3 |
| | 2010 | 70.0 | 48.0 | 15.0 | 7.0 | 30.0 | 20.2 | 1.3 |
| | 2015 | 72.5 | 52.6 | 13.7 | 6.2 | 27.5 | 18.5 | 1.0 |
| | 2018 | 73.0 | 54.3 | 12.6 | 6.1 | 27.0 | 26.1 | 0.9 |
| | 2019 | 73.4 | 55.2 | 12.6 | 6.0 | 26.6 | 18.3 | 0.9 |
| | 2020 | 73.5 | 56.3 | 11.4 | 5.7 | 26.5 | 18.9 | 1.0 |
| | 2021 | 73.6 | 56.6 | 11.4 | 5.6 | 26.4 | 19.2 | 1.0 |

출처: 통계청(각 연도). 경제활동인구조사; 여성가족부(2022). 2022 통계로 보는 남녀의 삶.

다음 성별 근로시간과 임금의 차이를 살펴보면, 남녀 전체 근로자의 임금수준은 상당한 차이를 보이고 있다(〈표 6-5〉 참조). 남성의 경우 월 급여가 약 366만 원이고 여성의 경우 약 248만 원으로 약 110만 원 이상 차이가 나타나 여성은 남성의 월 임금액의 2/3도 채 받지 못한다. 물론 정규직과 비정규직 모두에서 큰 차이를 보이고 있다.

**〈표 6-5〉 성별 임금 및 근로시간** (단위: 일, 시간, 천 원)

| 성별 | 고용형태 | 총근로 일수 | 총근로 시간 | 월 급여 |
|---|---|---|---|---|
| 전체 | 전체근로자 | 19.6 | 154.9 | 3,172 |
| | 정규근로자 | 20.6 | 169.0 | 3,623 |
| | 비정규근로자 | 16.3 | 111.7 | 1,782 |
| 남성 | 전체근로자 | 19.6 | 160.8 | 3,661 |
| | 정규근로자 | 20.7 | 171.5 | 4,061 |
| | 비정규근로자 | 15.4 | 120.3 | 2,146 |
| 여성 | 전체근로자 | 19.6 | 146.7 | 2,485 |
| | 정규근로자 | 20.6 | 165.0 | 2,932 |
| | 비정규근로자 | 17.3 | 103.1 | 1,420 |

출처: 통계청(2022).

우리나라는 남녀고용평등과 일·가정양립에 관한 법률을 제정하고 ILO '동일가치 노동에 대한 남녀근로자의 동일보수에 관한 조약'에 비준하였으며 고용노동부의 근로감독관, 적극적 고용개선조치, 여성가족부의 성평등 임금실천을 위한 가이드라인, 성평등 임금공시제를 통해 성별 임금격차를 해소하고자 노력하고 있다. 이러한 법·제도적 노력에도 불구하고 여전히 OECD 회원국 중 가장 심각한 국가로 꼽히고 있다. OECD에 가입한 원년인 1996년부터 27년째 '꼴찌'다. 2021년 기준 성별 임금격차는 31.1%로 남성이 100만 원을 받을 때 여성은 68만9,000원을 받는다. 두 번째로 임금격차 높은 일본에 비해서도 10%포인트 내외의 큰 격차를 유지하고 있다(세계경제포럼, 2023).

우리나라 2018년도 연령별 성별 임금격차를 살펴보면 15~19세 4.8%, 20~24세 7.0%, 25~29세 10.1% 수준이었으나 30대로 접어들면서 30~34세 19.4%, 35~39세 28.1%를 보이며 급격하게 확대되었다. 이러한 성별 임금격차는 이후에도 지속적으로 확대되어 40~44세 34.9%, 45~49세 38.5%, 50~54세 45.7%를 보였으며 노동시장 은퇴를 앞둔 55~59세에는 무려 48.6%의 성별 임금격차를 기록하였다.

〈표 6-6〉 우리나라 연령별 월평균임금 및 임금격차(2018) (단위: 만 원)

| 구분 | 평균소득 | | | 중위소득 | | |
|---|---|---|---|---|---|---|
| | 계 | 남자 | 여자 | 계 | 남자 | 여자 |
| 계 | 297 | 347 | 225 | 220 | 269 | 180 |
| 19세 이하 | 78 | 83 | 72 | 50 | 53 | 48 |
| 20~24세 | 155 | 156 | 153 | 159 | 160 | 159 |
| 25~29세 | 237 | 244 | 229 | 221 | 231 | 210 |
| 30~34세 | 299 | 317 | 272 | 272 | 293 | 241 |
| 35~39세 | 341 | 375 | 286 | 302 | 340 | 233 |
| 40~44세 | 362 | 414 | 279 | 298 | 366 | 203 |
| 45~49세 | 367 | 439 | 257 | 262 | 362 | 189 |
| 50~54세 | 360 | 442 | 235 | 236 | 334 | 180 |
| 55~59세 | 320 | 391 | 205 | 205 | 276 | 164 |
| 60~64세 | 235 | 281 | 156 | 169 | 194 | 139 |
| 65세 이상 | 168 | 214 | 100 | 122 | 157 | 72 |

출처: 통계청(2018). 경제활동인구조사 부가조사.

이처럼 30대 이후의 급격하고 지속적인 성별 임금격차 확대의 원인으로, 기존 연구들은 혼인, 출산, 자녀돌봄, 경력단절 등 다양한 생애주기별 사건들은 남성보다 여성에게 부정적 영향을 주고 이로 인해 여성은 남성보다 낮은 노동생산성을 가진 대상으로 평가되거나, 노동시장 진입에서 남성보다 낮은 임금수준의 일자리로 유입을 원인으로 지목한다. 이뿐만 아니라 40대 이후 성별 임금격차가 가속화되는 배경으로 경력단절여성이 노동시장 복귀 시 대체로 열악한 저임금 일자리로 복귀를 꼽을 수 있을 것이다. 즉, 여성 임금수준에 있어서 혼인으로 인해 발생되는 여러 가지 사건들이 여성의 임금을 낮추는 주요 요인으로 예상된다.

그러나 2017년 통계청의 '경제활동인구조사 근로형태별 부가조사'를 활용해 분석한 결과에서는 성별 임금격차 중 근속연수나 사업체 규모, 교육연수 유무 등 '차이'로 인한 격차는 36.3%인 반면, 어떤 요소로도 설명되지 않아 '차별'이라고 부를 수밖에 없는 격차가 63.7%로 나타났는데 차별의 비중은 55세 이상에서 가장 낮고 15~29세에서 가장 높은 것으로 나타났다. 15~29세 성별 임금격차는 전적으로 차별에서 기인한다고 해석할 수 있는 것이다. 여성의 인적자원이 많아졌음에도 불구하고 여성 인력에 대한 평가와 처우가 개선되지 않았다는 뜻이기도 하다.

OECD 성별 임금격차가 발표될 때마다 국내에선 남녀가 주로 종사하는 직무가 다르고 여성의 경력단절로 임금 차이가 난다는 해석이 주를 이루지만, 김난주 한국여성정책연구원 연구위원은 "여성의 경력단절로 인한 일자리 상실 현상과 저임금 업종에 여성이 많아서 성별 임금격차가 난다는 건 너무 오래된 해석"이라며 "2006년 여성이 대학 진학률에서 남성을 앞서고 17년여가 지났지만 격차가 크게 줄어들지 않고 있는 이유는 같은 일을 해도 차이가 나는 구조 때문"이라고 밝혔다. 성별에 따른 '차이'보다 '차별'이 미치는 영향이 더 크다는 연구가 나오기 시작했다. 2019년 김창환 캔자스대 교수 등은 성별 소득 격차의 절반 이상이 경력단절 이전에 발생한다는 점을 강조하며 노동시장 진입 초기의 성차별을 시정하기 위한 정책을 개발해야 한다고 제언했고, 2017년 유정미 성공회대 외래교수는 대학을 졸업한 지 24개월 미만인 신규 채용자의 경우에도 성별 임금격차가 나타난다고 분석하기도 했다. 한국고용정보원은 '대졸자직업이동경로조사'를 분석해 같은 대학이나 같은 전공 출신이라도 성별 임금격차가 나타난다는 사실을 밝혀내기도 했다.

이와 같이 20대에서 설명할 수 없는 차별이 나타난다는 점은 '성별' 자체가 여성의 임금에 불리한 요소로 작용한다는 것이다. 이러한 불평등은 연령이 높아질수록 커지는 경향을 보여 23세에 대학을 졸업한 여성의 소득 불이익은 동일 연령 남성에 비해 평균 14.6%인데, 29세에는 이 수치가 21.8%로 커지는 등 심화되는 현상을 보이고, 4년제 대학졸업 여성의 월평균 임금이 전문대를 졸업한 남성의 임금보다 낮은 사실을 밝히기도 했다.

## 2) 여성의 생애주기와 경제활동 장애요인

### (1) 여성의 생애주기와 고용구조

여성이 결혼하고 출산한다는 전제하에 여성들은 다양한 측면에서 생애의 변화를 경험하게 되는데 이는 여성들의 경제활동에 큰 영향을 미친다. 특히 결혼으로부터 가족이 형성되는 초기 단계에서 여성의 경제활동은 상당한 제약을 받는다. 왜냐하면 이 단계에서의 여성들은 출산하기 위해 지속적인 미취업상태에 있거나 고용상태를 포기해야 하는 경우가 많기 때문이다. 또한 이 시기는 아직 출산을 완료하지 못하였거나, 또는 미취학 자녀를 둔 경우여서 경제활동보다는 가족의 보호 및 모성의 발휘에 여성의 역할이 더 몰입되어 경제활동에 미치는 여력은 상대적으로 간과된다. 이와 같이 기혼여성의 경우 가족의 형성 및 출산으로부터 초래되는 자녀 양육이 여성의 경제활동에 제약요인으로 작용한다(최규련 외, 1995). 이러한 결혼, 출산, 육아와 같은 가족 책임의 문제들은 여성이 애초에 노동시장에 진입하는 것을 방해하기도 하며, 혹은 노동시장에서의 취업을 포기하게 함으로써 경력이 단절되기도 하고 더러는 출산과 육아로 인해 노동시장에서의 경력관리가 곤란하기도 하다.

여성의 생애주기는 앞서 구분한 가족의 생애주기를 근거로 결혼과 출산을 통한 가족의 형성과 유지 및 소멸을 통해 구분할 수 있다. 즉, 결혼으로 초래되는 여성의 출산과 관련하여 여성의 생애주기 단계를 출산 전 단계와 출산 및 육아 시기, 그리고 출산 및 육아 이후의 시기 등 네 단계로 구분된다.

**〈표 6-7〉 여성의 생애주기**

| 구분 | 단계 | | | |
|---|---|---|---|---|
| 여성의 생애주기 | 출산 이전기 | 출산시기 | 육아시기 | 육아 이후기 |

출처: 서동희 외(2009).

이러한 생애주기별 고용 구조적 특징을 살펴보면 결혼 전의 미취업이나 결혼으로 인한 취업의 포기, 출산으로 인한 미취업 혹은 육아휴직으로 일시적인 경력단절기, 또는 육아휴직 이후의 고용상태 등을 포함하여 구분할 수 있다.

**〈표 6-8〉 여성 생애주기와 고용특징**

| 구분 | | 여성생애주기와 고용특징 | | | |
|---|---|---|---|---|---|
| 여성의 생애주기 | | 출산 이전기 | 출산시기 | 육아시기 | 육아 이후기 |
| 여성의 고용유형 | 유형 1 | 미취업 | 미취업 | 미취업 | 취업희망 |
| | 유형 2 | 취업 | 퇴사 | 퇴사 | 재취업희망 |
| | 유형 3 | 취업 | 출산휴가 | 육아휴직 | 업무복귀 |

출처: 서동희 외(2009).

유형 1의 여성은 결혼 전 미취업상태에서 결혼하고 이어 출산하여 자녀를 양육히며 계속해 미취업상태에 있는 여성이다. 이들은 양육 중에 취업을 원할 수도 있으며 양육 이후에 취업을 원할 수도 있다.

유형 2의 여성은 취업상태에서 결혼하고 결혼으로부터 취업에서 퇴출당한 경우이다. 결혼과 동시에 퇴사했을 경우도 있으며 다른 하나는 결혼으로부터 일정 기간은 취업이 유지되었으나 출산으로부터 육아의 부담으로부터 퇴직한 경우가 있을 수 있다.

유형 3의 여성은 취업상태에서 결혼하고 출산과 육아의 과정에서 지속적으로 취업이 유지되고 있는 경우이다. 출산과 육아를 직장생활과 병행해야 하는 어려움에 처한 여성이다.

### (2) 여성생애주기별 고용유형과 경제활동

위에서 설명한 바와 같이 여성 생애주기별 고용구조의 특징에 따라 여성 유형을 3가지 타입으로 구분하여 보았다. 제 유형들은 생애주기의 특성과 관련하여 고용상태가 차별적이므로 각각의 여성 유형들은 경제활동을 위한 차별적인 지원책이 필요하다.

제1유형은 결혼 전과 이후로 계속 미취업상태였으나 취업을 희망하고 있으므로 직업능력을 위한 교육을 통해 취업 기회 마련이 시급하다. 제2유형은 경력단절 후 노동시장에 진입해야 하므로 역시 재취업을 위한 교육이나 직업훈련이 필요하다. 과거의 경력을 승계하여 경력직을 원하지만, 현실적으로는 상당한 애로가 있기 때문에 이를 활용할 수 있는 방안이 구체적으로 필요하다. 제3유형은 일시적인 경력단절의 경우이므로 일과 가정의 양립 문제가 가장 크다. 여성이 가사나 육아 등의 돌봄을 주로 해야 한다는 의식과 사회적 구조를 개선하지 않으면 근본적인 문제를 해결되기 어렵다.

**〈표 6-9〉 생애주기별 여성유형과 경제활동 애로**

| 구분 | 고용 특징 | 경제활동의 제약 | |
|---|---|---|---|
| 제1유형 | - 결혼 전과 이후로 지속적인 미취업<br>- 지속적인 미취업 → 취업희망 | - 직업능력<br>- 취업기회<br>- 무경력 | 취업이 어려움 |
| 제2유형 | - 취업상태에서 결혼으로 퇴사<br>- 취업 → 미취업 → 취업희망 | - 직업능력<br>- 취업기회<br>- 경력승계 | 경력단절 후 노동시장 재진입 곤란 |
| 제3유형 | - 결혼 전과 결혼 이후 지속적인 취업상태<br>- 취업 → 일시적 경력단절(육아휴직) → 경력관리희망 | - 경력개발<br>- 일·가정 양립 | 여성의 근로 조건 및 근무환경 열악 |

출처: 서동희 외(2009).

정부는 여성 고용률을 높이기 위해 생애주기별로 일하는 여성이 경력을 유지할 수 있도록 지원방안을 마련하기 위해 육아휴직 제도는 남성과 비정규직 근로자도 쉽게 이용할 수 있도록 지원 대상을 확대하고, 경력단절 여성에 대한 맞춤형 지원도 강화해야 한다.

### (3) 경력단절 여성의 노동시장 진입

우리 사회는 국민소득 3만 달러의 달성으로 선진국의 안정된 진입과 저출산·고령화 사회를 대비하는 적극적 전략으로 여성 인적자원 활용의 극대화를 중요한 국가적 과제로 제기하고 있다. 그러나 한국의 여성 경제활동 참여는 OECD 주요국과 비교하였을 때 여전히 매우 낮은 수준이다. 2020년 여성 경제활동참가율의 OECD 평균은 63.8%로 한국은 그에 못 미치는 52.8%이고, 이는 OECD 32개 국가 중 하위권을 기록하고 있다.

**〈표 6-10〉 OECD 주요국가 여성 경제활동 참가율 비교**

| 구분 | 2016년 | 2017년 | 2018년 | 2019년 | 2020년 |
|---|---|---|---|---|---|
| 한국 | 52.2% | 52.7% | 52.9% | 53.5% | 52.8% |
| 일본 | 50.4% | 51.2% | 52.5% | 53.3% | 53.2% |
| 미국 | 56.8% | 57.0% | 57.1% | 57.4% | 56.2% |
| OECD 평균 | 63.5% | 64.0% | 64.4% | 65.0% | 63.8% |

출처: OECD.stat. LFS-Sex and Age Indicators(Accessed on 20 January 2021); 통계청(2020). 경제활동인구 및 참가율.

한편 우리나라 경력단절 여성의 경우 2014년까지는 계속 증가했으나 2018년 이후부터는 감소추세를 보이고 있다. 그러나 여전히 15~54세의 기혼여성 중 결혼, 임신 및 출산, 육아 등으로 직장을 그만둔 경력단절 여성은 비슷한 수치를 유지하고 있다. 이러한 계기로 한번 퇴직한 여성들은 노동시장에 재진입하기가 매우 어렵다.

〈표 6-11〉 여성 경력단절 규모 (단위: 천 명, %)

| | 2013 | 2014 | 2018 | 2019 | 2020 | 2021 | 2022 |
|---|---|---|---|---|---|---|---|
| 15~54세 이하의 기혼여성(A) | 9,713 | 9,561 | 9,005 | 8,844 | 8,578 | 8,323 | 8,103 |
| 비취업여성(B) | 4,063 | 3,894 | 3,457 | 3,366 | 3,420 | 3,240 | 3,027 |
| 비취업여성비율(B/A) | 41.8 | 40.7 | 38.4 | 38.1 | 39.9 | 38.9 | 37.4 |
| 경력단절여성(C) | 1,955 | 1,977 | 1,847 | 1,699 | 1,506 | 1,448 | 1,397 |
| 경력단절여성비율(C/A) | 20.1 | 20.7 | 20.5 | 19.2 | 17.6 | 17.4 | 17.2 |

출처: 통계청(각 연도). 지역별고용조사; E-나라지표.

여성 고용률 중 고학력 여성 고용률은 60.8%로, OECD 회원국 중에서 여성 인력 활용률, 특히 고학력 여성인력 활용률이 매우 낮은 국가에 속한다(OECD 평균 여성 고용률 57.4%, 고학력 여성 평균고용률은 79.4%). 대졸 이상 고용률이 OECD 중 최하위권을 기록하는 원인을 살펴보면, 고학력 여성들은 현실적으로 자신의 학력 가치를 낮추어 하향취업을 수용하게 되며, 불안정한 고용으로 이어지면서 잦은 이직을 선택하게 된다. 이런 상황에서 여성들이 하향취업의 덫에서 빠져나올 방법으로 노동시장을 이탈하는 경우가 많은데 그것은 주로 여성의 결혼과 출산, 자녀 양육을 계기로 실행된다. 이렇듯 한번 퇴직한 고학력 여성들은 노동시장에 재진입하기가 매우 어려워진다.

### (4) 경력단절에 관한 이론

#### ① 성역할 사회화론

성역할 사회화 논의는 남성과 여성이 유년기 때 각각의 성에 적합한 역할을 내면화한다는 점을 강조한다. 이러한 시각에 따르면, 직업 선호도(occupational aspirations)는 사회화 과정의 한 부분이며, 직업 선택은 바로 성별화된 정체성을 반영한다. 즉, 결혼과 출산을 계획하는 여성이 노동시장의 진입과 이탈이 쉬운 직종을 선택하는 것은 그들의 여성성의 표현이다(West and Zimmerman,

1987). 여성이 여성 직종을 선택하며, 남성 혹은 남성 직종의 다른 여성들과 차별화된 경제활동 형태를 나타내는 것, 여성이 결혼과 자녀 출산 및 양육기 동안 노동시장을 이탈하여 가사에 집중하거나 자녀 양육기를 벗어나 다시 노동시장으로 재진입하는 경제활동 형태를 보이는 것 또한 여성들의 성역할 사회화의 표현이라고 보는 견해이다.

성역할 사회화가 여성의 경제활동에 미치는 영향에 관한 이론적 논의는 다양하게 전개되어 왔으나(Gerson 1985; Marini & Brinton 1984; Marini, Fan, Finley, & Beutel 1996; Okamoto & England 1999), 사회화 정도에 대한 경험적 측정의 문제 등으로 인해 아직 실증연구에서 직접적으로 연구되지는 않았다.

② 전략적 선택론

성역할 사회화 시각과는 대조적으로, 개인의 경제적 합리성에 초점을 두어 여성의 경제활동을 분석한 학자들 중에서 폴라첵(Polachek, 1979, 1991)은 특히 여성의 가정 내 역할이 여성의 노동시장 참여방식을 결정하는 주요한 원인이라는 점에 주목한다. 폴라첵(1979, 1981)에 따르면 한 개인이 노동시장에 투자하는 시간의 총량은 생애주기 동안 임금의 극대화 관점에서 이해된다. 훈련과 기술에의 투자를 많이, 오래 할수록 그 투자를 회수하는 시간이 길어지므로, 불연속적인 노동시장 참여를 계획하는 근로자들은 전략적으로 낮은 수준의 훈련과 기술을 요구하는 직종을 선택한다는 것이다. 이러한 폴라첵의 논의에서 보면, 여성들은 가정 내 역할 특히, 어머니로서의 역할 때문에 남성보다 짧은 시간 동안, 간헐적으로 노동시장에 참여하며, 따라서 그들의 노동시장 이탈과 재진입에 따른 경제적 비용을 최소화할 수 있는 직종을 선택한다.

그러나 폴라첵의 이론적 설명에 대해서는 많은 비판이 있었다. 첫째는, 노동시장 이탈을 자발성에 초점을 두어 분석한다는 점이다. 인적자원 수준이 높은 여성들의 경우, 경제적 비용 측면에서 집중적인 자녀양육기 동안에도 경력단절을 경험할 가능성은 매우 낮아진다. 그러나 우리나라뿐 아니라 다른 선진국에서도 고학력 여성들이 양질의 자녀 양육에 관한 관심을 바탕으로 경력단절을 경험하고 있다는 점이다. 또한 폴라첵에 따르면, 경력단절을 기대하지 않는 여성들은 임금수준과의 교화를 통해서 일가족 양립제도의 혜택이 더 많이 주어지는 일자리로 진입하는 경향이 있다는 점을 강조한다. 그러나 미국 여성에 관한 연구 결과에 따르면, 폴라첵의 논의와는 반대로, 가족 친화성(family friendliness), 예를 들면, 근로시간, 유연성에 대한 직접적인 측정 결과, 남성들이 많은 직종이 여성들이 많은 직종보다 가족 관련 혜택을 더 많이 제공하는 것으로 나타났다(Glass 1990; Glass & Estes 1997). 즉, 임금수준이 높은 일자리가 가족친화적인 프로그램도 더 높은 수준으로 제공한다.

여성의 가정 내 역할에 대한 사회적 인식은 여성 근로자들에 대한 고용주의 인식과 대우에도 영향을 미친다. 고용주들은 여성이 가정 밖 경제활동보다는 가정 내 역할에 더욱 높은 가치를 부여하며, 여성들이 가정 내 역할을 수행하게 될 때, 노동시장보다는 가정에 심리적 육체적으로 더 많은 투자를 한다고 믿는 경향이 있다(Bielby & Bielby 1984; Budig & England 2001; Moen & Smith 1986). 따라서 이러한 고용주들은 여성 근로자들을 고용하는 것을 꺼리는 경향이 있으며, 특히 출산과 자녀 양육기에 접해 있는 여성 근로자들을 차별적으로 대우한다는 점이 지적되었다. 차별적 경험에 따른 이직 및 노동시장 이탈에 관한 선행연구에 따르면, 여성 근로자 중에서 자녀 양육을 이유로 노동시장을 이탈하거나 이직을 경험한 여성들도 그 주변에는 회사의 공식적 제도나 비공식적 관행이 여성 근로자, 특히 자녀를 양육하는 여성 근로자들에 대해 우호적이지 않다는 점이 강조되고 있다. 특히 일하는 엄마에 대한 차별적 관행이 노동시장에 만연한 경우, 경력단절을 경험한 여성들이 재취업을 희망할 때도 이들 여성에게 재취업의 기회는 매우 제한될 수밖에 없다. 만약 재취업의 기회가 주어진다고 할지라도 일자리의 수준이 여성들의 인적자원 수준에 비해 낮을 수

밖에 없다는 것이다. 따라서 노동시장의 차별적 제도는 더욱 많은 여성을 경력 단절로 이끄는 경향이 있고, 동시에 이들 여성들이 노동시장으로 재진입하는 데 더 오랜 시간과 희생을 요구하게 된다.

Chapter 07

# 여성과 조직문화

조직문화는 '조직원들이 조직의 내외환경에 대처할 수 있도록 결집해 주는 공유된 가치 및 행동양식인 동시에 그 차이와 행동양식이 외부로 드러나는 상징체계의 총합'이라고 정의한다. 조직문화는 강하든 약하든, 긍정적이든 부정적이든 조직 전체에 영향을 미치며 그 결과에 따라 조직의 성패가 좌우될 수 있는 중요한 요소이다. 결과적으로 조직문화는 조직환경 변화에 대하여 내적으로 조직원들을 동질의 공동체로 만드는 통합기능과 외적으로는 능동적으로 대처하는 적응기능을 한다고 볼 수 있다.

본 장에서는 우리나라 조직의 조직문화를 살펴봄으로써 그 특성을 이해하고 남성과 여성이 공존하는 조직 생활을 위한 바람직한 방향이 무엇인지 모색하고자 한다.

## 1. 불평등 조직문화

전통적인 성별분업, 즉 공적 영역(일과 같은 남성의 영역)과 사적 영역(가정 또는 가족과 같은 여성의 영역)의 구분은 최근 상당한 변화를 보이고 있기는 하지만 여전히 정도의 차이가 있을 뿐, 역할의 분담은 지속되고 있다. 이러한 현상이 가정뿐 아니라 직장생활에서도 조직의 문화가 자연스럽게 남성중심으로 형성되는 데 영향을 미치고 있다.

조직의 성차별 문제는 여성 근로자들이 속해있는 조직의 상황과 맥락에서 발생하기 때문에(김수한·신동은, 2014), 조직을 둘러싼 환경적 특성은 여성 근로자들의 성차별 인식에 영향을 주는 핵심 요인이 된다. 최근 세대교체와 조직의 성과에 대한 진일보한 사고로 인해 늦게까지 직장에 남아 일하는 것이 조직에 더 많은 기여를 한다는 인식은 상당히 줄었으나, 여전히 남아 있는 한국의 전통적 조직문화는 가사 및 육아에 대한 부담이 많은 여성들에게 상대적으로 차별이 발생할 수밖에 없다. 더불어 조직 구성원들의 각종 인사제도가 남성우위를 기반으로 작동하고 있다는 점은 다양한 조직에서 여성 근로자의 비율이 계속 증가하고 있음에도 불구하고 매우 심각한 현실이다(최병우, 2004; 김수한·신동은, 2014: 오현규 외, 2016). 비즈한국이 시가총액 상위 20대 기업(2022년 12월 5일 기준)의 여성 임원 숫자를 조사한 결과, 여성 임원 비율은 6.3%에 불과했다. 20대 기업의 전체 임원 수는 3,380명인데 그중 여성 임원 숫자는 214명에 그쳤다. 주요한 자리에 혹은 높은 지위에 있는 소수의 여성들만이 의사결정에 참여하는 현실에서 남성중심의 조직문화를 바꾸기는 쉽지 않다.

조직문화 속에서 발생하는 성별 불평등을 살펴보면 다음과 같다.

첫째, 채용 시 차별이 여전하다. 채용 면접에서 성별에 따라(직무와 관련 없는) 다른 질문을 하는 사례는 「남녀고용평등법」에 위배되기 때문에 대기업에서는 줄었지만 여전히 많은 기업에서 여성에게 남성과 달리, 개인적인 질문이나 여성에 대한 선입견을 전제로 한 질문을 하기도 한다. 남성중심적인 조직은 남성들이 다수이고 의사 결정권을 가진 직위를 독점하고 있어 조직의 규범과 일상 문화가 남성의 의식과 경험을 토대로 형성된다. 이러한 분위기는 조직에서 가장 중요하다고 생각하는 채용의 단계에서 직·간접적인 영향을 미칠 수밖에 없다.

두 번째 성별 직무 분리이다. 성별에 따라 직무가 다르게 주어지는 현상은 전 세계적으로 보편적이지만, 한국 기업에서는 그 경직성이 훨씬 더 두드러진다. 또 수직적 위계에서도 여성은 남성에 비해 권한이 적은 하위 직급에 몰려 있는 현상이 뚜렷하다. 이러한 성별 직무 분리는 흔히 '유리벽' 혹은 '유리천장'이라고 불려 왔지만, 많은 한국 기업에서는 굳이 '유리'라는 수식어를 붙일 필요가 없을 정도로 분리가 명확하다. 여성과 남성이 하는 일과 직위에서 명백한 차별이 존재한다는 것이다. 이러한 성별 직무 분리는 여성을 조직의 주변적인 업무에 한정함으로써 여성이 조직의 핵심 인력으로 성장하는 것을 막는다. 따라서 의사 결정권을 가진 관리·경영직으로의 접근을 차단하는 결과를 초래한다.

셋째, 조직문화의 남성중심성이다. 한국 기업의 조직문화가 갖는 특징 중의 하나는 야근과 회식, 술자리가 잦다는 점이다. 오래 일하고 늦게 퇴근할수록 열심히 일하는 사람이라는 인식이 지배하는 가운데 야근이 일상화되었으며, 회식은 업무의 일부로 간주된다. 그리고 많은 경우 회식은 술자리로 연결된다. 그러나 기업에 여성이 늘어나고, 일과 가정의 양립을 기대하는 젊은 세대가 유입되면서 이런 문화에도 변화가 생겨나고 있다. 즉, '1차는 삼겹살과 소주, 2차는 노래방'으로 이어지던 회식이었지만 대기업 중심으로 환영받지 못하는 관행이 되기 시작했다. 그러나 이러한 회식 문화에 길들여진 관리직 남성의 관점에서 보면, '칼퇴근'을 하고 술자리를 좋아하지 않는 여성 직원은 소통하기 어려운 불편한 존재일 수 있다. 문제는 한국의 기업에서 회식문화에 대한 다양한 생각의 차이를 존중하기보다는, 조직에 대한 충성심이 부족한 사람들의 '개인주의'로 해석하기 쉽다. 이러한 문제점은 중소기업일수록 더 크게 나타나고 있다.

넷째, 가사 노동과 육아, 간병, 노인 돌봄과 같은 노동자 가족의 돌봄은 남녀 모두의 책임이며 관심이 되어야 하지만, 기성세대가 주요직을 차지하고 있는 한국의 기업에서는 이것이 수용되지 않고 있다. 한국 사회 전반의 규범이 돌봄을 여성의 책임으로 규정하고 있기 때문에 기업에서도 이것은 여성의 문제로 주변화된다. 많이 나아지기는 했지만 여전히 출산휴가나 육아휴직 제도를 사용하는데 동료나 상사의 눈치를 살필 수밖에 없는 현실이다. 그러나 일상의 가사 노동을 수행하고 아이를 키우며 아픈 사람과 노인을 돌보는 것은 여성만이 아니라 남성도 함께해 나가야 할 일이며 책임이다. 따라서 육아휴직은 남성도 사용할 수 있게 되어 있지만, 실제로 육아의 목적으로 휴직을 신청하는 남성들은 아직 소수에 불과하다. 남성들이 원한다고 해도, 조직에서는 그것이 낙인이 될 가능성이 크기 때문이다.

다섯째, 남성중심적 조직문화에서 일상적으로 발생할 수 있는 성차별의 한 유형으로 직장 내 성희롱이 있다. 직장 내 성희롱은 "사업주, 상급자 또는 근로자가 직장 내 지위를 이용하거나 업무와 관련해 다른 근로자에게 성적인 언동 등으로 성적 굴욕감 또는 혐오감을 느끼게 하거나 성적 언동 그 밖의 요구 등에 대한 불응을 이유로 고용상 불이익을 주는 것"을 말한다. 성희롱은 단순히 타인에 대한 성적 관심에서 발생하는 사건이 아니다. 직장 내 성희롱은 조직문화에서 권력을 가진 사람이 그렇지 못한 사람을 성적으로 이용하는 인권 침해적 행위이다. 아직도 남성중심적 문화를 가진 한국의 많은 기업에서 직장 내 성희롱은 언제든지 발생할 수 있는 일상에 잠재된 위험이라고 할 수 있다. 그러므로 직장 내 성희롱을 예방하고 적절히 처리할 수 있는 능력은 노동자 개인의 역량을 넘어 조직문화의 성평등과 민주주의 실현에 꼭 필요한 요소이다(신경아, 2014).

## 2. 유리천장(glass ceiling)과 여성의 조직생활

### 1) 유리천장의 개념

'유리천장'이란 용어는 1987년 미국 〈월스트리트저널〉의 기자들이 최초로 만들어 사용했다고 전해지는데, 이것은 올라갈 수 있는 것처럼 투명해 보이지만 막상 나아가 보면 더 이상 진입할 수 없다는 의미를 가지고 있다. 미국에서는 1980년대부터 여성을 포함한 소수 인종이 조직의 관리직으로 승진하는 과정에서 겪게 되는 장애를 설명하는 데 있어서 이 용어를 사용해 왔으며, 한국에서는 주로 여성학이나 사회학 분야의 연구에서 종종 인용되었다.

'유리벽(glass wall)'이라는 말은 조직 내에서 여성에게 주어지는 역할과 직무가 제한되어 있음을 뜻한다. 즉, 조직의 핵심부서나 중요 직책에는 여성이 별로 없으며 대부분 단순 직무나 보조 역할을 하는 경우에 유리벽이 형성되어 있다고 말한다. 여기서 주목할 것은 유리벽의 문제는 궁극적으로 유리천장 현상과 밀접한 연관이 있다. 여성이 조직 내에서의 전략적이고 핵심적인 부처(인사, 기획, 정책, 재무 등)로 수평 이동을 하지 못한다면 핵심 관리직으로의 상향 이동(승진)도 불가능하다는 의미에서 유리벽은 유리천장을 초래하는 일차적 원인이 된다고 할 수 있다. 조직에 오랫동안 구조화되어 온 이러한 인식들과 수평적 관계에서의 '유리벽'은 전형적인 남성들의 직무라고 인식하는 관리직에서의 주요보직을 여성에게 허용해야 한다는 사실에 대해 심리적으로 상당한 거부감을 일으키게 된다. 이러한 현상은 여성이 승진 기회와 연관되는 경력과 핵심적인 업무를 수행할 수 있는 보직 배치에서 이중적으로 배제되는 중요한 이유가 되고 있다(홍미영, 2004).

한편 기존의 유리천장에 대비된 '유리 에스컬레이트'라는 용어가 있다. 이것은 주로 백인이 흑인보다, 남성이 여성보다 보이지 않는 힘에 의해 자동으로 승진을 하게 되는 현상을 말한다. 즉, 관리직으로의 승진과정에서 여성은 유리천장으로 막히고, 남성은 유리 에스컬레이터로 자동 승진을 하는 경우가 존재함을 경험적으로 규명하고 있는데, 이러한 현상은 여성에 대한 심각한 '이중적 차별'이다. 한편 '유리문(glass door)'은 보이지 않는 차별과 고정관념에 이해 특정한 직종이나 부문에 특정 인종이나 여성적 최초 진입조차 허용되지 않는 현상을 말하는데. 한국에서 공개시험을 통하여 임용하는 대부분의 공채는 이에 해당하지 않는다.

## 2) 유리천장의 요인

여성들의 승진을 방해하는 유리천장의 요인은 문화와 관행의 광범위한 범주에서 복합적인 내용으로 설명될 수 있다. 조직의 구조적 측면에서의 '유리천장' 뿐 아니라 이미 젠더화된 조직 내에서 구성원들의 인식과 환경으로부터의 배제와 악순환의 쳇바퀴는 바람직한 변화를 저해한다.

여성들의 사회진출이 늘어나고 있음에도 불구하고, 남성들을 조직의 리더로 지각하려는 근로자들의 인식이 크게 변하지 않고 있다. 남성성이 지배적인 조직에서 재직하고 있는 여성들은 그들 자신을 리더로서 인식하거나 리더의 역할을 찾으려는 경향이 적다. 여성들에게는 하위직이 적합한 것으로 지각하는 것은 강력한 여성 역할 모델로부터 기인한다. 상위직급에 있는 여성들의 수가 부족한 환경에서는 리더로서 여성의 정신적 모델을 개발하기 어렵고, 리더로서 자질이 충분한 여성들의 잠재력에 대한 평가를 방해한다. 또한 조직 분위기 측면에서 부족한 네트워크를 고려할 때 여성들은 상당히 위축될 수밖에 없다. 조직구성원들은 네트워크를 통하여 정보, 경력계획, 전문적 후원 등 서로 가치 있는 정보를 주고받기 때문이다. 이러한 네트워크는 조직의 의사결정자들과의 상호작용의 기회 제공 등으로 승진에서 차지하는 비중이 크다. 그러나 대부분의 남성 중심의 조직에서 여성들은 이러한 네트워크로부터 배제되고 남성들에 비해 상호작용이 적다. 뿐만 아니라 아이들을 양육하고 있는 여성의 경우에는 자녀 양육에 많은 시간을 빼앗기기 때문에 의사결정자들과 업무 이외의 대화를 나눌 기회나 장시간 근로를 통해 조직에 헌신하고 있음을 증명할 기회를 잃어버릴 가능성이 큰 어려움이 있다.

한편, 기업 관행의 측면에서 고용 시에 여성들은 남성들에 비해 전략적이고 핵심적인 부서가 아닌 낮은 등급의 단순 직무나 보조직 역할로 직무가 제한되는 경우가 많다. 따라서 이러한 유리벽이 여성들의 경력개발을 제한한다. 멘토는 성공적인 경력개발에 있어서 매우 중요한 요인이지만, 남성 지배적인 조직에서 여성들은 멘토를 갖게 될 기회가 제한된다. 멘토가 없는 여성의 경우에는 비공식적인 네트워크에 접근하기가 어렵기 때문에 의사결정자들을 접할 기회가 거의 없고, 리더 역할을 할 수 있는 선택의 기회가 줄어들 수 있다(송하식·김용순, 2009).

### 3) 유리천장의 실태

공·사 조직에서 여성이 남성과의 경쟁에서 이기기 위해서는 남성과 동등한 차원을 넘어 월등하다는 것을 증명해야 하고 여성성이 아닌 남성성의 특성을 개발하고 추구해야 한다. 이러한 과정에 잘 적응하지 못하거나 적응 의사가 없는 여성은 공식적으로는 퇴직이라는 자발적인 의사표시를 하고 조직에서 퇴장하지만, 사실은 조직에서 부적격자로 간주되고 있음을 인지하고 떠나는 경우가 허다하다(홍미영, 2004). 또한 남성에게 최적화되어 있는 조직에서 여성이 일정 직급 이상 승진하는 데 상당한 제한이 존재하므로, '특별한 일부 여성'을 제외하곤 조기퇴직을 선택하는 경향이 강하다. 더욱이 가사와 육아로 인해 어려움을 겪고 있던 젊은 층의 여성들은 이런 경우 더 큰 한계를 느끼면서 조기

퇴사하게 되는 경우가 많다.

국내 100대 기업 전체 임원 가운데 여성이 차지하는 비율의 추이를 살펴보면 2004년에 단 13명이었던 여성 임원 수는 2018년 200명, 2023년 439명으로 처음 6%대에 진입했다([그림 7-1]).

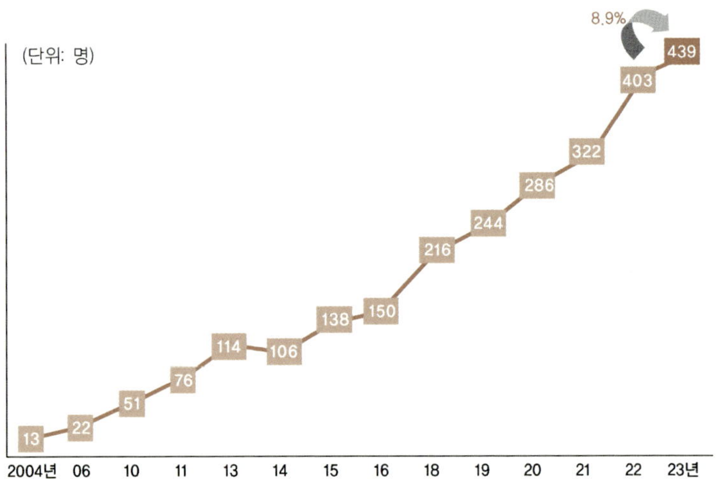


**[그림 7-1] 100대 기업 여성 임원 수 및 연도별 변동 현황**

출처: 유니코써치(2023).

또 다른 조사(기업데이터연구소 CEO스코어)에 의하면, 민간 500대 기업 중 상장사 269곳의 여성 임원 비율은 10명 중 1명 수준으로 2023년 2월 말 기준 269개 기업 전체 임원 1,811명 가운데 181명(10%)이다. 지속적으로 여성 임원 비율이 증가추세이기는 하지만 유리천장은 여전한 셈이다.

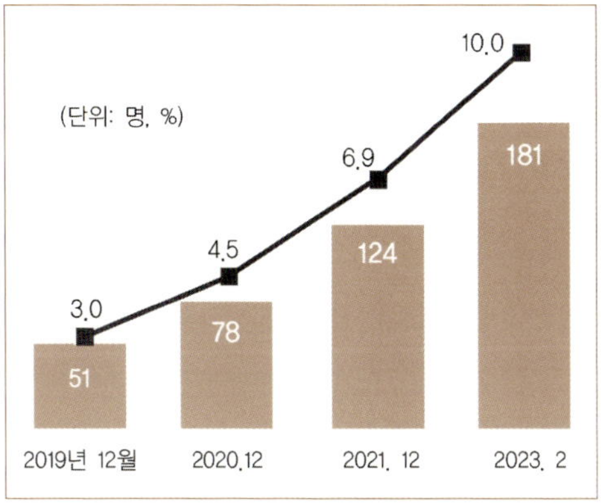


**[그림 7-2] 500대 기업 상장사의 여성 임원 현황**

출처: CEO스코어(2023).

정부는 이와 같은 유리천장을 해소하고자 2020년 2월 「자본시장법」을 개정하여 2021년 자산 2조 원 이상 상장법인은 이사회 이사 전원을 특정 성으로 구성하지 못하도록 하였으나, 2023년 기업데이터연구소 CEO스코어에 따르면 2023년 2월 기준 이사회에 여성 임원을 단 한 명도 선임하지 않은 기업이 16곳이나 존재했다.

한편, 정부는 「공공부문 여성대표성 제고 5개년('18~'22) 계획」 이행실적을 점검한 결과, 고위공무원 등 주요 의사결정 영역에서 여성 참여율이 지속적으로 상승한 것으로 보고했다. 주요 의사결정 직위에 해당하는 중앙부처 본부·지자체 과장급, 공공기관 임원의 여성 비율은 20%를 넘고, 고위공무원(10.0%)은 미임용 부처 해소를 위해 '여성고위공무원 임용 태스크포스(TF)' 운영, 인사교류 등 적극적 임용 노력으로 2022년 최종목표(10.0%)를 조기 달성했다.

그러나 영국 이코노미스트가 매년 세계 여성의 날을 기념해 발표하는 경제협력개발기구(OECD) 회원국의 '유리천장지수'에서 한국은 11년째 꼴찌에서 벗어나지 못하고 있다. 한국과 달리 미국과 유럽은 일찌감치 기업의 여성 임원 비중이 30~40%에 달한다. 미국은 지난 2021년 S&P 500지수에 포함된 기업의 여성 임원 비율이 30%를 돌파했다. 올해 이코노미스트의 '유리천장지수'에 나타난 OECD 회원국 평균 기업의 여성 임원 비율도 30.1%로 한국보다 2배 이상 높다.

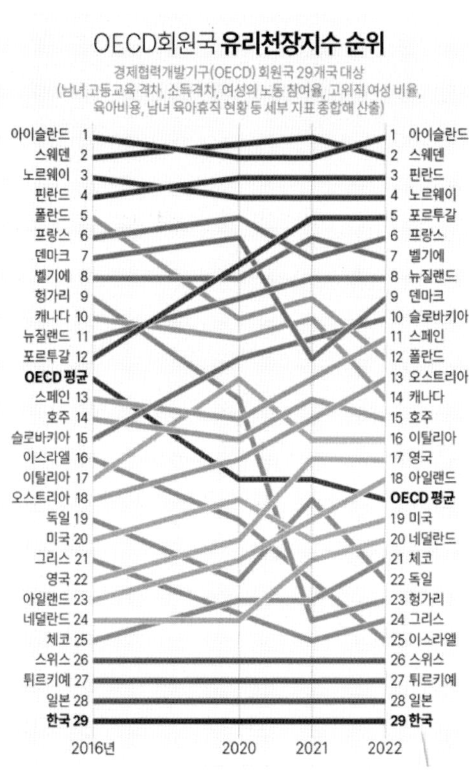


**[그림 7-3] OECD 회원국 유리천장지수 순위**

선진국에서는 여성 인재를 적극 활용하고 노동시장의 여성 차별을 해결하기 위해 다양한 제도를 도입하고 있다. 여성 임원 할당제가 대표적이다. 유럽 국가 중에는 이 제도를 통해 기업의 여성 임원 비율을 획기적으로 끌어올린 곳도 있으나 처벌조항이 없는 우리나라의 「자본시장법」의 개정은 한계가 있을 수밖에 없다. 여전히 견고한 유리천장으로 인해 상대적으로 낮은 수준에 머물러 있는 한국 여성의 지위는 다양한 측면에서의 불평등 완화 조치와 일가정의 양립이 가능한 조직문화를 통한 적극적 노력이 요구된다.

## 3. 가족친화적 조직문화

가족친화적 조직문화는 조직구성원의 직장과 가정생활의 균형을 위한 지원과 이에 대한 가치를 공유하고자 하는 믿음이고, 더 나아가 이를 인식하고 행동하는 총괄적 방법이다(Thompson, Beauvais & Lyness, 1999). 직장과 가정 간의 갈등은 일과 가정이라는 두 영역에서의 역할 압력이 서로 공존하지 못하고 어느 한 역할에 충실하게 되면 상대적으로 다른 역할에 소홀하게 되는 역할 간 갈등 조절이 필요하므로 이러한 일과 가정 간의 갈등을 해소하고 두 영역 사이에서 균형 있는 삶을 누릴 수 있도록 지원하는 조직문화가 중요하다(권봉헌·이광옥, 2013). 더욱이 급격한 가정환경의 변화에 따른 가정에서의 역할은 직장환경의 변화도 요구하게 되었다. 즉 맞벌이 가족의 증가는 기업들로 하여금 근로자의 일과 가족 책임에 균형을 이루어나갈 수 있도록 돕는 정책과 서비스를 채택해 나가게끔 하였다. 일과 가정의 균형을 이루어 내는 것은 두 가지 측면에서 중요한 시사점을 제공한다. 첫째, 조직구성원의 건강, 복지 그리고 직무만족을 향상시킨다. 둘째, 생산성 향상, 직무 몰입, 결근율 감소, 우수한 인력 유지로 인한 인력 대체비용 감소, 폭넓은 인재 pool을 통한 직원 채용 가능, 교대근무 가능으로 인해 정규시간 외에도 서비스가 가능해지는 등 조직에도 이득을 가져올 수 있다(김은정·장영철, 2010).

현재 가족정책으로 시행되는 가족친화정책은 「가족친화 사회환경의 조성 촉진에 관한 법」을 근거로 시행되고 있다. 가족친화 직장환경의 조성 촉진을 위해서는 가족친화제도 인식제고를 위한 홍보, 가족친화제도에 대한 컨설팅, 직장 내 가족친화 교육 실시 및 강사양성, 가족친화 프로그램 개발 및 보급, 가족친화 우수기업 선정 및 포상, 기업이 공동으로 사용할 수 있는 어린이집 설치 및 운영지원 등 구체적인 지원 사항을 명시하고 있다.

이러한 가족친화 직장환경 조성 정책은 일과 가정생활을 조화롭게 병행할 수 있도록 지원하는 정책으로서 근로자의 성별이나 결혼 여부와 관계없이 모든 근로자를 정책 대상으로 한다. 당초 가족친화 직장환경 조성 정책의 출발은 기혼여성의 임신 및 출산한 기혼여성의 모성을 보호하는 지원제도였지만 현재는 자녀를 양육하는 부·모들이 일과 가정생활을 양립할 수 있도록 지원하는 제도, 가족친화적인 직장문화와 가족역량을 강화하기 위한 제도들로 구성되어 있다. 질적인 가족생활의 유지라는 관점에서 모성 보호, 가정생활의 시간 확보, 시간 사용의 융통성, 가족돌봄의 요구 충족, 가족친화적 근로문화, 가족친화적 가족문화의 특징으로 구분할 수 있다. 그러나 한편에서는 이러한 가족친화정책들을 시행한다고 해도 이를 활용하는 직장 및 직원은 일부이거나 대부분 여성으로 가족친화적 정책이라기보다는 여성이 일과 가정을 양립하는 수단으로 전락하고 있다는 비판도 적지 않다. 조직 내의 상사 또는 동료들의 지원, 조직의 분위기에 따라 가족친화적 정책의 사용 여부와 효과성이 달라질 수 있고, 사무직 근로자들은 가족과 함께 보내는 시간을 좀 더 확보할 수 있게 될 것이다. 이를 통해 좀 더 많은 남성 근로자들이 육아휴직 및 재택근무 등의 가족친화정책을 잘 활용할 수 있는 분위기를 만들 수 있다.

가족친화적 조직문화를 정착시키도록 하기 위해 가족친화제도(자녀출산 및 양육지원, 유연근무제도, 가족친화 직장문화 조성 등)를 모범적으로 운영하는 기업 및 공공기관에 대하여 심사를 통해 인증을 부여하는 제도로 가족친화인증제도가 있다. 해당하는 가족친화정책의 사례는 다음과 같다.

- **자녀출산 및 양육지원**

: 육아휴직, 육아기 근로시간 단축, 출산전후 휴가, 배우자출산 휴가, 임신기 근로시간 단축, 수유시설 지원, 직장어린이집 설치

- **유연근무제도**

: 탄력근무제, 시차출퇴근제, 재택근무제, 시간제 근무, 스마트워크 등

- **가족친화 직장문화 조성**

: 정시퇴근, 가족친화 직장교육 실시, 근로자 상담제도, 장기근속휴가 지원, 가족건강검진 지원, 가족휴양시설 제공, 가족캠프 등 가족참여 프로그램, 노동시간단축 조기도입

가족친화인증을 획득한 기업은 사회적 이미지를 개선하고, 근로자의 사기 진작, 우수인력의 채용 및 확보, 근로자의 직무몰입 증가, 생산성 증가 등의 교화를 기대한다. 또한 근로자는 남녀 모두 삶의 질이 향상되고, 직무와 가족생활의 만족도를 증가시키며 동료 및 상사와의 관계를 증진하는 동시에 근로자의 스트레스가 감소될 거라 기대한다. 이러한 근로자의 삶의 질 진작은 사회적 분위기에도 상당한 파급효과가 있게 된다. 저출산과 고령화 해소에 긍정적 영향을 미치고 잠재노동력의 취업률이 상승하는 효과로 국가경쟁력에 이바지할 것이다.

Chapter 08

# 여성과 리더십

현대사회의 조직은 지식기반 사회에 맞는 새로운 유기적 조직 운영을 도모한다. 전통적이고 위계적인 관료적 조직구조는 계층과 업무가 통합되는 수평적 구조를 추구하고 조직은 긴밀한 네트워크로 연결된 유기적 조직체로 발전하고 있다. 이에 따른 리더십 역시 참여적이며 민주적인 리더십의 발휘가 요구된다. 따라서 새로운 조직 운영에 효과적인 리더십은 여성이 가진 친화력과 민주적인 사고능력을 기반으로 하고 있으며, 과거의 과업 지향적이며 구조주도적인 기능중심에서 관계 지향적이며 합리적인 리더십으로 변화하고 있다. 이러한 시대적 변화는 여성에게 새로운 기회를 제공하고 있고, 전 세계적으로 전개하고 있는 젠더 주류화(gender mainstreaming) 전략은 보다 구체적으로 여성의 사회 참여와 리더십 능력 개발의 필요성을 제기한다(서동희, 2012).

## 1. 리더십

리더십은 개인적 속성을 의미하기도 하고 지위가 부여하는 권한을 의미하기도 하며 모든 공식적·비공식적 차원의 영향력을 총칭하기도 한다. 따라서 리더는 구성원의 자발성을 이끌어냄으로써 목표를 달성하는 동시에 구성원의 욕구를 실현시키고, 나아가 국민의 욕구를 이해하고, 이를 실현할 수 있는 능력이 필요하다.

## 1) 전통적 리더십 유형

전통적 리더십의 유형은 특성이론, 행동이론, 상황이론으로 크게 나눌 수 있다.

### (1) 특성이론

리더십에 있어서 특성이론은 1950년대 이전의 리더십에 대한 연구 관점으로서 리더의 개인적 속성을 강조한다. 특성이론은 자질론이라고도 하며 효율적인 리더와 비효율적인 리더는 명확하게 구별되는 몇 가지 특성과 자질을 가지고 있다고 가정한다. 특성이론에서는 리더가 고유한 개인의 특성만 가지고 있으면 리더가 처한 상황이나 환경과는 관계없이 항상 리더가 될 수 있다고 보며, 리더의 공통적 특성을 규명할 수 있다고 하였다. 리더를 리더가 아닌 사람들과 구별되게 하는 우수한 특성을 가진 존재로 가정하고 리더가 무엇을 했는가보다 누구였는가에 많은 관심을 가지고 리더의 특성을 연구하였다(서형택, 2002; 서종희, 2003; 백기복, 2005; 이현주, 2010).

### (2) 행동이론

1930년~1959년대의 특성이론이 효과적인 리더의 공통된 특성을 입증하는데 실패하게 되면서, 리더십에 관한 연구는 외부로 나타나는 리더의 행동 스타일을 관찰하는 행동이론으로 전환되었다.

행동이론의 핵심은 철저한 과학적 방법론의 바탕 위에서 인간에 관한 연구로 진행되는 바, 직접적 관찰이나 측정이 불가능한 성격이나 태도와 같은 내적 특성을 대상으로 해서는 철저하게 과학적인 연구가 될 수 없다고 보았다. 즉, 직접적 관찰이나 측정이 가능한 외현 행동만을 연구 대상으로 삼아야 한다.

행동이론은 리더의 행동이 성과에 영향을 미치며 관찰 가능한 행동이라고 가정한다. 리더가 가진 개인성과나 자신감과 같은 자질은 교육이나 훈련 등 후천적인 학습에 의하여 획득이 가능한 것으로 본다. 리더가 실제 직무를 수행하는데 어떤 행동을 하는지를 파악하고, 리더의 행동과 관리적 유효성 간에는 어떠한 관련성이 있는지 연구하였다. 행동이론은 리더십 연구의 초점을 개인적 특성에서 보다 보편적인 범위로 전환하여, 리더 행동의 유형이 과업 행동과 관계 행동으로 구성되어 있다는 것을 밝혔다.

#### (3) 상황이론

1960년대에 들어 리더십 연구는 상황적 요인에 관심을 갖기 시작했다. 상황이론은 어떤 상황에서든 최선의 리더십 유형은 존재하지 않으며, 여러 상이한 환경에서 리더십은 동태적이고 탄력적으로 적용될 수 있어야만 효과적이라고 주장한다. 주어진 상황에서 리더에게 가장 효율적일 수 있는 특성, 기능, 행태를 결정해주는 상황을 확인하는 데 관심을 둔 것이다. 그러므로 유능한 리더는 구성원이 요구하는 것이 무엇인지를 확인한 후 자신의 리더십 유형을 맞추어 나가는 사람이다.

### 2) 현대적 리더십 유형: 상황적 리더십

현대적 리더십은 리더의 개인적 특성이나 행태보다는 사회의 맥락적 요인을 중요시한다. 리더의 행동을 조직과 조직의 환경에서 발생하는 사건 및 변화에 맞도록 조정하는 측면에서의 상황적 리더십에 입각하여 지시형, 설득형, 위임형, 참여형으로 나누어 볼 수 있다. 이 모델은 효과적인 리더십을 규명하기 위하여 리더의 행동양식이나 태도뿐만 아니라 집단이나 조직의 성질, 작업의 내용들을 포함하는 상황요인들을 고려한다. 필더(Fiedler)의 이론에 따르면 리더십의 유효성은 리더가 가지고 있는 특성과 그가 처해 있는 상황에 따라 결정되어 진다고 하는데, 효과적 리더십의 유형은 상황의 호의성에 따라 달라진다. 리더십 상황은 리더와 부하 간의 관계가 좋고, 과업의 구조화 정도가 높고, 직위권력이 강할수록 리더에게는 매우 유리한 반면, 반대의 경우에는 매우 불리한 상황으로 간주된다. 불리한 상황에서는 과업지향적 리더가 효과적인 반면, 리더십 상황이 유리하지도 불리하지도 않은 적당한 상황에서는 관계지향적 리더십이 효과적이라고 한다. 허어시와 블랜차아드(1988)의 성숙주기이론은 부하의 성숙도에 따라 리더십 행동이 달라진다고 하였다. 부하의 성숙 수준에 맞추어서 그에 맞는 적합한 리더십을 행함으로써 부하들로 하여금 성숙한 개인 차원의 자아실현 욕구를 충족시킬 수 있고, 구성원의 만족감은 물론 조직의 성과도 극대화되어 개인 조직의 통합이 가능하다고 보았다(강성도, 2001).

## 2. 여성적 리더십

여성적 리더십은 남성적이며 가부장적인 전통적인 리더십이 변화된 현대사회에 더 이상 적합하지 못하다는 인식에서 출발한다. 과거사회에서는 리더가 곧 남성이라는 고정관념과 여성들은 리더로서 자질이 부족하다는 편견이 존재했다. 이러한 편견은 자연스럽게 여성보다는 남성 리더를 선호하는 문화를 만들어 냈다.

〈표 8-1〉 전통적 리더십과 여성적 리더십 비교

| 전통적 리더십 | 여성적 리더십 |
|---|---|
| 목표: 통제 | 목표: 변화 |
| 명령하달에 의존 | 촉진시킴, 가르침 |
| 서열 | 인간관계 |
| 모든 답을 알고 있음 | 올바른 질문을 던짐 |
| 제한과 규제 | 권한 부여 |
| 명령 | 모범적 행동 제시 |
| 규율 부과 | 창의력 평가 |
| 수직적 구조 | 망상구조 |
| 존경심을 요구 | 의사표현과 적극적 행동을 고양 |
| 업적평가 | 특성 목표를 위한 상호 협조 |
| 자동 연공급 | 능률급 |
| 군대식 | 교사식(Teaching) |
| 직원을 발밑에 묶어 둠 | 성장 조건을 마련해 줌 |
| 벌 | 상 |
| 상하관계 | 상호교한 |
| 해야 할 일을 결정 | 일 처리에 도움을 줌 |
| 한계 설정 | 비전 제시 |
| 폐쇄적 | 정보=힘, 개방적 |
| 훈련 조교 | 동기부여자 |
| 명령과 통제 | 권한부여 |
| 인간관계 미숙 | 원만한 인간관계 |
| 고지식함 | 융통성 |
| 꼭대기에 위치 | 한가운데에 위치 |
| 기계 부품 | 전인격 |
| 비인격적 | 목표지향, 인격적 |

출처: 박미선(2013).

하지만 이제는 이러한 편견을 뛰어 넘어 여성들의 리더십을 필요로 하는 사회가 되었다. 친근감, 배려, 섬세함 등은 요즘 사회가 요구하고 있는 자질들이다. 기존의 가부장적인 남성적 리더십은 빠르게 변화하고, 다원화된 현대사회를 조율하는 데 적합하지 못하다. 조직의 형태가 중앙 집중적인 형태가 아닌 수평적으로 권력이 분산되고 합의와 참여를 통해 결정되는 의사소통 방식으로 변화하고 있기 때문이다. 이러한 조직의 변화는 일방적 결정방식보다는 구성원들의 자발적인 참여와 동기를 부여하여 직접 문제를 스스로 해결할 수 있도록 촉진하는 리더십에 대한 관심이 증가하고 있다.

현대사회는 인적자원의 경쟁력이나 물리적인 힘의 우위성을 강조하지 않고 창의력과 풍부한 감성, 섬세함과 같은 지적 능력에 의해 좌우된다. 이러한 변화로 인해 여성적 가치와 여성적 리더십이 새롭게 조명되고 있다.

여성은 도덕적 관심의 본질이 인간관계에서의 보살핌과 책임에 있으므로 타인의 요구와 보살핌에 깊은 관심을 보이는 특성을 지닌다. 여성들은 남의 이야기에 귀를 기울이고 자기와 견해를 달리하는 사람의 의견까지 생각하고 결정하므로 자율성이 없고 산만하다는 오해를 사기도 한다. 무슨 일을 판단함에 있어 다른 사람의 관심까지 포함해서 보살피고자 하므로 판단이 느리고 문제가 있는 사람으로 보일 수 있다. 그러나 이러한 여성들의 도덕적 특성이 여성적 리더십으로 연결될 때 인간관계와 보살핌을 중시하므로 공동체를 밀착시키는 데 대단히 유효하다. 교육과 경제 수준이 높은 현대인을 리드하는 리더십의 특성은 조직구성원의 잠재력을 개발하고, 구성원들이 자발적으로 집단 활동에 참여하여 목적을 달성하도록 유도하여 조직 내 권력의 분산 내지 권력을 재개념화하는 데 있기 때문이다. 한편 남성이 지배하고 복종하는 데 익숙하다면 여성은 나누어주고 보살펴주는 성향이 남성보다 더 강하도록 사회화되었다(박미선, 2013).

한편 박채복(2002)은 여성적 리더십의 특성을 다음과 같이 주장한다. 첫째, 여성적 리더십은 한 사람에 의한 리더의 기능을 강조하지 않고 관계 지향적인 가치를 우선하며, 목표를 달성하기 위하여 조직 구성원 사이의 유기적인 관계를 중시한다. 인간관계를 중시하며 보살핌과 나눔에 익숙하고 남성에 비해 수평적 관계를 중요시하는 여성적인 특성은 조직 구성원의 적극적인 참여와 동기부여를 통해 목적을 달성하는 데 기여할 수 있다. 이와 같은 여성적 리더십은 구성원 각자가 리더로서의 역할을 공유하는 리더십으로 민주적 리더십이라고 할 수 있다. 둘째, 여성적 리더십은 변환적 리더십으로 설명할 수 있다. 변환적 리더십은 리더와 추종자가 더 높은 수준의 도덕성과 동기 수준으로 서로를 이끌어 가는 상호 관계를 포함하는 과정이라고 할 수 있다. 따라서 변환적 리더십은 하나의 과정이기 때문에 반드시 리더와 부하와의 관계만이 아닌 동료들 간이나 하위 리더들 간의 영향력 과정도 포함한다. 변환적 리더십에서 리더는 개인적 이해보다는 조직 이익을 추구하고 조직문화 및 분위기 혁신을 주도해야 한다. 혁신적인 변화를 주도하는 과정에서 조직원의 민주적인 참여와 권력의 분산, 이를 통한 조직구성원의 평가와 만족감을 증대시키는데 여성이 행사하는 리더십이 남성의 리더십보다 긍정적으로 평가된다. 셋째, 여성적 리더십은 상호적 리더십으로, 조직 구성원들과의 상호작용을 통해 정보를 공유하고 참여를 유도하여 성원의 발전을 도모함으로써 그들이 자기 가치를 높이고자 한다. 따라서 여성적 리더십은 조직 구성원 사이에 유기적인 관계를 중시하고 역할을 공유하며, 민주적이며 변화 주도적이고 상호관계를 통하여 기존의 리더십의 본질로 생각된 남성의 카리스마적 명령 통제 방식과는 다른 리더십으로 이해할 수 있다.

여성적 리더십은 수평적 특성, 변혁적 특성 그리고 사회적 특성을 가지고 조직발전에 이바지한다. 이때 수평적 특성과 사회적 특성은 변혁적 특성에 영향을 주기도 한다.

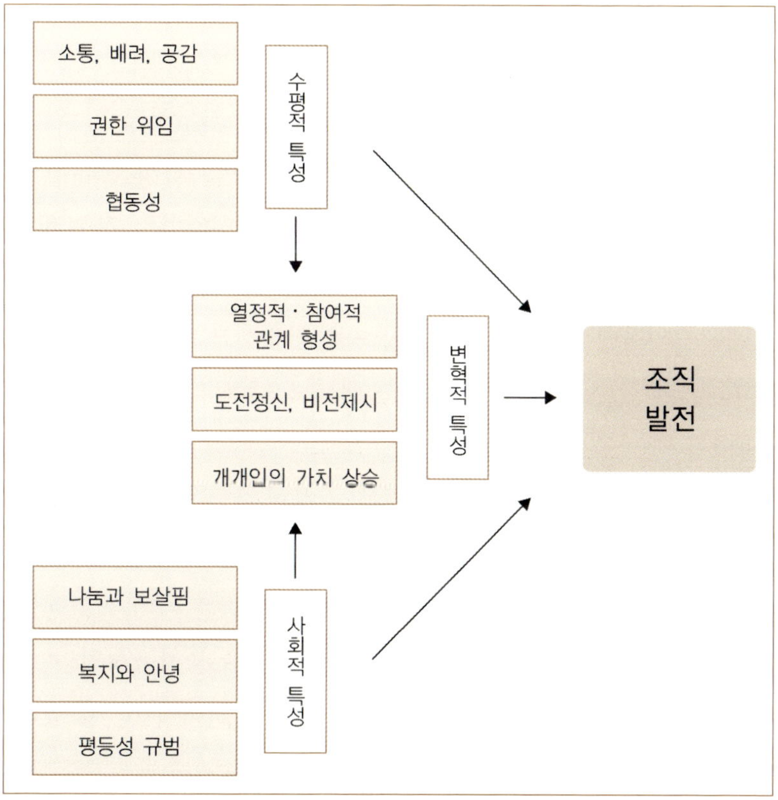


**[그림 8-1] 여성적 리더십의 특성**

출처: 박미선(2013).

### • 수평적 특성

리더의 수평적 능력은 조직구성원들의 자발적인 행동 변화를 유도할 수 있다. 조직구성원들의 전적인 동의와 자발적인 참여를 이끌어 낼 수 있는 리더의 능력은 수평적 관계를 형성하고 공감과 배려적인 태도로 조직구성원들을 대하는 수평적 리더십에서 비롯된다. 또한 지시하고 명령하는 수직적인 리더십보다 조직구성원들의 열정과 창의성을 북돋아 줄 수 있는 민주적 리더십으로 협동성을 강조하고 권한을 위임하며, 참여적인 관계를 형성할 수 있는 영향력을 갖고 있다. 이와 같은 특성은 로덴(Loden)에 의해 주장되는 여성적 리더십에서 나타난다. 여성적 리더십 모델은 협동성, 권한의 위임, 참여적 관계 형성, 공감, 배려적인 태도 등을 특징적으로 보여준다.

로덴은 현대의 조직 구성원들은 전체적 리더십을 거부하고 팀 위주의 참여적 관리구조를 선호하기 때문에 팀 구조와 협동적 의사결정을 특징으로 하는 여성적 리더십이 위계적 구조와 전체적 의사결정에 의존하는 전통적 리더십보다 유용하다고 주장하였다. 즉, 여성적 리더십을 남성적 리더십의 상징처럼 되어 있는 권위주의적인 리더십에 대한 새로운 리더십으로 개념화하고 있다. 또한 그는 현 경영환경에서 여성이 새로운 대표로 나타나고 조직에서는 여성 이 새로운 기여를 하는 것에 따라 초점이 맞춰지고 있다고 하였다. 새로운 리더십은 수평적인 구조에서만 발생하는 것임을 강조하며, 사람과 사람이 인격적이고 민주적인 관계에서 만날 때, 그 리더십의 효과가 상승한다고 주장한다. 과업 지향적이기보다는 세심하게 조직원들을 신경 써주는 리더가 조직몰입에 보다 긍정적인 영향을 준다. 이러한 리더십을 바탕으로 조직구성원의 참여를 유도하는 것이 변혁적 리더십을 발휘함에 있어 전제조건이라 할 수 있다(박미선. 2013).

- 변혁적 특성

변혁적 리더십은 추종자들의 욕구 체계를 확대에 초점을 맞추고 있다고 볼 수 있다. 즉 리더는 추종자들의 욕구 체계를 확대하고 그 수준을 높여 줘야 하며, 자신감을 심어 줌으로써 성공에 대한 확신을 높여야 한다. 또한 개인적 이해보다는 조직 이익을 추구해야 하며, 조직문화, 분위기 혁신을 주도해야 한다. 이렇게 되면, 조직원들의 조직에 대한 몰입을 이끌어 낼 수 있고, 보통 이상의 노력과 기대 이상의 노력과 성과를 거둘 수 있다는 것이다. 이러한 변혁적 리더십의 요인들은 앞서 언급된 여성적 리더십의 특성 중 변혁적 특성들의 변인인 도전정신과 비전제시, 열정적이고 적극적인 조직 내 분위기 형성과도 연결된다.

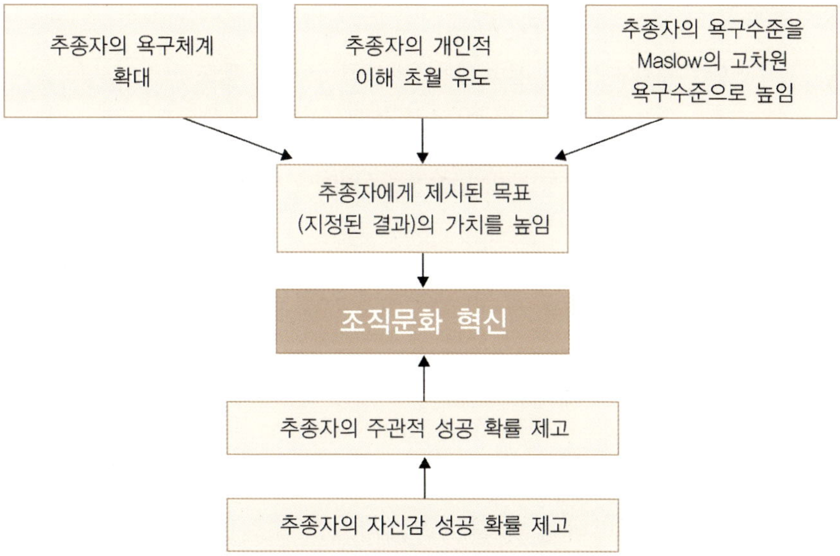


**[그림 8-2] 변혁적 리더십 과정**

출처: 박미선(2013).

리더의 도전정신과 비전을 제시할 수 있는 능력에 의해 카리스마가 생성되고, 추종자들에 대한 개별적 관심에 의해 열정적이고 적극적인 분위기가 형성되며, 이러한 참여적인 분위기에 리더의 지적 자극과 영감적 리더십이 더해져 조직문화가 혁신되고 조직이 발전하는 것이다(박미선, 2013).

〈표 8-2〉 변혁적 리더십의 요인과 여성적 리더십의 변인 비교

| 구분 | 요인 | 내용 | 여성적 리더십 변인 |
|---|---|---|---|
| 변혁적 리더십 | 카리스마 | 리더는 바람직한 가치관, 자신감들을 추종자들에게 심어줄 수 있어야 하고 비전을 제시 | 도전정신, 비전제시 |
| | 개별적 관심 | 리더는 추종자들이 개인적 성장을 이룩할 수 있도록 그들의 욕구를 파악하고 알맞은 임무를 부여 | 개개인의 사치 상승 |
| | 지적 자극 | 리더는 추종자들이 상황을 분석하는 데 있어 기존의 합리적 틀을 뛰어넘어 보다 창의적인 관점을 개발하도록 격려 | 비전제시 |
| | 영감적 리더십 | 리더는 추종자들에게 정서적으로 자극시키고 활기를 불어 넣고 생기를 돋우며, 추종자들의 노력을 증진 | 열정적·참여적 관계 형성, 복지와 안녕 |

출처: 박미선(2013).

- 사회적 특성

김승헌(2009)의 '여성리더십 및 팔로워십 유형과 조직몰입과의 관계를 분석한 연구'를 살펴보면, 조직에서의 남성 리더는 일반적으로 '공정성 규범(Norm of Equity)'에 기초하고 있어서 만일 부하 직원의 성과가 부진한 원인이 노력에 있다고 생각되면 강하게 밀어붙이지만, 능력 부족이 원인이면 부하 직원에게 추가적인 훈련기회를 제공한다. 이와는 달리 여성 리더의 반응은 '평등성 규범'에 기초하고 있다. 따라서 여성 리더들은 부하직원의 성과가 부진한 원인이 무엇이든 똑같이 훈련의 기회를 제공할 가능성이 크다. 이처럼 남성 리더가 공정성 규범을 선호하는 것은 그들이 사회화 과정에서 성취나 팀 성과에 대한 개인 공헌을 가치 있게 여기기 때문이고, 여성 리더들이 평등성 규범을 선호하는 이유는 사회화 과정에서의 경험을 통해 지위에서 오는 차이를 최소화하고 집단의 조화를 위해 노력하는 것의 중요성을 강조하기 때문이다. 또한 남성 리더는 부하를 통제하고 관리하는 것이 중요하다고 생각하는 반면, 여성 리더들은 구성원 간의 개인적 욕구를 배려해 주며 서로 간의 보완관계가 중요하다고 생각한다.

# 3. 여성적 리더십 사례

## 1) 안철수의 여성적 리더십

의사, 개발자, 사업가, 교수 그리고 현재의 정치인까지, 안철수는 다양한 영역에서 활동했다. 여러 직업을 수행하며 리더로서 보여준 그의 리더십은 대표적인 여성적 리더십으로 알려져 있다.

### (1) 소통, 배려와 공감

안철수는 수평적 조직을 운영하기 위하여 자신의 능력을 발휘하여 세상과의 소통에 집중했다. 그는 자기 저서나 여러 인터뷰를 통해서도 '소통'의 중요성을 강조했는데, 그의 '소통' 방식은 상대방에 대한 배려와 존중, 그리고 공감을 기본으로 한다. 상대를 향해 가슴을 열고, 진심으로 서로 이해하고자 하는 소통의 문화를 추구했고, 이러한 점이 사람들로 하여금 호감을 갖게 했으며, 소통의 문화를 열 수 있도록 하였다. 이러한 그의 '소통'에 대한 열망과 '배려'와 '경청'의 리더십은 수평적 리더십으로 정리해 볼 수 있을 것이다.

### (2) 도전정신

안철수는 변혁적 특성 중의 하나인 끊임없는 도전정신을 발휘했다는 점에서 여성적 리더십으로 분류된다. 의사라는 바쁜 직업군에 있었음에도 불구하고 바이러스 백신을 개발했고, '안철수 연구소'라는 큰 기업의 경영을 수행하면서도 외국 유학길에 오르며 새로운 학업에 도전했다. 안철수는 창의적인 비전을 제시할 수 있는 미래지향적인 인물로서 기존의 비생산적인 과제나 낡은 체계를 따르기보다는 미래의 학문과 기술을 근거로 한 새로운 환경 변화에 초점을 맞췄다. 그리고 창조적인 방식으로 그 답을 찾으려고 노력했다. 그에게 있어서 미래는 행동 목표이고 창조적으로 개선하여 추구해야 할 '가치'였다. 새로운 가치를 추구하며, 한곳에 안주하지 않고 다른 영역에 계속해서 도전하고 창조적인 관점을 개발하고 제시하는 그의 도전정신과 비전 제시 능력은 변혁적 리더로서의 모습을 보여준다.

### (3) 나눔과 보살핌

대학 시절부터 그는 봉사활동을 통해 재능 나눔을 실천했다. 그리고 자신이 설립한 회사를 주식 배분하여 자신이 혼자 소유하기보다는 회사 구성원들과 함께 나누었다. 또한 교수로 재직하는 중에는 젊은이들과 재능을 나눴으며, 기업가로서 얻게 된 큰 재산으로는 재단을 설립하여 사회구성원들과 나누었다. 이러한 '나눔 실천'은 그가 사회적 리더십을 가진 리더임을 알게 한다. 타인을 배려하고, 덕을 발휘하게 되면 리더에 대한 주위 사람들의 호응도는 클 수밖에 없다. 미래에 대한 도전정신으로 새로운 가치를 추구하는 인물은 여성적 리더의 사회적 특성을 가진 리더의 모습일 것이다. 사회로부터 받은 것을 다시 사회로 환원하는 '나눔'과 '봉사'의 리더십이 앞으로 다가올 사회의 주목받는 리더십이다.

## 2) 유한킴벌리의 CEO

제1회 인간경영대상 사회공헌부문 수상을 한 유한킴벌리 CEO를 역임한 최규복이 이끈 유한킴벌리는 한국능률협회컨설팅이 선정하는 한국에서 가장 존경받는 기업에 10년 연속 선정된 바 있다. 당시 한국에서 가장 존경 받는 기업 부문에서 4위에 선정되었으며, 세부 조사항목에서도 사회 가치 1위, 이미지 가치 1위, 직원 가치 2위 등 전 부문에서 높은 평가를 받았다. 높은 가치의 기업 이미지를 바탕으로 기업 경영 능력에서도 탁월한 평가를 받으며 가족친화경영, 스마트워크 경영의 모델로도 잘 알려져 있다. 하지만 이러한 기업 이미지를 이끈 CEO가 비단 최규복만이 아니고 유한킴벌리의 CEO들은 대를 이어 여성적 리더십이 추구하는 수평성 지향, 비전 제시 그리고 사회적 특성을 보여주며 지속가능한 기업으로 거듭나고 있다.

### (1) 수평성 지향

유한킴벌리 CEO들이 조직을 위하여 발휘한 리더십 중의 하나는 회사 내에서 직급 간의 벽을 허물었다는 점이다. 호칭의 변화나 자유 좌석제 등을 통해 직원들과 수평적 의사소통을 도모하기 위한 많은 노력을 했고, 이러한 리더십의 결과는 생산성과 효율성의 향상으로 이어졌다. 또한 고객과의 소통을 통해 고객들의 눈높이에 맞춘 제품 개발 및 보완에 많은 노력을 기울였다. 고객의 만족도가 높지 않은 제품은 시장에 출시하지 않았고, 고객의 불만을 다른 어느 기업보다 성실하게 수용했다. 기업이 최우선해야 하는 것은 고객이라는 점을 잊지 않았고, 고객의 요구에 귀 기울인 덕에 지속적으로 성장하고 신뢰받는 기업이 될 수 있었다.

### (2) 비전제시

유한킴벌리는 반복되는 도전과 실패에도 불구하고 끊임없는 자기 혁신과 도전으로 혹독한 경쟁 시대에서 시장을 선도하는 기업으로 살아남을 수 있었다. 사회변화의 흐름을 놓치지 않고 크리넥스부터 종이 기저귀, 생리대 등 혁신적인 제품을 내놓으면서 경제성장과 함께 빠르게 변화하는 한국사회의 생활문화를 이끌어 나갈 수 있었다. 유한킴벌리는 내부적으로 운영을 잘하는 좋은 회사의 이미지뿐만이 아닌, 대외적으로도 자신들만의 비전을 향해 도전하는 강한 이미지도 함께 가지고 있는 기업이다.

### (3) 복지와 안녕

유한킴벌리는 기업이란 사회와 함께 공생하고 성장하는 존재라는 생각을 갖고 사회공헌을 위하여 많은 사회적 활동을 수행했다. 이들은 나무를 벌목하여 얻어지는 제지를 다루는 기업이라는 자신들의 약점을 극복하고자 우리나라에서 처음으로 환경캠페인을 주도하였다. 또한 사원들의 복지를 위해 평생학습을 운영하여 그들의 성장과 변화를 이끌어내는 리더십을 펼쳐 회사의 공동 발전을 도모했다. 이후 회사 주도가 아닌 사원의 의견을 바탕으로 한 사원 주도의 평생학습 제도를 정착시켰고, 일 중심으로 운영되고 있는 기업의 문화를 삶이 중심이 될 수 있는 가족친화적 경영으로 바꾸어 나갔다. 이러한 기업의 노력은 사원들이 회사에 대해 신뢰와 만족감을 갖도록 하였고, 결과, 기업의 효율성 향상은 물론 기업의 이미지 상승에도 도움이 되었다. 사원들이 만족하지 못하는 기업은 고객이 계속해서 신뢰하기 어렵다는 리더 철학과 사회책임을 성실히 수행해야 지속 가능한 기업이 될 수 있다는 여성적 리더십 특징 중의 하나인 사회적 특징을 기반으로 한 그들의 노력은 유한킴벌리를 가장 존경받는 기업으로 만들었다.

## 4. 여성의 리더십 개발과제

21세기는 지식기반 사회로 분업체계와 위계질서 등 조직의 형태가 바뀌고, 이에 따른 인적자원의 개발과 활용이 중요한 과제로 부각되고 있다. 따라서 조직에서 관리자의 리더십 부족은 곧 조직의 생산성 또는 효율성 저하로 이어질 수 있다. 여성이 리더십을 개발할 수 있는 몇 가지 주제를 제시하면 다음과 같다.

### 1) 주체성을 확립하라

성공을 지향하는 여성리더의 경우, 남성중심의 조직에 동화되기 위해 여성의 정체성을 무시하는 경우를 흔히 볼 수 있다. 여성들이 남성에 비해 다소 감성적이고 쉽게 흥분하며 공사를 구별 못한다는 고정관념에서 벗어나고자 여성리더의 장점을 무시한 체 남성적 리더십의 전형을 쫓곤 한다. 여성리더가 갖고 있는 통합적 사고 능력, 심미적 관심, 감정이입을 위한 능력, 민주적인 사고방식 등의 특징을 강점으로 살려 나가기 위해서는 우선 자신의 성에 대한 주체적인 정체성이 형성되어야 한다(김양희, 2006). 조직에 면연되어 온 남성적 규범을 그대로 수용하기보다 자기 속에 숨어 있는 긍정적인 여성적 측면들을 최대한으로 발현할 수 있도록 주체성을 확립해야 한다.

### 2) 조직의 정치적 기술을 이해하라

조직은 구조화된 역할과 지위를 가진 여러 사람이 공통의 목표를 달성하기 위해 함께 과제를 수행해나가는 연결망이라고 할 수 있다. 이러한 조직은 본질적으로 정치적이라는 것이 대부분의 조직 연구자들의 견해이다. 조직을 효과적으로 운영하기 위해 리더는 타인을 설득하고 영향을 끼치고 통제할 수 있어야 하는데, 이를 '정치적 기술'이라고 한다. 리더의 정치적 기술은 오케스트라 단장이 서로 다른 악기를 연주하는 수십 명의 단원을 이끌어 완벽하게 아름다운 심포니를 연주하듯이, 팀 구성원 사이의 정치 역학을 생산적인 방식으로 조율하여 노력과 자원이 효과를 창출하는 데 사용되도록 하는 것이다.

전통적으로 일과 가정을 함께 책임져온 우리나라의 여성들은 태생부터 남성들에 비해 사회 및 조직에 대한 친숙함이 부족한 상태에서 직입조직에 뛰어든 경우가 많다. 이러한 환경적 요인으로 말미암아 여성은 '개인기'에는 강하고 성실하지만, 조직에 대한 이해가 부족하고, 따라서 조직 내 성 정치 역학에 따라 발생하는 문제에 효율적으로 대처하기 어렵다는 평가를 받는다.

조직 내 관리자로서 자신의 위상을 확고히 하고 업무를 성공적으로 수행하기 위해서는 조직을 다양한 측면에서 조망하고 조직구성원의 행동 규범을 이해하려는 적극적 노력을 기울일 필요가 있다. 특히, 여성이 성 정치화된 조직에서 생존하기 위해서는 조직 내부의 권력에 대한 이해와 자신감, 네트워크의 구축 및 활용이 무엇보다 중요하다.

### 3) 네트워크 구축에 힘써라

리더에게 공식-비공식적 네트워크는 중요한 최신 정보를 얻을 수 있는 기회일 뿐 아니라, 어려운 상황에서 정서적 지지를 제공하기도 한다. 남성들 사이에는 여러 종류의 네트워크가 활성화되어 있는 데 비해, 여성들 사이에는 끼리끼리 친한 관계는 있어도 전략적인 목적의 네트워크 활동은 미흡한 편이다. 때론 남성들 사이의 네트워크가 여성을 배제하는 기제가 되기도 한다. 한편, 여성이 자기 업무에는 철저하지만 타 부서나 외부와의 네트워크 구축을 위한 노력이 부족하다는 비판을 받기도 한다. 리더에게 요구되는 영향력 중에 정보와 인맥이 부각되는데, 특히 위로 올라갈수록 업무 영역이 확대되기 마련이므로 다양한 부서뿐 아니라 다른 조직과의 네트워크를 만들어 놓으면 훨씬 유리하다. 따라서 직장 안팎으로 남성과의 네트워크, 여성과의 네트워크 등을 구성하여 전략적으로 관리할 필요가 있다.

### 4) 멘토링을 활용하라

멘토링은 1980년대부터 조직에서 인재 개발 및 리더십 육성의 한 가지 방법으로 주목되어 왔다. 멘티에게 지식과 기술의 습득을 촉진하고 자신에 대한 통찰과 자신감을 고취시키는 등의 긍정적인 효과를 가져온다. 또한 멘티뿐 아니라 멘토에게도 개인적 만족과 자긍심을 높이고 정신적 도전, 지속적인 학습과 창의성의 기회를 제공하는 등의 긍정적인 효과를 가지는 것으로 나타났다.

성별화된 조직에서 남성의 네트워크로부터 소외되고 각종 정보로부터 차단되어 권력 기반이 취약한 여성에게 멘토링은 조직 관련 정보와 조직 행동에 대한 피드백을 제공한다. 따라서 여성들이 유리천장을 깨고 위로 올라가 권력 기반을 구축하는 데 도움이 되며, 남성관리자 모델을 극복하는 데 필요한 기술을 습득할 수 있도록 한다는 것이다. 하지만 현실에서 여성이 멘토를 구하는 데는 큰 어려움이 따르는데, 여성의 경우 대부분의 조직에서 중간 또는 고위직의 역할모델이 드물기 때문에 비공식적인 멘토링 기회를 얻기도 어렵다. 이때 이성 간의 멘토링을 시도할 수 있으나 성역할 고정관념과 성적 동기로 오해 받아 비방에 노출되기 쉽다. 이성 간의 멘토링 관계에서 발생할 수 있는 미묘한 문제들을 사전에 알고 적절하게 대처할 필요가 있다. 조직 차원에서도 장기적으로 여성 관리자를 늘려나가면서 성평등과 협동을 격려하는 문화를 조성하며 이성 간의 발전적 협력관계를 촉진하는 교육을 제고하는 등의 노력이 필요하다.

### 5) 여성의 다중역할의 균형을 이루어라

여성리더 중에는 양육과 가사를 전담하면서 직장 일을 병행하는 경우가 많기 때문에 일과 가정의 조화를 이루는 문제가 매우 중요하다. 일과 가정의 적절한 조화는 여성 관리자의 안녕감과 직무 몰입도를 높인다. 반대로 일과 가족을 조화롭게 관리하는 데 어려움이 있을 경우에는 결근, 이직, 업무 생산성 저하 등 부정적인 결과로 이어질 수 있다. 최근 리더십에서는 리더의 인격과 삶의 통합성 및 균형이 강조되고 있는데, 이러한 측면에서 볼 때 오직 일에만 몰

두하기보다 가족과 지역사회에서 다양한 역할에 관여하는 편이 훨씬 더 바람직한 것으로 보인다. 다양한 역할을 수행하는 사람은 그만큼 다양한 관계를 통해서 자긍심을 느낄 수 있고, 직장에서 어려운 일을 당했을 때 일 이외의 관계가 일종의 '완충 장치(buffer)'로도 작용할 수 있다.

직장 내의 가족 친화적 프로그램은 여성을 위한 배려가 아니고 전체 직원의 삶의 질을 높이기 위해 추진된다는 공감대가 형성되어야 한다. 일과 가정의 조화가 이상적인 구호에 머물지 않도록 하기 위해서는 제도상의 구조적인 노력과 사회 전 구성원의 정서적 합의가 선행되어야 한다(서동희, 2012).

## ◈ 나의 리더십 수준 ◈

1. 친구 2명이 뭔가를 의논하고 있다. 당신은 한쪽이 틀렸다고 생각한다. 어떻게 할 것인가?

① 잠자코 듣고 있다. ② 일방적으로 찬성한다.
③ 함께 생각해 본다. ④ 자기 의견을 피력한다.

2. 강연회에 참가했을 때 "질문 있습니까?"라고 묻는다면?

① 누군가가 질문하는 것을 기다린다. ② 맨 먼저 질문한다.
③ 잠자코 듣고 있다.

3. 당신보다 일을 못하는 동료가 상사로 발탁되었다면?

① 회사를 그만 둔다. ② 마음에 두지 않는다.
③ 더욱 열심히 한다.

4. 집 근처에서 화재가 발생해 주위가 소란하다면?

① 피난한다. ② 사람들을 모두 모아 지시한다.
③ 상태를 보고 생각한다. ④ 피난보다 화재에 대해 준비한다.

5. 택시에 타고 있는데 운전수가 도중에 길을 헤매고 있다면?

① 지도를 꺼내 확인한다. ② 운전수와 이야기한다.
③ 운전수에게 맡긴다.

6. 누군가 낚시를 하고 있다. 뭔가 걸린 것 같다. 무얼까?

① 도중에 실이 잘려 놓쳐버렸겠지. ② 큰 물고기였을 거야.
③ 잡동사니나 걸렸겠지.

7. 코끼리와 아이들이 줄다리기를 하고 있다. 어느 쪽이 이길까?

① 아이들 ② 코끼리 ③ 무승부

8. 집을 신축한다면 가장 돈을 들이고 싶은 부분은?

① 현관 ② 침실 ③ 부엌 ④ 응접실

▶ 점수

1. ① 1점 ② 2점 ③ 5점 ④ 3점
2. ① 3점 ② 5점 ③ 1점
3. ① 1점 ② 3점 ③ 5점
4. ① 1점 ② 5점 ③ 1점 ④ 3점
5. ① 3점 ② 5점 ③ 1점
6. ① 3점 ② 5점 ③ 1점
7. ① 5점 ② 1점 ③ 3점
8. ① 5점 ② 3점 ③ 1점 ④ 5점

▶ 분석

- A타입(8~15점): 의뢰심이 강하고 다른 사람의 의견에 쉽게 좌우되며, 설득하기보다는 설득당하는 타입
- B타입 (16~24점): 주목받는 것을 싫어해 잘 나서지 않는다. 하지만 필요하다고 판단하면 끝까지 설득하려는 타입
- C타입 (25~33점): 설득력도 있고 이야기의 주도권을 경우에 따라 조작할 수 있는 타입

출처: 정봉성(2010).

## ◈ 나의 리더십 분석 ◈

| 설문 항목 | 상 황 | 당신의 대응방안 |
|---|---|---|
| 1 | 당신 그룹의 구성원이 최근 당신의 부드러운 지시나 발전적인 지적에 대하여 반응을 보이지 않고 있다. 그들의 업무실적은 형편없다. | A. 업무절차를 일관되게 따를 것과 업무달성의 필요성을 강조한다.<br>B. 대화를 유도하지만 강요하지 않는다.<br>C. 직원과의 대화를 통해서 목표를 정한다.<br>D. 상관하지 않는다. |
| 2 | 당신 그룹의 가시적인 성과는 향상되고 있다. 당신의 구성원들도 자신의 역할과 업무표준을 확실히 이해하고 있다. | A. 우호적인 관계를 갖지만, 그들로 하여금 각자의 역할과 업무표준을 재차 인지시킨다.<br>B. 특별한 조치를 취하지 않는다.<br>C. 구성원들이 중요하고 모두의 관심의 대상이 되어 있다는 것을 느낄 수 있는 무엇인가를 한다.<br>D. 그룹이 그 문제를 해결하도록 격려를 하고 언제든지 상의할 수 있도록 대화의 장을 열어둔다. |
| 3 | 당신 그룹의 구성원들이 어떠한 문제를 스스로 해결 못하고 있다. 당신은 보통 그대로 내버려 두었었다. 그들의 업무실적과 인간관계는 좋다. | A. 그룹에 관여해서 함께 문제해결에 동참한다.<br>B. 그룹이 자체로 해결하게 한다.<br>C. 빨리 강력한 조치를 취해서 조정하고 방향을 수정한다.<br>D. 그룹이 그 문제를 해결하도록 격려를 하고 언제든지 상의할 수 있도록 대화의 장을 열어 둔다. |
| 4 | 당신은 큰 변화를 고려하고 있다. 당신 그룹의 구성원들이 좋은 업무수행능력을 가지고 있다. 그들도 변화의 필요성을 인식하고 있다. | A. 변화를 계획하는 데 있어서 그룹을 참여시키지만 강요하지 않는다.<br>B. 변경된 사항을 단독 발표하고 그 실행정도를 세밀하게 관리한다.<br>C. 그룹의 제안을 참고하지만 변화를 주도한다.<br>D. 그룹으로 하여금 스스로 방향 설정을 하도록 한다. |
| 5 | 그룹이 잘 운영되고 있는 상황에서 당신이 새로 부임하게 되었다. 전임자는 혹독하게 관리했다. 당신은 생산성 있는 상황을 유지하면서도 인간적인 업무 환경을 만들고 싶다. | A. 그룹으로 하여금 스스로 방향 설정을 하도록 한다.<br>B. 그룹의 제안을 참고하지만 그들의 목표가 달성되는지 주시한다.<br>C. 목표를 재정립하고 관리를 강화한다.<br>D. 목표 재정립에 그룹을 참여시키지만 강요하지는 않는다. |

| | | |
|---|---|---|
| 6 | 당신 그룹의 업무실적이 지난 몇 개월 동안 나빠지고 있다. 과거에는 이런 경우 목표 수정이 도움이 되었다. 그들은 업무를 제때에 마쳐야 된다고 지속적으로 주지시킬 필요가 있었다. | A. 그룹이 중요하고 모두 관여되어 있다는 것을 느낄 수 있도록 하는 조치를 취한다.<br>B. 업무 및 마감일의 중요성을 강조한다.<br>C. 변화를 꾀하지 않는다.<br>D. 구성원으로 하여금 의사결정에 참여하게 하지만 목표 달성을 주지시킨다. |
| 7 | 당신 그룹 구조에 획기적인 변화를 고려하고 있다. 그룹의 구성원들은 필요한 변화에 대해서 제안을 해왔다. 그룹은 일상 업무에 있어서 유연성을 보여 왔다. | A. 변화를 정립하고 세밀한 관리하에 이행시킨다.<br>B. 변화에 대한 그룹의 동의를 얻고 구성원들로 하여금 그것을 추진하도록 한다.<br>C. 제안된 대로 변화를 기꺼이 시도하지만 이행 상태는 잘 관리한다.<br>D. 대립을 피하고 모든 것을 그대로 놔둔다. |
| 8 | 그룹의 업무실적과 인간관계는 좋다. 당신은 본인이 그룹에 방향제시를 제대로 하지 못하고 있다고 생각하고 있다. | A. 그냥 놔둔다.<br>B. 그룹과 그 상황을 논의하고 필요한 변화를 시도한다.<br>C. 직원들을 잘 정리된 방법으로 업무에 유도할 수 있는 절차를 따르도록 한다.<br>D. 지나친 방향 제시로 직원과의 관계를 망치지 않도록 주의한다. |
| 9 | 당신의 상사가 당신의 변화에 대한 제안 마감일을 훨씬 지나치고 있는 실무추진팀의 팀장으로 임명했다. 그 그룹은 자신들의 목표에 확신이 없다. 회의 출석률이 낮았고 회의가 친목으로 바뀌고 있다. 그들은 충분한 잠재력을 갖고 있다. | A. 그룹 스스로 해결하도록 한다.<br>B. 그룹의 제안을 참고하되 목표달성을 주시한다.<br>C. 목표를 재정립하고 감독을 강화한다.<br>D. 목표수립에 그룹을 참여시키지만 강요하지는 않는다. |
| 10 | 당신은 새 자리에 승진했다. 전임자는 그룹의 의견을 반영하여 업무를 수행하고 추진 방향을 설정했다. 그룹 간의 관계는 좋다. | A. 새로운 업무표준을 재정립하는 데 그룹을 참여하도록 하지만 강요하지 않는다.<br>B. 업무표준을 재정립하고 관리를 강화한다.<br>C. 강요하지 않고 갈등요인을 피한다.<br>D. 그룹의 제안을 참고하지만 새로운 업무 표준이 달성되는지 주시한다. |

| | | |
|---|---|---|
| 11 | 당신은 새 자리로 승진했다. 전임자는 그룹의 업무에 직접적으로 관여하지 않았다. 그룹은 적절하게 업무를 수행하고 추진방향을 설정했다. 그룹 간의 관계는 좋다. | A. 구성원들을 잘 정리된 방법으로 업무에 유도할 수 있는 절차를 따르도록 한다.<br>B. 그룹으로 하여금 의사결정에 참여시켜서 기여하도록 한다.<br>C. 그룹과 함께 과거의 업무 수행에 대해 토론하고 새로운 업무의 필요성을 조사한다.<br>D. 그룹을 계속 그대로 놔둔다. |
| 12 | 최근 정보에 의하면 그룹의 구성원들 간에 내부 갈등이 있는 것으로 나타났다. 구성원들은 장기 목표를 효과적으로 유지하고 있었다. 지난해에 그들은 잘 협력해서 일 했었다. 모두 충분한 업무수행 자질을 가지고 있다. | A. 당신의 해결책을 가지고 직원들에게 시도해서 새로운 해결책에 대한 필요성을 타진한다.<br>B. 그룹 스스로 해결하도록 한다.<br>C. 빨리 강력한 조치를 취해서 조정하고 방향 설정을 한다.<br>D. 대화의 문을 열어 놓지만 직원과의 관계를 망치지 않도록 조심한다. |

▶ 점수

**아래에 있는 리더십 유형 분석표에 각 설문항목에서 리더십 유형별 번호와 설문에서 답한 기호와 일치되는 것에 동그라미 하고, 개별 리더십 유형에 체크된 동그라미 숫자를 합하여 적으면 리더십 유형별 점수가 된다.**

| 설문항목 | 설득형 | 지시형 | 위임형 | 참여형 |
|---|---|---|---|---|
| 1 | C | A | D | B |
| 2 | A | D | B | C |
| 3 | A | C | B | D |
| 4 | D | B | C | A |
| 5 | B | C | A | D |
| 6 | D | B | C | A |
| 7 | C | A | D | B |
| 8 | B | C | A | D |
| 9 | B | C | A | D |
| 10 | D | B | C | A |
| 11 | C | A | D | B |
| 12 | A | C | B | D |
| 합계숫사 | | | | |

출처: 정봉성(2010).

## 생각해보기

**01** 여성과 남성의 젠더적 관점의 성 불평등에 대하여 이야기 나눠보고, 그에 맞는 극복방안들을 찾아보자.

**02** 성역할 사회학에 대한 모더니즘 시각과 포스트모더니즘의 시각을 비교해 보고, 각각의 장점과 단점을 이야기해 보자.

**03** 가족친화정책의 올바른 의미를 이해하고, 개선방안을 논의해 보자.

**04** 남성이 조직사회에서 가질 수 있는 역차별의 사례를 찾아보자.

**05** 여성적 리더십이 각광받기 시작하게 된 이유에 대해 토론해 보자.

**06** 개인들이 생각하는 여성적 리더십의 대표적인 인물을 선정하여 그 인물의 리더십 유형에 대해 분석해 보고, 어떠한 요소들이 사람들을 이끌게 되었는지 토론해 보자.

# PART 04

# 여성과 정부

Chapter 09 여성정책의 변천
Chapter 10 젠더평등을 위한 정부정책

# Chapter 09

# 여성정책의 변천

여성정책이란 원론적으로 여성의 문제를 하나의 사회적인 과제로 인식하고 이를 국가적인 차원에서 해결하고자 하는 노력이다. 여성정책은 이념적으로 기본적인 여성의 인권과 남녀평등을 존중하는 가치를 바탕으로 현존하는 사회제도와 관행을 비판적으로 분석하면서, 성별 차이 자체가 사회적인 성별 차별대우나 여성에 대한 배제, 소외, 억압, 폭력 등의 형태로 연결되지 않도록 하는 가치체계와 사회적 기준들을 법과 제도 및 정치적 과정에서 실현하려는 목적으로 국가가 시행하는 정책을 일컫는다(김복규, 2000).

지난 2015년 5월 여성발전기본법 개정안이 국회 본회의를 통과하여 2015년 7월 1일부터 「양성평등기본법」 시대가 시작되었다. 여성정책의 청사진으로서 여성발전기본법이 제정되어 시행된 지 20년 만에 여성정책 방향의 전환이 이루어진 것이다.

여성발전기본법은 여성정책의 기본법으로서 1996년 시행 이후 16차례 개정을 거쳐 빠르게 변화했으나, 급변하는 여성정책의 변화 내용을 제대로 담아내지 못하고 있다는 비판을 받아왔다. 이에 국회를 중심으로 여성발전기본법의 전면 개정을 위해 수차례 논의 끝에 국회를 통과함으로써 양성평등기본법의 시대가 시작되었다.

## 1. 여성정책의 패러다임적 전환

### 1) WID 접근전략

남녀평등을 실현하기 위해 활용되었던 전략은 시대적으로 발전되어 왔고, 그에 따른 정책영역도 변천되어 왔다. 여성문제에 대한 최초의 정책적 접근은 복지적 접근이라고 할 수 있다. 1950~60년대에 도입된 이 패러다임에 의하면 여성들을 개발의 수동적 수혜자로 간주하였다. 여성을 더 좋은 어머니로 개발에 참여시키는 데 목적을 두고, 여성의 재생산 역할을 인정하며, 식량 지원, 영양상태 개선조치, 가족계획 등 위로부터의 공식적 조치를 통해 실제적 젠더 요구를 충족시키는 정책을 추구하였다. 이 패러다임은 복지주의적 관점에서 접근하는 여성정책으로서 가장 보편화되어 있으며, 아직도 광범위하게 사용되고 있다.

이후 1975년 유엔은 여성의 해를 선포하면서 여성발전을 위한 새로운 패러다임으로 WID 접근전략을 제시하였다. 이 전략은 수혜자인 동시에 변화의 동인인 여성에 대하여, 발전 속에서 여성문제를 고려하고, 여성의 참여를 유인하는 여성 중심의 접근이었다. WID접근에서는 여성이 사회발전의 주요 행위자임에도 불구하고 발전과정에서 소외되어 왔다는 문제의식 아래, 발전과정에서 여성을 위한 정책 이행을 강조하였다. 여성정책은 발전의 주류에서 배제된 여성의 문제를 여성을 대상으로 하는 정책이나 사업을 통하여 해결할 수 있을 것이라는 가정에서 출발하였다. 따라서 WID는 여성이 처한 차별적 상황에 초점을 두고 그것을 시정하기 위한 특별프로그램을 추진하는 형태를 띠었다(김양희, 2001).

WID 접근전략은 기본적으로 여성을 대상으로 하는 정책이며, 복지적 관점의 정책이다. 따라서 이 전략에 의한 정책영역은 여성의 실제적인 요구(practical needs)에 초점을 두고, 여성 중심의 가족계획, 요보호 여성의 복지, 건강관리, 영양, 소득 창출과 가치(Molyneux, 1985: 233)를 충족시키는 데 중점을 두고 있다. 구체적 사례는 가족계획, 여성할당제, 편부모세대지원, 여성 교육, 여성 고용, 여성 소득창출사업, 출산휴가, 여성 보건관리 등이다. 그러나 이 WID전략은 근본적으로 남성과 여성 간의 불평등한 성별 관계를 개선하기보다는 여성의 전통적인 성역할을 수용하고 이 역할을 통해 보다 효과적인 성과를 이루려는 접근법이기 때문에 여성의 발전에 한계를 가지고 있었다. 즉 여성 중심의 접근 아래 설립된 여성정책 기구들은 예산과 권한이 미미하며, 주류정책 부서들로부터 고립되고 주변화되는 경향이 있었다. 그리고 내용도 근본적으로 보수적이어서 여성의 전통적인 성역할에 초점을 두고, 여성들이 여성으로서의 역할(어머니, 아내)에서 비롯된 요구를 충족시키는 데 관심을 기울였다. 무엇보다 이 접근은 여성들의 삶이 남성과의 관계에 의해 형성되는 것임에도 불구하고 여성에 대해서만 초점을 두었으며, 남녀 간의 불평등한 권력관계가 사회의 공·사 영역에서 어떻게 작용하고 있는지를 간과하였다는 비판을 받았다.

### 2) GAD 접근전략

WID 접근전략의 문제점을 인식하고 새롭게 제기된 전략이 젠더 중심(Gender and Development: GAD)의 접근전략이다. 나이로비 여성대회(1985)에서 여성 발전 10년 사업을 평가하면서 WID 접근이 남녀의 차별적 상황을 개선하는 데 한계가 있다고 판단하였다.

WID 접근이 여성의 차별적 현실을 인지하고 이를 시정하기 위한 여성정책 및 프로그램을 수립·시행하는 전략이었다면, GAD 접근은 여성정책이 발전정책의 주류에 속하지 못하고 주변에 머물며, "남성 = 발전과정의 행위자", "여성 = 발전과정의 수혜자"로 간주하는 데 근본적인 문제가 있다는 데서 출발하였다. WID가 여성에게 초점을 두었다면 GAD는 여성과 남성 간의 관계에 초점을 둔다. 또한 GAD 접근에서는 여성의 차별과 불평등의 원인은 발전과정에 통합되지 못하였거나, 여성이 교육, 훈련 부족 등 능력의 부족에서 기인하는 것이 아니라 남성 중심의 권력구조와 분배방식과 통제에서 비롯된다고 보고 있다(김양희, 2001). 그리고 여성뿐 아니라 남성과 여성의 상대적 지위에 관심을 두고 사회조직이나 현상에 대한 분석에서 젠더 관계의 역동성과 구조를 중시하며, 생산적 활동뿐 아니라 재생산 활동도 분석의 대상으로 삼는다. GAD접근의 정책영역은 여성과 남성 모두의 역할변화를 통하여 정책과 프로그램에 젠더적 요구를 반영시키는 데 초점을 둔다.

젠더 요구는 전략적 요구와 실질적 요구로 구별할 수 있다. 전략적 젠더 요구는 남성에 대한 여성의 종속적 지위로 말미암아 나타나는 요구를 말한다. 이 요구는 남성과 여성들 사이의 구조적 관계의 본질을 다루고(케롤린, 2000), 정책영역은 성별 노동분업, 권력관계 및 통제와 관련이 있으며, 법적 권리, 가정폭력, 동일 임금, 자기 신체에 대한 여성의 통제권 등과 같은 이슈를 포함한다. 전략적 젠더 요구는 기존의 남녀역할을 변화시키고 그럼으로써 여성의 종속적 지위에 도전한다.

한편 실제적 젠더 요구는 성별 노동분업이나 사회에서 여성의 종속적인 지위를 탈피하려 하지만 도전하지는 않고, 본래 실제적이며 실질적인 생활 조건의 부적절성에 관심을 갖는다. 즉 실제적 젠더 요구는 전략적 젠더 요구와는 대조적으로 여성이 경험하는 구체적 조건으로부터 형성되는 요구들이다(케롤린, 2000). 이는 성별 노동분업 내의 그들의 지위로부터 나오며, 아울러 인간적 생존을 추구하는 실제적 젠더 이해로부터 시작된다. 전략적 젠더 요구와 달리 그것은 외적 개입을 통해서라기보다는 이러한 위치에 놓여 있는 여성들에 의해서 직접 형성된다. 따라서 실질적 젠더요구에 의한 정책영역은 여성들이 삶의 현장에서 당면하게 되는 문제, 즉 주택, 교통, 환경 등에 중점을 둔다.

### 3) 성주류화(Gender mainstreaming) 전략

나이로비 여성대회 이후 10년이 지나 새롭게 제기된 전략은 성의 주류화 전략이다. 1995년 북경여성대회의 행동강령에서 남녀평등의 궁극적인 목적을 이루기 위한 전략으로 '주류의 모든 영역에서 GAD 접근을 가능케 하는 전략'인 성주류화를 채택하였다. 1995년에 열린 이 회의에서는 사회 전 분야에서 여성들의 양적인 참여를 늘리고, 정책 과정에 젠더관점을 통합하며, 현재 남성 지배적인 주류 사회를 변화시킨다는 것을 주요한 내용으로 하는 성주류화 개념을 도입했다. 이를 계기로 여성정책의 패러다임이 GAD 패러다임으로부터 성주류화로 전환되었다. 성주류화는 그동안 제3세계에 초점을 두었던 국제적 여성정책이 제3세계뿐 아니라 선진국의 젠더문제에 대한 제도적 변화의 움직임이 가시화되었다는 것을 의미할 수도 있다. 하지만 성주류화로 여성정책 패러다임이 전환된 것인가에 대해서는 논란의 여지가 있다. 성주류화를 둘러싼 학술 연구들에서는 성주류화를 정책 관점으로 인식하는 입장과 관점을 실현할 수 있는 정책전략으로 보는 입장이 각축하고 있다.

성주류화를 새로운 정책관점으로 보는 입장은 유럽연합의 성주류화 방향을 논의하고 있는 리스(Rees, 1998)의 연구가 대표적인데 리스는 성주류화를 포함하여 젠더 이슈에 관한 3가지 이념적인 접근법을 제시하고 있다.

첫째는 동등대우 접근법으로 모든 인간은 동등한 인권과 기회를 가진다는 전제에 근거하고 있으며, 주로 고용정책에 명시되어 있는 동일한 노동에 대한 동일한 임금의 원칙을 말한다. 그러나 이러한 접근은 배타적으로 노동자로서의 여성의 형식적인 권리를 강조하기 때문에 남성과 여성 간의 비공식적 젠더 관계에서 발생하는 성별 불평등의 근본적인 원인을 다루지 못하는 한계가 있다고 비판한다.

두 번째 접근은 긍정적 조치(positive action)로서 가부장제 사회에서 여성들의 불평등한 출발점을 극복하기 위하여 여성을 위한 특별조치를 채택하는 것을 말한다. 동등대우 접근이 접근(access)의 평등에 강조점을 두었다면 이것은 결과의 평등을 보장할 수 있는 조건의 창출을 강조한다. 긍정적 조치는 가장 극단적으로 적극적 조치(affirmative action)나 할당제(quota) 등과 같은 조치를 사용하여 여성의 참여를 증가시키는 긍정적 차별의 형태를 띨 수 있다고 본다.

세 번째 접근이 성주류화인 모든 정부 기관과 정책을 통하여 젠더 이슈가 체계적으로 통합되는 것이라는 UN의 정의를 따르고 있다. 따라서 성주류화 개념이 젠더관점과 동의어로만 사용되거나 조직 내 성평등 정책의 목표나 성별영향평가와 같은 정책분석 도구 같은 좁은 의미로 사용되어 온 것을 강력하게 비판한다. 성주류화 접근의 본질은 체계와 구조에서 남성에만 유리하게 만들어진 비가시적이고 인식되지 않은 점들을 드러내는 것으로, 표면적인 성중립성이 바로 여성을 배제하는 기제임을 밝혀내는 작업임을 강조한다. 그러나 리스가 구별하려고 애쓰기는 하지만, 젠더 관점과 성주류화 관점의 차이가 항상 명확하게 드러나지는 않는다는 점에서 성주류화를 여성정책의 새로운 패러다임으로 보는 것에 문제를 제기할 수도 있다.

반면에 정책전략으로 보는 입장은 리스의 이념형을 수정한 부스와 베네트(Booth & Bennet, 2002)의 연구가 대표적이다. 이들은 평등정책의 세 가지 접근법으로 동등대우, 여성의 관점, 젠더관점을 제시하면서, 이 세 가지를 통합적으로 시행하는 전략을 성주류화라고 본다. 동등대우 관점은 리스의 논의와 거의 동일하다. 여성의 관점은 리스의 논의에서 긍정적 조치에 해당된다. 즉 여성들의 과거에서부터 누적된 차별 경험을 보상하기 위해 여성을 우대하는 제도들을 장려하는 것을 말한다. 젠더관점은 남성과 여성의 차이를 인식하며, 여성의 역할뿐 아니라 남성의 역할을 전환시키는 것을 말한다. 부스와 베네트는 기존의 동등대우와 여성의 관점이 종종 여성을 남성과 때로는 다른 여성들과도 대립시켰지만, 젠더관점은 생애과정, 계급, 연령, 민족성, 종교, 장애 등과 같은 요인과 관련된 여성의 다양성과 차이를 인식함으로써 동질적 집단이라는 여성 모델에서 벗어날 수 있다고 주장한다.

부스와 베네트는 젠더 관점이 동등처우 접근의 개인화와 여성의 관점의 일방적 초점사이에서 균형을 이룰 수 있는 것으로 보았다. 그러나 이들은 젠더관점에 대한 강조가 앞의 다른 두 가지 접근의 폐기나 여성정책의 관점이 이제는 젠더관점으로 단선적인 변화를 한다고 주장하는 것은 아님을 강조한다. 부스와 베네트는 "세발 평등걸상(the three-legged equality stool)"이라는 은유를 사용하면서 유럽연합의 평등정책은 이 세 가지 접근을 통해 형성되었으며 성주류화 전략은 이 세 가지 관점의 균형을 통해 이루어지는 것이라는 점을 강조한다. 그 이유는 이제까지 주류화를 전환적인 전략개념으로 이해하지 못하고 동등대우 관점, 여성의 관점, 젠더관점 각각의 접근들의 상호보완성을 인식하지 못함으로써 많은 오해를 낳았다고 진단하기 때문이다. 일부에서는 성주류화가 오히려 여성정책을 후퇴시킬 수 있는 측면을 우려하기도 한다. 제3세계 여성정책 전문가들은 성주류화 개념 속에 GAD 관점이 포함되어 있기는 하지만 여러 국가와 국제기구가 경제발전 과정에 여성의 참여를 강조하고 있는 마당에 새로운 정책 언어가 등장하면서 오히려 여성에 대한 관심이 주변화될 것이라는 입장을 나타냈다.

유럽국가에서는 성주류화의 도입으로 기존의 여성정책 접근들이 제거되어 가는 문제점들이 나타나기도 했다. 스트래티가키(Stratigaki, 2005)는 성주류화가 적극적 조치를 제거해 나가는 증거를 유럽연합의 노동시장 정책의 변화에서 찾고 있다. 매년 발행되는 유럽 고용 보고서에서 1989년에서 1993년까지는 여성 고용에 관한 장이 별도로 보고되었고 각 장마다 후속적이지만 성인지적 평가가 적용되었다. 그러나 1995년부터 이러한 노력은 성주류화가 도입되었기 때문이라는 이유로 중단되었고, 노동시장 차별시정 정책에서 고용정책 대상이었던 여성이라는 범주가 사회적으로 배제된 그룹이라는 범주로 대체되면서 기존의 고용 평등 프로젝트의 기금이 양성평등을 목적으로 시행되었지만, 점차 사회적으로 배제된 여성인 한 부모나 부모 휴가 사용자들을 대상으로 변화되고 있다는 것이다.

한편, 성주류화 옹호론자들은 성주류화는 효율적이고 민주적인 정부를 만드는데 큰 기여를 할 것이라는 전망을 하기도 한다(True & Mintrom, 2001; True, 2003). 지금까지 논의에서 본 것처럼 성주류화는 GAD와 완벽히 상호배제적으로 구분된다고 할 수 없고 그런 측면에서 여성정책의 새로운 패러다임이라고 보기는 어려운 점이 있다. 반면에 성주류화 전략을 도입하면서 여성정책이 새로운 차원으로 도약할 뿐만 아니라 모든 정책을 입안하고 시행하는 관점과 관행을 젠더의 관점으로 전환하고자 하는 목표에서 보면 이는 분명히 새로운 정책의 단계라고 할 수 있다.

이후 유엔은 각국 정부에게 모든 정책과 프로그램에 성 관점을 통합하기 위한 성주류화를 실현하도록 책무를 부여하고 있다. 북경행동강령에서 성주류화란 "체계적인 절차와 메커니즘을 향한 도약을 의미하며 젠더 이슈를 정부와 공공기관의 모든 의사결정과 정책실행에 고려하여야 하는 것"이라고 정의하고 있으며, 유엔경제사회이사회에서는 주류화를 '모든 정치적, 경제적, 사회적 영역의 정책과 프로그램에 대한 디자인, 실행, 모니터와 평가에서 여성과 남성의 관심과 경험을 통합함으로써 여성과 남성이 동등하게 혜택받고 불평등이 조장되지 않도록 하기 위한 전략이며, 그 궁극적인 목적은 성 평등을 이루는 것'으로 정의하였다(UN/DAW/ECLAC, 1998). 주류화 과정은 다음과 같은 세 가지를 포함한다.

- 여성의 주류화(Mainstreaming of Women): 정치적인 접근을 의미한다. 사회의 모든 분야에서 여성의 대표성과 적극적 참여를 보장하고, 동등한 참여와 의사 결정권을 갖는 것이 필수적이다.
- 젠더관점의 주류화(Mainstreaming of Gender): 보다 기술적인 측면으로, 정책이나 프로그램이 어떻게 여성과 남성에게 다르게 영향을 미치는가를 검토하고 성 관점을 통합하도록 하는 것을 뜻한다.
- 주류의 전환(Transforming the Mainstreaming): 주류의 젠더 구성을 바꾸는 과정은 반드시 주류 자체의 특성과 제도의 근본적인 전환으로 연결되어야 한다(Corner, 1999). 이 성주류화 전략은 그 사회가 기본적으로 성에 대한 평등의식이 보편화되었을 때 가능하며, 그렇지 못할 경우에는 오히려 상황을 악화시킬 수도 있다.

이상 여성발전을 위한 세 가지의 접근에서 살펴보았듯이, 이들 접근방법에 있어 차이는 복지적 관점의 여성 대상 중심의 전략에서 젠더적 요구가 반영되는 성인지적 전략으로 전환되는 데 있다고 보겠다. 그러나 이 중 하나가 다른 것들을 완전히 대체할 수 있는 것은 아니다. 결국 여성 지위 향상과 성평등이라는 같은 목적을 지향하기 때문에 대립적인 관계보다는 상호보완적인 관계 속에서 동시에 병행 추진되어야 한다.

## 2. 우리나라의 여성정책 변화

### 1) 1948년~1986년

1948년 대한민국 헌법의 제정으로 남녀평등을 주창한 이래 1960년대까지는 보건사회부를 중심으로 전쟁이 남긴 상처를 치유하기 위한 노력이 주를 이루었다. 당시의 정책대상은 전쟁미망인, 윤락여성, 고아 등으로 요보호 여성과 아동이었다. 정부는 1962년 요보호 여성인 윤락여성과 아동복지에 관한 법률을 제정하고 그에 따른 사회복지시설들을 설치, 운영하는 데 주력하였다. 70년대에는 1977년 가족법의 개정과 1973년 모자보건법의 제정을 토대로 한 가족계획정책을 중심으로 출산 억제, 인구 억제 사업들이 중점적으로 시행되었으며 정책 대상도 요보호 여성보다는 일반 여성으로 확대되었지만, 여성의 복지정책 면에서는 여전히 미진했다. 그러나 80년대에 들어 1986년 모자보건법이 전문 개정되고 1985년 최초의 여성 발전 기본계획이 세워지면서 여성에 관한 기초자료가 집대성되었으며, 1983년 여성개발원이 개원되고 여성정책심의위원회가 발족되면서 여성발전 중점과제의 제시 및 그 구체적 방안에 관한 모색이 이루어졌다.

이와 같은 내용으로 볼 때 해방 이후 약 40여 년간 우리나라의 여성정책에 관한 정부의 고려는 법 앞에서의 평등을 보장하기 위한 일정한 규모의 소극적인 행위 준칙이 제정되었던 시기였다고 볼 수 있을 뿐 여성정책 추진체계나 구체적 여성 계획이 구비되어 있지는 못하였다.

## 2) 1987년~1991년

한국 정부는 1987년 헌법 개정을 통하여 경제적 영역에서의 여성차별금지조항(여자의 근로는 특별한 보호를 받으며: 제32조 4항)과 여성복지 및 모성보호에 관한 사항을 강조하였다. 곧이어 1988년에서 1992년을 통치한 노태우 정부는 국가정책의 기본목표로 자유와 평등을 최고이념으로 삼아 선진 민주 복지사회의 건설을 꾀하였다. 따라서 헌법상의 남녀평등을 구체적으로 실현하고자 여성정책을 자유와 평등, 참여와 공존이라는 인류 공동의 선을 추구하는 수단으로 삼았다. 여성정책의 목표를 법적이나 제도적인 차원에서의 명분상의 평등이 아닌 실질적인 평등과 형평을 기초로 하여 남녀가 사회의 모든 분야에 공동으로 참여하고 이에 따른 책임을 공동으로 나누어지는 "남녀 공동참여, 공동책임사회"의 실현에 두었다.

이러한 목표를 달성하기 위하여 추진된 여성정책은 지금까지 국가발전 전략에서 낙후되어 왔던 여성 부문의 균형을 회복하고 여성을 사회발전의 단순한 수혜자가 아니라 주체자라는 인식을 갖게 하였다. 이로부터 남녀평등의 출발점인 가정의 민주화를 이루어 나가며 남녀 모두 평등한 인간으로서 성장할 수 있도록 국가적, 사회적 지원체계를 마련하기 시작했고, 나아가 여성의 사회·경제적 참여를 양적, 질적 차원에서 확대해 나가는 과제에 이르기까지 여성정책이 지향해야 할 목표와 방향을 확대시켰다.

즉, 80년대는 제6차 경제사회발전 5개년 계획에 여성 발전계획이 통합되면서 여성개발부문이 최초로 국가발전계획의 독자영역으로 채택되는 등 여성의 지위가 점차 향상되어 가는 시대가 본격적으로 개막된 10년이었다고 볼 수 있다. 급속한 사회의 변화 속에 경제활동에 참여하는 여성들이 급증함에 따라 여성들은 점차 자아의식에 눈뜨기 시작하였고, 여성계도 각 분야에서 여성의 지위 향상과 권익 신장을 위한 소위 여성운동을 활발히 전개하기 시작한 시기였다.

한편 1990년 가족법개정, 1987년 남녀고용평등법제정 및 1989년의 동 법의 개정, 1989년의 모자복지법의 제정, 1991년의 영유아보육법의 제정 등 법적·제도적 개선을 통하여 여성의 잠재력을 국가와 사회발전에 활용하고자 하는 노력이 다각적으로 전개되었다(손봉숙, 1993). 여성 근로자의 고용차별금지에 관한 남녀고용평등법과 자녀양육에 관한 탁아관련법인 영유아보육법은 여성근로자의 법적, 제도적 보호 및 지원책들이 마련된 것이라고 볼 수 있다.

그중 남녀고용평등법의 제정과 곧 이은 개정은 6공화국 정부의 남녀고용평등을 실현하겠다는 의지의 한 표현이었다고 할 수 있으며, 6공화국동안의 여성고용현황에서 보이는 상당한 변화들에서 남녀고용평등법의 기여를 알 수 있다. 또한 가족법은 1958년 새 민법의 제정으로 처음 성문화된 이후 1962년, 1977년 두 차례 부분 개정이 있었다. 그러나 두 차례의 개정 이후에도 여전히 가족법은 어느 법률보다도 성별에 의한 차별 규정이 많고 여성의 열악한 법적 지위와 비민주적 가족제도를 대변하고 있다는 지적을 받아왔다. 이에 1980년대에 들어와 가족법개정에 대한 여성계의 요구가 더욱 증폭되어 1990년 여성지위와 연관된 여러 조항이 개정되게 되었다.[1] 한편 제6공화국 출범 이후 그동안 임시방편적이고 단편적인 수준으로 있던 종래의 부녀복지 사업을 보다 종합적이고 체계적인 방법으로 진행시키기 위해서 1989년 4월 1일 모자복지법을 제정하였다.

또한 6공화국정부는 교육, 모집 등에서의 성차별을 폐지하는 조치를 취하였다. 일부 특수대학의 여학생 입학 제한조치를 폐지하여 교육 기회의 확대를 도모하였고, 또한 공무원의 임용시행령(89.6)과 지방공무원 임용령(91.6)을 개정하여 공무원임용제한규정을 폐지하였다. 즉 국가공무원 채용 시 성별 근무 예정지역별 거주지별로 뽑는 근거기준 중 성별구분채용부분(여성비율은 15%내로 한다)을 폐지하여 여성의 공직참여기회를 확대시켰다. 뿐만 아니라 1991년 7월에 금융기관 성차별 금지조치를 내려 남녀행원분리채용을 금지하였다.

### 3) 1992년~1997년

1993년부터 1997년까지의 김영삼 정부는 출범 이후 세 명의 여성 장관과 한 명의 여성 차관을 기용하였고, 대통령비서실에 여성 담당 정무 비서 관제를 신

1) 당시는 4당 체제가 유지된 시기였음으로 어느 한 정당의 노력만으로는 법안이 국회를 통과하기가 어려운 때였다. 이 과정에서 노태우 정부의 가족법 개정 의지가 상당히 크게 작용했다는 평가를 받고 있다.

설하였을 뿐만 아니라 국회에 여성특별위원회를 설치하여 여성정책의 법제화를 꾀하였으며, 세계화추진위원회를 결성하여 10대 중점과제의 일환으로 여성문제를 적극적으로 취급하였다. 뿐만 아니라 최초의 여성 파출소장 및 국세청 최초의 여성 사무관이 탄생되는 등 정부 고위직뿐만 아니라 남성들의 전유물로 여겨지던 직종에도 여성들의 진출이 늘었다. 이 시기는 노태우 정부에서 이루어진 법적 구성을 토대로 집행계획의 구체화가 이루어진 시기였다고 볼 수 있다.

세계화정책의 추진과정에서는 1995년 6월 〈여성역할과 지위의 세계화 추진방향〉[2]과, 같은 해 10월 〈여성의 사회참여 확대방안〉[3]을 발표하여 여성의 지위 향상을 도모하였다. 또한 제7차 경제사회 발전계획(1992~1996)에서 여성개발부문을 독립시키고, 신경제5개년계획(1993~1997)과 근로복지 기본계획(1994~1997)에서는 남녀고용평등에 관한 구체화를 꾀하였다. 무엇보다도 1995년 「여성발전기본법」의 제정은 여성의 지위향상을 위한 실천적인 제도적 틀을 마련하는 초석이 되었다.

2) 〈여성의 사회참여 확대방안〉은 기본 방향을 네 가지로 설정했다. 첫째, 여성의 육아 등 가사활동 부담을 사회가 분담하도록 함으로써 여성이 능력과 개성에 따라 사회활동을 추구할 수 있는 사회여건을 조성한다. 둘째, 여성의 참여에 대한 현실적인 제약이 상존하고 있음을 감안하여 여성 취업을 유도할 수 있는 제도적 보완장치를 강구한다. 셋째, 정보화시대에 부응하여 여성에게 취업 및 전업에 필요한 기술교육을 다양하게 제공한다. 넷째, 성차별적인 관행과 인식을 근본적으로 시정해 나가기 위한 법 체제 정비 등 여건을 갖추어 나간다.

3) 〈여성의 사회참여 확대방안〉은 10대 단·중기 여성 사회참여 확대 방안을 마련했다. 우선 단기과제로 ① 민간참여를 통한 보육시설의 확대 및 내실화 ② 방과 후 아동지도제도 도입 ③ 학교급식이 전면적 확대 ④ 여성의 공직참여비율제고목표 설정 ⑤ 공기업 신규채용 시 여성고용 인센티브 제도 도입, 그리고 중기과제로 ⑥ 모성보호비용의 사회적 분담체제 확립 ⑦ 여성인력 양성체계 확충·개선 ⑧ 여성 관련 정보네트워크 구축 ⑨ 「여성발전기본법」 제정 추진 ⑩ 대중매체를 통한 성차별의식개선 등이 제시되었다.

### 4) 1998~2017: 4차에 걸친 여성정책 기본계획

1995년 「여성발전기본법」에 따라 여성정책을 체계적이고 일관성 있게 추진하기 위해 매 5년마다 〈여성정책 기본계획〉을 수립하여 추진하였다. 본 계획은 국가 및 사회발전에 남녀가 공동으로 참여하고 책임을 분담하는 사회체계 구축을 위한 정부의 시책 방향과 그 내용을 담고 있는 종합계획으로서 국가 여성정책의 목표와 기본방향을 제시하고 이를 효율적으로 달성하기 위한 부문별 과제와 추진체계를 포함하고 있다.

#### (1) 제1차 여성정책 기본계획(1998~2002)

| 목표 |
|---|
| 건강한 가정의 구현과 국가 및 사회발전에 남녀가 공동으로 참여하고<br>책임을 분담하는 사회시스템 구축 |

| 남녀평등의 촉진 | 여성의 사회참여 확대 | 여성의 복지증진 |
|---|---|---|

| 기본전략 |
|---|
| • 법·제도 및 관행의 개혁과 여성의 대표성 제고<br>• 여성고용의 촉지 및 안정을 위한 지원 강화<br>• 여성의 경쟁력 제고를 위한 교육체제 확립<br>• 다양한 여성·가정 복지서비스의 확충<br>• 여성의 문화·사회활동 활성화를 위한 기반 구축<br>• 국제협력과 통일에의 여성역할 증대 |

**[그림 9-1] 제1차 여성정책 기본계획**

출처: 정무장관(제2실)실(1997). 1차 여성정책기본계획(1998-2002).

〈제1차 여성정책 기본계획〉은 1997년 12월 23일 여성정책 심의위원회의 심의·의결을 거쳐 국가계획으로 확정되어 5년간 시행되었다. 본 계획의 목표는

'건강한 가정의 구현과 국가 및 사회발전에 남녀가 공동으로 참여하고 책임을 분담하는 사회시스템 구축'으로 6가지의 기본전략과 20개의 정책과제를 설정하였다.

### (2) 제2차 여성정책 기본계획(2003~2007)

제2차 5개년 계획은 '실질적 남녀평등사회의 실현'을 비전으로 하여 '남녀의 조화로운 동반자 관계 형성, 지식기반사회 여성의 경쟁력 강화, 사회 각 분야 여성의 대표성 제고, 여성의 복지증진 및 인권 강화'를 목표로 하였다. 제2차 기본계획의 성공적 추진을 위한 추진전략으로 '성 주류'와 '협력체계 구축'을 제시하였으며, 제2차 기본계획은 여성 대상만의 정책을 넘어 남성을 변화시키고 남녀의 사회적 관계를 변화시키는 정책을 포함함으로써 성주류화 전략의 철학과 기초를 매우 중요시하였다. 따라서 중앙행정기관, 지방자치단체, 여성단체 등의 유기적인 '협력체계 구축'을 역시 추진전략으로 삼고, 10개의 정책과제를 두어 실질적 남녀평등사회의 실현을 위한 사업을 추진하였다.

| 정책비전과 목표 | | | |
|---|---|---|---|
| 실질적 남녀평등사회의 실현 | | | |

| 남녀의 조화로운 동반자관계 형성 | 지식기반사회 여성의 경쟁력 강화 | 사회 각 분야 여성의 대표성 제고 | 여성의 복지증진 및 인권보호 강화 |
|---|---|---|---|

| 추진전략 |
|---|
| 성주류화/협력체계 구축 |

**[그림 9-2] 제2차 여성정책 기본계획**

출처: 여성부(2002). 여성정책 기본계획.

### (3) 제3차 여성정책 기본계획(2008~2012)

제3차 여성정책기본계획은 당초 '지속가능한 성평등 사회'를 비전으로 2007년 수립하였으나 환경변화에 신속하게 대응하기 위해 2008년 '성숙한 성평등 사회'로 비전을 변경하고 세부 계획의 내용도 수정하였다.

수정계획은 '성숙한 성평등 사회'를 비전으로, 여성의 역량 강화와 다양성과 차이 존중을 전략목표로 설정하였다. 이를 실현하기 위한 정책과제는 여성인력활용, 여성권익보호, 및 성평등 추진기반 강화로 설정하였다. 사회 참여 부분을 '인력'으로 구체화한 부분과 성평등 추진기반 강화를 3대 정책과제의 하나로 강조한 점이 1·2차 계획과 다른 점이다.

다음은 제3차 여성정책 기본계획으로 당초계획과 수정계획을 포함한 내용이다.

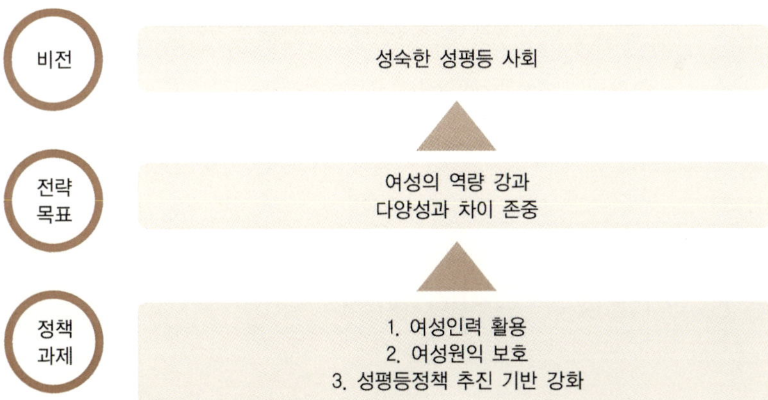


**[그림 9-3] 제3차 여성정책 기본계획(2008~2012)**

출처: 여성부(2007). 여성정책기본계획.

### (4) 제4차 여성정책 기본계획(2013~2017)

제4차 여성정책 기본계획은 '함께 참여하고 성장하는 성평등 사회'을 비전으로 하여 '성별 격차 해소와 동등한 참여, 촘촘한 안전망의 구축, 일과 가족의 조화'를 목표로 하였다. 또한 하위 정책과제를 7개 두어 성평등 사회를 위한 사업을 추진하였다.

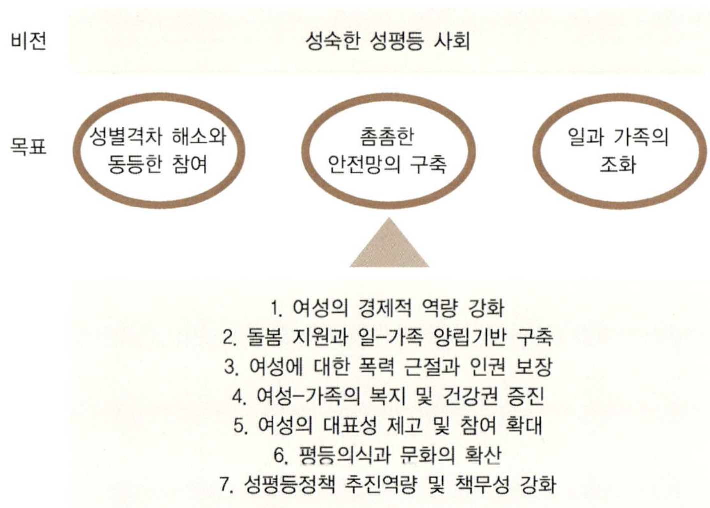


**[그림 9-4] 제4차 여성정책 기본계획(2013~2017)**

출처: 여성부(2012). 여성정책기본계획.

## 3. 양성평등기본법의 의미와 과제

2015년 7월 1일부터 20여 년의 역사를 갖는 「여성발전기본법」이 「양성평등기본법」으로 전부 개정되어 시행되고 있다.

### 1) 개정의 배경

「양성평등기본법」으로의 개정은 2004년 여성부가 공식 제시한 이후 10여년에 걸친 공감대 형성과 논의과정을 거쳤다. 무엇보다도 이러한 전환이 가능했던 실질적 배경에는 좀처럼 개선되지 않는 국내의 상황과 다른 나라에 비해 계속 하락세에 있는 성별 격차의 심각성에 대한 공감이 있었다. 출생비의 정상화와 진학률에서의 성별 격차가 줄어든 현상에서 알 수 있듯이 가족에서 여아에 대한 기대는 높아졌지만, 이들이 활동하게 될 사회에서의 높은 성별 임금격차, 노동시장에서의 낮은 지위, 임신·출산·육아 시기의 경력단절 현상의 심화와 낮은 경제활동 참가율, 여성폭력 문제와 재생산 권리의 문제, 낮은 국가성평등지수와 세계 성별 격차 지수의 후진 등 성평등에 핵심적인 문제들은 여전히 강고한 상태로 남아있다. 이러한 국내외의 상황은 '여성 발전'의 정책 프레임으로는 해결될 수 없는 성질의 것이라는 인식의 공유가 있었다. 즉 '여성 발전'의 프레임으로는 여성 불평등 문제를 해결하기 위한 강력한 법 집행과 보다 많은 예산 투입 요구의 논리가 취약할 수밖에 없었기 때문이다.

## 2) 양성평등기본법의 주요 내용

「양성평등기본법」의 주요 개선의 내용을 살펴보면 다음과 같다.

첫째, 정책 추진체계 규정을 강화하였다. 새로운 이름으로 출발하게 되는 양성평등위원회에서는 기존의 실무위원회와 함께 세분화된 분과위원회를 만들 수 있도록 하였고, 심의·조정 대상에 양성평등정책 기본계획과 관련된 사안 이외에도 성주류화 관련 사항과 국가 성평등지수 그리고 유엔 여성차별철폐협약(CEDAW) 이행 점검에 관한 사항을 포함하였다. 또한 기존에 여성 정책책임관을 중앙행정기관에만 두었던 것에서 확장하여 시·도 차원에서도 양성평등정책책임관을 지정하고 전문 전담 인력을 두도록 의무화하였다(차인순, 2015).

둘째, 성주류화 조치 규정을 체계화하였다. 입법·행정·사법 영역에서 성평등 관점을 통합하도록 하는 성주류화 조치 규정이 신설되고, 이들 구현하기 위한 도구인 4G, 즉 성별영향분석평가, 성인지예산, 성인지 통계, 성인지 교육 조항을 보완·정비하였다. 또한 여성가족부장관으로 하여금 국가와 지역의 성평등 수준을 계량적으로 측정하기 위한 국가성평등지표와 지역성평등지표를 개발, 보급하도록 하고, 매년 지수를 측정하여 공표하도록 함으로써 지역 간 비교와 더불어 성평등 정책의 성과와 발전 추이를 지켜볼 수 있도록 하였다.

셋째, 여성 불평등이 심한 경제, 공직(관리직), 정치 분야의 여성참여 확대 조치 규정을 강화했다. 경제활동분야의 평등한 참여를 위해, 고용상 성평등, 일·가정 양립제도 그리고 가족친화적 사회환경 조성정책을 규정하였으며, 임신, 출산, 육아 등을 이유로 한 경력단절이 없도록 예방할 것과 아버지의 자녀 양육참여 권리를 보장하기 위하여 현행의 모성 보호규정을 모·부성과 권리보장 조항으로 확대하였다. 특별히 과거 여성발전기본법에는 '여성의 정치참여확대를 지원하기 위해 노력하여야 한다'고 정의되어 있었는 데 반해 「양성평등기본법」에서는 '여성과 남성의 동등한 정치 참여를 지원하기 위한 시책' 마련을 규정함으로써 여성과 남성의 동등한 대표성 보장을 전제하고 있다.

넷째, 인권 보호 및 복지증진 규정이 강화되었다. 성차별 금지 규정을 복원하였으며 성폭력, 가정폭력, 성매매 범죄의 예방 및 성희롱 방지 시책의 마련과 각 여성 폭력 분야에 대하여 성평등 관점에서 통합교육을 실시할 수 있다는 규정을 비롯하여 성희롱 실태조사 규정 등이 포함되어 있다.

다섯째, 양성평등 문화 확산을 위하여 여성친화도시, 평화·통일과정 여성참여, 성인지적 국제개발협력 조항을 신설하였다. 새롭게 마련된 여성친화도시 규정은 지역정책에 여성이 평등하게 참여하고 역량을 강화하며 안전과 돌봄이 이루어지는 지역을 특별히 조성하도록 지원함으로써, 마을 혹은 도시 생활 속에 양성평등을 제고하려는 조항이다. 또한 대중매체의 성차별 개선 조항을 강화하여 매체에서의 성차별 내용뿐 아니라 성별을 이유로 한 편견과 비하 또는 폭력적 내용이 개선되도록 지원하고 여성가족부 장관이 이를 점검하여 필요한 경우 방송통신위원회 등 관계기관에 개선을 요청할 수 있도록 하였다.

### 3) 양성평등정책 기본계획

기존에 시행하던 여성정책 기본계획은 양성평등기본법이 개정됨에 따라 여성가족부 장관은 관계 중앙행정기관의 장과 협의하여 〈양성평등정책 기본계획〉을 5년마다 수립하여 추진하고 있다. 본 계획은 성별에 따른 차별, 편견, 비하 및 폭력 없이 인권을 동등하게 보장받고 모든 영역에 동등하게 참여하고 대우받는다는 양성평등 정의에 관한 내용을 담고 있는 기본계획으로서 양성평등의 비전과 목표를 제시하고 이를 효율적으로 달성하기 위한 정책과제로 대과제와 중과제를 포함하고 있다.

#### (1) 제1차 양성평등정책 기본계획(2015~2017)

〈제1차 양성평등정책 기본계획〉은 여성발전기본법이 양성평등기본법으로 전면 개정됨에 따라 2017년까지를 여성발전에서 양성평등정책으로 전환하는 과도기로 설정하고 〈제4차 여성정책 기본계획(13~17)〉을 수정 · 보완하여 2015년 7월 26일에 수립되었다. 본 계획은 '여성 · 남성이 함께 만드는 양성평등 사회'라는 비전에 따라 성별 격차 해소, 일과 가정의 조화, 자아와 인권 존중이라는 3가지 목표 아래 7개의 대과제와 21개의 중과제를 정책과제로 설정하였다.

| 비전 | 여성·남성이 함께 만드는 양성평등 사회 | | |
|---|---|---|---|
| 목표 | 성별 격차 해소 | 일과 가정의 조화 | 차이와 인권 존중 |

| 정책과제 | 대과제 (7개) | 중과제 (21개) |
|---|---|---|
| | 1. 양성평등 문화 확산 | • 교육에서 양성평등 강화<br>• 미디어와 문화·예술분야 양성평등 환경 조성<br>• 생활 속 양성평등 실천 |
| | 2. 일·가정 양립 확산 | • 일·가정 양립 지원 강화<br>• 일·가정 양립 제도의 실효성 제고<br>• 자녀 돌봄에 대한 지원 강화 |
| | 3. 고용 격차 해소 | • 양성평등한 일자리 확대<br>• 일자리에서 성차별 개선<br>• 생애수기별 여성 고용 활성화 |
| | 4. 공공·국제분야 여성 참여 확대 | • 공공부문 여성 대표성 제고<br>• 통일과 평화·안보를 위한 여성 참여 활성화<br>• 국제사회의 양성평등 실현 노력에 주도적 참여 |
| | 5. 폭력근절과 인권보호 | • 우월적 지위를 이용한 성폭력 근절<br>• 성폭력·가정폭력·성매매 피해자 지원 내실화<br>• 가해자 처벌과 재범방지의 실효성 제고<br>• 안전한 사회환경 조성 |
| | 6. 건강과 복지증진 | • 양성평등한 건강권 보장<br>• 맞춤형 복지 지원 강화 |
| | 7. 양성평등정책 추진 기반 강화 | • 양성평등정책 추진체계 정비<br>• 양성평등정책 추진역량 강화<br>• 성별영향 분석 평가와 성인지예산 제도 내실화 |

**[그림 9-5] 제1차 양성평등정책 기본계획(2015~2017)**

출처: 여성가족부(2015). 제1차 양성평등정책 기본계획.

### (2) 제2차 양성평등정책 기본계획(2018~2022)

제2차 양성평등정책 기본계획은 '여성과 남성이 함께 만드는 평등하고 지속가능한 민주사회'라는 비전에 따라 성숙한 남녀평등 의식 함양, 여성의 고용과

| 비전 | 여성과 남성이 함께 만드는 평등하고 지속가능한 민주사회 | | | |
|---|---|---|---|---|
| 목표 | 성숙한 남녀평등 의식 함양 | 여성의 고용과 사회참여 평등 | 일과 생활의 균형 | 여성 안전과 건강 증진 |

| 정책과제 | 대과제(6개) | 중과제(22개) |
|---|---|---|
| | 1. 남녀평등 의식과 문화의 확산 | 1. 대중매체의 성차별 개선<br>2. 학교에서의 양성평등 교육 강화<br>3. 생활 속 성평등 문화 확산<br>4. 양성평등 시민교육의 실효성 제고 |
| | 2. 평등하게 일할 권리와 기회의 보장 | 1. 고용 기회의 평등성 제고<br>2. 고용 현장의 성차별 개선<br>3. 노동시장 내 여성의 지위 개선<br>4. 여성의 경력유지·개발 지원 |
| | 3. 여성 대표성 제고 및 참여 활성화 | 1. 정치·공공분야 여성 대표성 제고<br>2. 민간기업 등의 여성 대표성 제고<br>3. 여성 리더십 역량 강화 |
| | 4. 일·생활 균형 사회기반 조성 | 1. 돌봄의 사회적 책임 강화<br>2. 근로자의 모·부성권 보장<br>3. 기업의 가족친화경영 확산 |
| | 5. 여성폭력 근절과 여성 건강 증진 | 1. 여성폭력 근절 정책 추진기반 강화<br>2. 다양한 여성폭력 대응력 제고<br>3. 여성폭력 피해자 보호·지원 강화<br>4. 성인지적 건강증진 기반 강화 |
| | 6. 양성평등정책 추진체계 강화 | 1. 성주류화 정책 추진기반 정비<br>2. 성인지적 정책 역량 강화<br>3. 시민사회와의 협력체계 구축 및 강화<br>4. 평화·통일 활동 및 국제협력 증진 |

**[그림 9-6] 제2차 양성평등정책 기본계획(2018~2022)**

출처: 여성가족부(2018). 제2차 양성평등정책 기본계획.

사회참여 평등, 일과 생활의 균형, 여성 안전과 건강 증진이라는 4가지 목표 아래 6개의 대과제와 22개의 중과제를 정책과제로 설정하였다.

### (3) 제3차 양성평등정책 기본계획(2023~2027)

제3차 양성평등정책 기본계획은 '따뜻한 동행, 모두가 행복한 양성평등 사회'라는 비전에 따라 함께 일하고 돌보는 환경 조성, 안전과 건강권 증진, 양성평등 기반 확산이라는 3가지 목표 아래 5개의 대과제와 14개의 중과제를 정책과제로 설정하여 추진한다.

| 비전 | 따뜻한 동행, 모두가 행복한 양성평등 사회 | | |
|---|---|---|---|
| 목표 | 함께 일하고 돌보는 환경 조성 | 안전과 건강권 증진 | 양성평등 기반 확산 |

| 정책과제 | 대과제(5개) | 중과제(14개) |
|---|---|---|
| | 1. 공정하고 양성평등한 노동환경 조성 | 1. 양성평등한 일자리 기반 구축<br>2. 경제활동 참여 활성화<br>3. 일·생활 균형 지원 강화 |
| | 2. 모두를 위한 돌봄 안전망 구축 | 1. 아동 돌봄 지원 강화<br>2. 양질의 성인 돌봄 서비스 증진<br>3. 돌봄노동자 처우 개선 및 역량 강화 |
| | 3. 폭력 피해 지원 및 성인지적 건강권 보장 | 1. 피해자의 법·제도적 권리 보장<br>2. 성별 기반 폭력 대응 강화<br>3. 성인지적 건강정책 강화 |
| | 4. 남녀가 상생하는 양성평등 문화 확산 | 1. 양성평등한 성장 환경 조성<br>2. 생활 속 양성평등 문화 확산<br>3. 성별 대표성 제고 |
| | 5. 양성평등정책 기반 강화 | 1. 정책 연계-협력체계 강화<br>2. 성주류화 추진 역량 제고 |

**[그림 9-7] 제3차 양성평등정책 기본계획(2023~2027)**

출처: 여성가족부(2023b). 제2차 양성평등정책 기본계획.

### 4) 양성평등기본법의 의의와 과제

양성평등기본법이 갖는 가장 큰 의의는 여성 발전이라는 발전론적 접근에서 벗어나 여성정책의 목표가 양성평등 실현에 있다는 것을 분명히 하였다. 여성정책을 전반적으로 규정한 기본법으로 여성정책 추진의 법적 근거이자 기본지침인 여발법의 위상을 고려할 때, 젠더패러다임 또는 성평등 패러다임에 맞춰 여성정책을 체계적이고 일관되게 설계할 수 있도록 법의 패러다임을 변화시킨 것은 커다란 성과라고 할 수 있다.

양성평등기본법의 두 번째 의미는 모든 정책이 성인지적으로 수립·시행되도록 하기 위한 추진체계를 강화하였다는 것이다. 양성평등정책을 다른 정책과는 달리 모든 정책이 성인지적으로 수립·집행되도록 하는 것이 그 무엇보다 중요하다. 이를 위해서는 서로 다른 이해와 관점을 가지고 있는 부처 간에, 또는 중앙과 지방 간에 조정과 협력이 필수적으로 요구된다. 따라서 새롭게 신설된 양성평등위원회가 본래의 기능을 할 수 있도록 하는 조건 마련과 양성평등 책임관과 전문 인력을 중앙과 지방정부에 의무적으로 두도록 하여 그 역할을 강화할 수 있는 방안이 필요하다.

법의 목적에 맞게 정책명도 여성정책에서 양성평등정책으로 변경하고, 양성평등정책을 양성평등 촉진을 위한 시책(성주류화), 양성의 균등한 참여를 위한 시책, (여성)인권보호 및 복지 증진에 관한 시책, 양성평등 문화 확산을 위한 시책 등으로 구분하여 현재 여성정책의 범위와 내용을 모두 포괄하고 있다.

또한 적극적 조치의 실시를 '여성의 참여가 부진한 분야'에서 '차별로 인해 특정성의 참여가 현저히 부진한 분야'로 변경하여 적극적 조치의 의미를 훼손하지 않으면서 성중립적 개념을 사용하여 역차별 논란에서 자유로울 수 있게 하였다. 국가의 지방자치단체, 공공기관에 '관리직 목표제'를 의무화한 것은 적극적 조치를 둘러싼 지형의 변화를 의미한다(박선영, 2015).

현재는 〈제3차 공공부문 성별대표성 제고 계획('23~'27년)〉에서 다음과 같은 분야별 달성목표를 세우고 추진 중이다.

- (공무원) 고위공무원 13.5%, 국가직 본부 과장급 30%, 지방직 과장급 32.2%
- (공공기관) 임원 26.2%, 관리자 34.5%, (지방공기업 관리자) 15.5%
- (교원) 국립대 교수 22.9%, 4대 과학기술원 교원 14.1%
- (군인경찰) 여성 군 간부 15.3%, 일반경찰 17%, 해양경찰 17.9%
- (정부위원회) 여성참여율 40%(법정기준)

이에 따른 이행력 제고 방안으로는 매년 이행점검 실시 및 결과보고, 언론공표, 미흡기관 개선권고, 여성인재 DB 추천 지원 등을 제시했다. 그러나 사회 각 영역에서 여성들의 약진이 가시화되고 있는 상황에서 공공부문의 적극적 조치도 필요하겠지만, 여성이 일과 가정을 양립할 수 있도록 지원체계를 강화하고, 노동시장에서 계속되고 있는 다양한 차별을 제거할 수 있는 보다 근본적이고 적극적인 방안이 요구된다.

Chapter 10

# 젠더평등을 위한 정부정책

## 1. 성별영향분석평가

양성평등을 이루기 위한 성주류화는 정부의 정책 전반에 영향력을 미쳐야 함에도 불구하고 오랜 기간 '여성정책'에만 국한되어 있었다. 따라서 여성의 삶의 질을 향상시키고 양성평등 사회를 구현하기 위해서는 정책들이 어떻게 여성의 삶에 영향을 미치는가를 분석하고 평가할 수 있는 방안을 고려해야 한다는 주장이 제기되면서(김혜란, 2011), 양성평등을 이루기 위한 성주류화의 방법으로 성별영향분석평가라는 도구를 제시하였다.

### 1) 성별영향분석평가의 개념

2015년 여성가족부의 성별영향분석평가 지침에 따른 성별영향분석평가의 개념을 살펴보면 "성별영향분석평가란 법령·계획·사업 등 정부의 주요 정책을 수립·시행하는 과정에서 여성과 남성의 특성과 사회·경제적 격차 등의 요인들을 체계적으로 분석평가함으로써 정부 정책이 성평등의 실현에 기여하도록 하는 제도"라고 정의하고 있다. 또한 성별영향분석평가의 추진근거인 여성발전기본법 10조를 보면 "국가 및 지방자치단체는 소관 정책을 수립 · 시행하는 과정에서 당해 정책이 여성의 권익과 사회참여 등에 미칠 영향을 미리 분석 · 평가하여야 한다."라고 하여 양성 평등한 정책을 만들고 수행하기 위하여 성별특성과 사회경제적 조건 등을 분석 · 평가하는 도구라고 명시하고 있다.

〈성별영향분석평가 개념과 법적 근거〉

**지침상의 개념:** 성별영향분석평가란 법령 · 계획 · 사업 등 정부의 주요 정책을 수립 · 시행하는 과정에서 여성과 남성의 특성과 사회 · 경제적 격차 등의 요인들을 체계적으로 분석 · 평가함으로써 정부 정책이 성평등의 실현에 기여하도록 하는 제도

**여성발전기본법 10조** "국가 및 지방자치단체는 소관정책을 수립 · 시행하는 과정에서 당해정책이 여성의 권익과 사회참여 등에 미칠 영향을 미리 분석·평가하여야 한다."

**성별영향분석평가법 제1조** "이 법은 국가 및 지방자치단체의 정책에 대한 성별영향분석평가에 관하여 기본적인 사항을 정하여 정책의 수립과 시행에서 성평등을 실현하는 것을 목적으로 한다."

이 정책은 2004년의 시범운영을 거쳐 2005년부터 정식으로 시행되어 왔는데, 점차적으로 참여기관 및 과제 수가 대폭 확대되고, 평가대상의 과제도 점차 중요도가 높은 것으로 선정되는 경향을 보이고 있어 앞으로도 많은 기대를 걸고 있다. 하지만, 아직도 성별 통계자료와 공무원의 인식 및 역량, 투입되는 예산과 행정력이 매우 부족하여 국가의 주요 정책에 대한 본격적인 분석이 이루어지지 못하고 있다. 평가 과제수가 증가하고 있음에도 불구하고 제도의 실질적인 활용 및 정책효과 등 질적 측면의 개선은 미흡한 상태이다.

성별영향분석평가 사업의 수행과정을 보면 연초에 대상과제를 선정하는 것에서 시작하여 추진계획서를 작성하고 중간보고서 및 결과보고서를 작성, 제출하고 있으며 환류실적 보고서를 제출한다. 대상과제 선정단계에서 과제선정

평가위원회를 구성하고 과제선정 이 후에는 추진계획서를 작성하고 담당자를 대상으로 여성가족부 주관의 교육이 실시된다. 또한 중간보고서와 결과보고서의 질적 수준을 제고하기 위하여 보고서 작성을 위한 교육과 컨설팅도 실시된다. 보고서에는 점검지표별로 대상사업의 현황을 점검하여 분석결과를 제시하고 이를 토대로 개선해야 할 사항을 제안하게 된다.

## 2) 성별영향분석평가의 운영체계

### (1) 추진절차

성별영향평가의 모든 과정은 GIA 시스템을 통해 실시하고, 추진현황을 관리함으로써 업무의 효율성 향성과 정보지원체계를 구축하고 있다.

〈성별영향분석평가의 절차〉

사업선정 → 성별영향평가서 작성 및 제출 → 검토의견 통보 → 반영계획 제출 → 반영계획 관리 → 성인지예산서 작성

### (2) 운영체계

성별영향분석평가의 평가대상은 중앙부처와 지방자치단체이다. 유형은 성별영향평가와 특정성별영향평가가 있는데 성별영향평가에는 법령에 대한 성별영향평가, 계획에 대한 성별영향평가, 사업에 대한 성별영향평가, 정부홍보사업에 대한 성별영향평가가 있다. 특정성별영향평가는 여성가족부와 지방자치단체에서 실시한다. 각 성별영향평가의 종류 및 평가 대상은 다음과 같다.

〈표 10-1〉 성별영향분석평가의 종류 및 대상

| | 구분 | 평가 개요 |
|---|---|---|
| 성별영향평가 | 법령에 대한 성별영향평가 | • 중앙행정기관: 제·개정을 추진하는 법률에 대해 법제처의 법령안 심사 전에 실시<br>• 지방자치단체: 제·개정하는 자치 법규에 대해 조례·규칙심의회나 법제심의위원회의 심의·의결 전에 실시 |
| | 계획에 대한 성별영향평가 | • 중앙행정기관: 법률에 따라 3년 이상의 주기로 수립하는 계획 중 여성가족부가 평가대상 계획 선정하여 실시<br>• 지방자치단체: 기관별로 평가대상 계획 선정 후 계획 수립 완료 전까지 비전, 목표, 전략 및 중점과제에 대한 평가 |
| | 사업에 대한 성별영향평가 | 중앙행정기관과 지방자치단체는 성평등에 중대한 영향을 미칠 수 있는 사업에 대해 평가 실시 |
| | 정부홍보사업에 대한 성별영향평가 | 정부홍보사업 내용의 성역할 고정관념, 성차별적 요소 여부를 사전에 점검할 수 있도록 중앙행정기관과 지방자치단체에서 실시 |
| 특정성별 영향평가 | 여성가족부 | 시행 중인 법령, 중앙행정기관 및 지방자치단체 소관 정책 또는 공공기관이 수행하는 사업 중 성평등 실현을 위해 개선이 필요한 정책 및 사업을 평가 |
| | 지방자치단체 | 시행 중인 조례·규칙, 지방자치단체 소관 정책, 지방공기업이 수행하는 사업 중 여성의 지위향상 및 성평등 실현과 관련이 있는 사업을 평가 |

출처: 여성가족부(2023b). 2023 성별영향평가 지침.

### (3) 지원체계

성별영향분석평가를 위해 성별영향평가위원회를 구성하고 교육을 진행한다. 성별영향평가위원회는 중앙위원회로는 여성가족부차관이 위원장이며 이 위원장 1인을 포함하여 15인 이내의 위원으로 구성하여 진행한다. 지방위원회는 지방자치단체의 장을 소속으로 두어 진행한다. 성별영향평가 교육은 성별영향평가 담당 공무원과 관리자의 제도에 대한 이해 제고 및 실무역량강화를 위해 중앙행징기관 및 지방자치단체 소속 성별영향평가 담당 공무원과 책임관, 실무 담당자 등을 대상으로 교육이 진행된다.

### 3) 성별영향분석평가의 환류

성별영향분석평가의 수행과정은 하나의 사이클로서 제시된 개선사항을 실제 정책과 사업에 반영하여 환류하는 것이 또 하나의 중요영역이다. 성별영향분석평가가 성별 특성을 고려한 정책과 사업의 수행을 위한 정책도구로서의 역할을 충실히 수행하려면 성별특성을 고려한 정책과 사업수행에 필요한 대안이 내용적으로 필요하며 이를 실제 정책과 사업실행에 반영해야 한다.

성별영향분석평가 결과의 환류를 위해서는 환류 추진을 위한 시스템 구축과 이를 담당할 인력의 의지와 역량이 중요하다. 특히 성별영향분석평가 결과환류를 위한 담당자의 의지는 성별영향분석평가 제도에 대한 수용도와도 관련된 사항이며 성별영향분석평가 점검지표에 대한 이해도도 분석결과의 질적인 수준과 연결된다.

성별영향분석평가의 환류 문제점에 대해 단순히 공무원의 인식이 부족하다든지, 잦은 업무순환으로 인한 지속성 부재 때문이라고만 논하기에는 미흡한 부분이 많다. 중앙부처의 의지, 지방자치단체의 여건, 사업을 수행하기 위한 예산 등 매우 다양한 요소들이 산재하고 있기 때문이다. 따라서 좀 더 다양한 측면에서 대안을 제시할 필요가 있다.

#### (1) 인식의 전환과 조직의 의지

지속적이고 적극적인 실무자 교육을 통해 성인지력이 제고되어야 한다. 중앙정부의 공무원은 물론이거니와 본 업무를 담당하는 공무원조차 성별영향분석평가를 왜 하는지 인식하지 못하는 경우가 많다. 모든 지자체에서는 성별영향분석평가 교육을 주기적으로 실시하고 있지만 형식에 그치거나 교육의 내용에 엉뚱한 프로그램을 삽입하는 등 그 중요성을 인식하지 못하고 있다. 지자체 국책사업 합동평가에서 공무원 인식변화를 위한 성별영향분석평가 교육 실시 여부를 평가하고 있으나 실질적인 성과를 위해서는 교육의 질을 평가하는 지표개발이 요구된다. 이를 위해서는 조직의 의지가 필요하다. 더욱이 이제 성별영향분석평가 과제 수보다 환류의 중요성이 커지고 있는데 지자체장을 중심으로 하는 조직의 강력한 의지가 뒷받침되지 않으면 계속해서 과제 수 채우기에 급급할 가능성이 크다. 따라서 성별영향분석평가 결과를 정책에 환류시켜 성인지적 정책으로 개선하도록 하기 위해서는 교육과 연계하여 사후관리차원에서 간담회나 지속적인 네트워킹을 통한 자발적 호응이 필요하다. 또한 정부업무평가가나 국정시책합동평가의 항목으로 성별영향분석평가환류를 보다 적극적으로 포함시키는 등 제도적 장치를 통한 환류체계의 정비가 요청된다.

성별영향분석평가는 법적 기반을 가지고 추진되는 사업이지만 중앙행정기관뿐 아니라 지방자치단체도 이를 추진하기 위한 조직 내 인프라와 이에 대한 전문성을 가진 사업담당자는 극히 소수이다. 따라서 성별영향분석평가가 보다 충실하게 시행되고 환류가 본격화되는 데에는 담당공무원과 전문가가 파트너가 되어 시행할 수 있는 장치를 갖추어야 한다. 이를 위해서는 성별영향분석평가에 대한 컨설팅 능력을 갖춘 전문가의 양성이 시급하며, 이러한 전문가 양성을 위한 교육이 필요하다.

### (2) 조직의 구조적 노력

「여성발전기본법」 제13조에서는 국가 및 지방자치단체가 인적 통계를 작성할 경우 성별을 주요 분석단위에 포함시키도록 규정하고 있다. 성별영향분석평가에서 이러한 통계방식은 매우 유리하게 활용되는데, 실제로 지방자치단체가 성별영향분석평가 보고서에서 제시한 제도 개선방안에 '성별분리통계[1)]의 생산'이 절대적으로 많다(한국여성정책연구원, 2008). 또한 공무원들이 직접 작성하는 통계양식이 성인지적인 방향으로 개선될 수 있도록 성별영향분석평가 결과 통계양식을 개선하도록 하고, 성별영향분석평가 지표에서 점검항목의 하나로 포함시키자는 의견이 전문가 간담회에서 제시된 바 있다(한국여성정책연구원, 2008).

또한 행정조직 업무상의 구조적인 문제가 지적되었다. 성별영향분석평가를 실시한 해당 연도에는 환류 결과가 즉각 반영되기 어렵기 때문에, 2~3년 정도 장기적이고, 지속적으로 점검해야 할 필요성이 있음에도 불구하고, 잦은 순환보직으로 인해 이러한 점검이 실질적으로 어렵다는 것이다. 많은 선행연구들에서도 순환보직에 대한 대안이 마련되어야 과제에 대한 환류점검의 실효성을 높일 수 있다고 지적된 바 있다. 성별영향분석평가를 총괄 담당하는 담당자는 성별영향분석평가 업무를 '전문직위제'로 지정하거나 핵심 업무로 선정하여 성별영향분석평가 운영의 애로점을 제거해야 한다.

아직까지도 성별영향분석평가의 결과들을 보면, 관련된 규정을 개정하거나 예산을 개편하여 반영하는 사례는 많지 않다. 주된 이유는 성별영향분석평가 결과에 따른 제도개선의 내용이 구체적이지 않거나, 실제로 담당공무원이 추진할 수 있는 개선 방안으로 연결되지 않기 때문에 예산을 편성하기가 어렵다. 때로는, 부처에서 성별영향분석평가의 결과를 예산에 반영하였지만 심의과정에서 반영되지 않은 경우도 있다. 또한 환류에 필요한 예산안 수립시기와 환류방안 마련 시기가 불일치하여 환류가 실질적으로 이루어지기 어려운 경우도 있다. 따라서 후술하는 성인지예산제도와의 직접적 연계가 필요한 부분이다.

1) 성별분리통계는 국가 및 지방자치단체가 인적 통계를 작성할 경우, 여성과 남성의 정책적 요구, 수혜 정도, 만족도는 각각 다를 수 있음을 전제로, 성별을 나누어 통계를 내는 방법이다.

### (3) 중앙-지방의 연계

중앙과 광역, 기초자치단체가 동일한 정책 사업을 운영하는 경우는 각 기관별 연계를 강화해야 효율적으로 업무 분배뿐만 아니라 환류의 실효성을 높일 수 있다. 예를 들면, 일선 행정에서 사업을 집행하는 공무원이 성별분리 통계의 생산을 위해 통계양식의 개선방안을 제시한다면 중앙행정기관의 해당 사업 담당자가 검토해서 성별통계 양식을 새롭게 개발할 수 있을 것이다. 또한 중앙행정기관이 개선된 통계양식을 업무지침을 통해서 지방자치단체 사업 담당자에게 시달하면 사업을 집행하는 담당자들이 그 통계양식에 맞게 작성해서 성별현황을 보고하여 파악할 수 있다. 정책결정과정에서의 성별현황, 정책정보 및 서비스 전달에서의 성별현황, 시설 이용 및 정책 수혜집단의 성별현황 파악을 통해 젠더 관련성을 도출하고 개선방안을 제시하기 위해서는 중앙행정기관과 지방자체단체의 사업 담당자들 간의 긴밀한 연계가 필요하다. 즉, 성별영향분석평가 환류 및 정책 개선을 위한 워크숍을 주기적으로 개최하여 중앙행정기관과 지방자치단체 간 유기적 연계를 시스템화하고 환류의 사례들을 데이터베이스화하여 서로 공유하는 노력이 요구된다.

### (4) 여성NGO 및 여성전문가의 역할 강화

여성단체로서 성별영향분석평가에 직접적으로 영향을 미칠 수 있는 공식적인 방안은 과제선정 위원회 및 평가위원회의 구성원으로 참여하는 것이다. 성별영향분석평가의 수행 부서에 외부전문가의 자문과 교육이 포함되어 있으므로 주기적인 외부전문가의 관여가 어느 정도 선에서 이루어지고 있다. 하지만 이러한 외부전문가의 관여는 여전히 미미한 수준이므로 공식적인 여성전문가의 역할을 확대시키고, 지자체에서 추진하는 각종 정책을 성인지적 관점에서 모니터링하고 비판하는 워크숍 및 연구 활동을 활발히 할 필요가 있다.

### 4) 성별영향분석평가를 통한 정책 개선 사례

성별영향분석평가를 통한 정책 개선 사례를 몇 가지 살펴보면 다음과 같다.

**[사례 1] 경기 재취업 지원 사업, 여성 참여자 할당제 도입**

| 성별영향분석평가를 하기 전 | 성별영향분석평가를 하고 난 후 |
|---|---|
| 경기 재취업 지원사업은 산업 내 인력수급불균형을 체계적으로 관리함으로써 구인난과 실업난을 동시에 해소하고자 하는 목적에서 출발한 사업으로, 30세 이상 55세 미만의 구직희망자에게 개인별 맞춤 취업지원 서비스를 제공하고 있다. 그러나 출산, 육아 등으로 30~40대에 경력단절을 경험한 여성의 경우 구직에 대한 막연한 두려움을 갖고 있어, 남성에 비해 참여율은 17.8%(2007)로 매우 낮았다. | 이에 경기도는 여성의 경기 재취업 지원사업 참여를 높이기 위해 여성참여자 20% 할당제를 도입하였고 그 결과 2008년 여성참여비율을 25.9%까지 확대할 수 있었다. |

출처: 여성가족부(2007). 성별영향분석평가를 통한 정책개선 사례. '07 경기도 성별영향분석평가 최종보고서.

**[사례 2] 여성이 처한 상황을 고려한 공공근로사업**

| 성별영향분석평가를 하기 전 | 성별영향분석평가를 하고 난 후 |
|---|---|
| 저소득 주민들의 생계를 보호하고, 근로자의욕을 고취시키기 위하여 공공근로사업을 통하여 일자리를 창출하고 있다. 그러나 가사, 육아, 경제활동을 병행해야 하는 여성의 입장이 충분히 반영되지는 못하였다. | 따라서 서울시 도봉구는 가사와 육아의 부담이 있는 여성 근로자에게 거주지 인근지역으로 우선적으로 배치하여, 성별 요구를 반영하려고 노력하였다. |

출처: 여성가족부(2007). 성별영향분석평가를 통한 정책개선 사례. 서울시 도봉구.

**[사례 3] 여군 전용 군복 제작**

| 성별영향분석평가를 하기 전 | 성별영향분석평가를 하고 난 후 |
|---|---|
| 1948년 창군 이래 지난 60년간 우리나라군 역사는 간호병과(1948) 창설 등 '여군'의 역사와 함께 해왔다. 그러나 군복은 남녀의 신체적인 특성이나 생애주기에 대한 충분한 고려 없이 압도적으로 다수인 남성 군인에게 초점이 맞춰져 제작되었고, 그로 인해 여군들은 불편함을 느껴왔다. | '20년까지 여군의 수를 2배 이상 확대할 계획인 국방부는 '군복 보급 및 관련 규정에 대한 성별영향분석평가' 결과를 바탕으로 여성체형을 고려한 '여성 전용 전투복'을 개발하였다.<br>그동안 체형에 맞지 않은 남녀공용 군복착용으로 느꼈던 여성들의 불편함이 해소되었다. |

출처: 여성가족부(2009). 성별영향분석평가를 통한 정책개선 사례. 국방부.

**[사례 4] 성별 특성을 고려한 여성화장실 평등법**

| 성별영향분석평가를 하기 전 | 성별영향분석평가를 하고 난 후 |
|---|---|
| 공공시설에서 화장실을 이용할 때 변기수의 부족으로 여성들이 남성에 비해 줄을 오래 서 있어서 불편함을 호소해 왔다. | 미국의 뉴욕시의회는 공공장소의 여성화장실을 남성의 2배로 설치할 것을 의무화하는 여성화장실 평등법(Women's Restroom Equity Bill)을 통과시켰다. 이 법에 의하여 신축 및 개조 중인 술집, 음식점, 극장 등 공공건물은 남녀 화장실 비율을 1대 2로 만들어야 한다. 이제 여성들은 더 이상 화장실 앞에서 줄 서서 기다리지 않아도 되며 남성들은 가족이 불편함을 겪는 모습을 지켜보지 않아도 되었다. |

출처: 여성가족부(2005). 성별영향분석평가를 통한 정책개선 사례. 미국 뉴욕.

**[사례 5] 농업인 해외연수(충청북도 진천군): 모집단 대비 성별 정책수혜 비율을 파악, 정책수혜의 양성평등성 제고**

<table>
<tr><th>사업개요</th><th>평가 이전(2009)</th><th>평가 이후(2010)</th></tr>
<tr>
<td>선진 농업기술 경쟁국 및 수출대상국 농업 기술 정보의 신속한 수집·확산으로 국가경쟁력을 제고하고, 농업인의 국제적 안목 배양 및 전문기술 습득 동기부여</td>
<td>영농 작목 별 해외연수 수혜자 선정 시 수혜대상자 중 여성이 39.3%임에도 실질적으로 남성이 100% 참여
<table>
<tr><th>구분</th><th>여성</th><th>남성</th></tr>
<tr><td>대상자</td><td>624명</td><td>962명</td></tr>
<tr><td>수혜자</td><td>0명</td><td>33명</td></tr>
</table>
수혜대상자: 여성의 경우 생활개선회, 남성의 경우 농촌 지도자회 및 농업 경영인회 등 학습단체가 정책대상임. 그러나 학습 단체별 참여보다는 개인 참여자 중심으로 운영해 옴</td>
<td>대상자 선정방식의 변경: 개인 참여자 중심에서 학습단체 주체의 해외연수로 선정방식을 변경<br>→ 전체 수혜대상자의 50%(12명)을 여성으로 선정</td>
</tr>
</table>

출처: 여성가족부(2011). 2010년 성별영향평가 사업분야별 결과분석 및 제도개선 방안. 충청북도 진천군.

**[사례 6] 임신 중 여성 근로자 육아휴직 확대**

| 성별영향분석평가를 하기 전 | 성별영향분석평가를 하고 난 후 |
|---|---|
| 「남녀고용평등법」에 임신 중인 여성 근로자는 출산 전 육아휴직 신청대상에 포함되지 않아 불편함이 존재했다. | 2021년 고용노동부는 임신 중인 여성 근로자가 출산 전 육아휴직을 할 수 있도록 「남녀고용평등법」을 개정하여 산모와 태아에 대한 보호를 강화하였다. |

출처: 여성가족부(2021b). 2021년 성별영향평가 종합분석 결과.

## 2. 성인지예산

한국여성정책연구원은 성인지예산제도(Gender-responsive bugeting)에 대한 개념을 "예산이 여성과 남성에게 미치는 효과를 예산의 편성, 심의 집행, 결산 과정에서 고려하여 국가재원이 효율적이고 성평등한 방식으로 사용될 수 있도록 예산의 배분구조와 준칙을 변화시키고자 하는 것으로 성평등한 자원배분의 과정"이라고 정리하였다. 즉, 예산이 남녀에게 미치는 효과를 고려함으로써 정부 예산 및 정책의 성평등한 자원배분을 도모하고자 한다.

샤프와 브룸힐(Sharp & Broomhill)은 성인지예산의 목적을 다음과 같이 요약하고 있다.

첫째, 정책과 재정운용에 있어서 성평등에 대한 인식을 제고시킨다.

둘째, 성평등에 대한 정부의 책임성을 강화시킨다.

셋째, 성평등과 여성의 지위 향상을 위해서 예산과 정책을 실질적으로 변화시킨다.

국제적 차원에서는 뉴질랜드, 캐나다, 호주 및 노르웨이 정부와 세계은행, 세계노동기구(ILO)와 같은 국제기구 등에서 성주류화 전략을 추진하고 있는데, 그 방안으로 성별분석 가이드라인이나 성명을 발표하여 시행하고 있다. 특히 캐나다 등 연방제 국가들에서는 내각에서 성평등(성별)분석을 포함할 수 있는 지침을 세울 것을 요구하고, 중앙의 여성정책 담당기구와 법무부 등 정부부처뿐만 아니라 지방정부에서 공공정책과 프로그램의 성별영향분석을 시행하고 있다. 이러한 다양한 분석과 평가과정에서 정부의 예산이 여성의 지위에 커다란 영향을 미치고 있다는 사실이 지적된 바 있다.

1933년 호주에선 노동당 주도하에 국가예산이 국가의 여성지위에 어떻게 영향을 미치는가를 살펴보아야 한다는 의결을 하게 되었다. 그 의결 1년 후 국가

예산은 '여성예산보고서'와 함께 의회에 제출되었으며, 그 보고서는 호주여성을 위한 준비된 예산의 함축된 의미를 자세하게 알리는 보고서였다. 이것이 성인지예산 보고서의 시작이 되었고, 그후 40여 개의 나라에서 여성지위에 대한 국가계산의 영향력을 분석하는 보고서가 나왔다.

성인지예산 제도를 운영하기 위한 첫 단계는 성별에 의한 예산데이터를 얻는 것이다. 그리고 그 데이터에 의한 성별영향분석을 하고, 영향에 따른 예산분석을 한다. 이는 결과적으로 정책담당자들이 여성정책뿐 아니라 모든 정책을 중심으로, 정책방향 및 정책목표, 정책형성, 정책집행과정, 정책성과 등을 점검할 수 있도록 촉구하며, 정책문제의 정의, 정책선택, 모니터링, 정책수행 평가와 환류의 과정에서 '여성'이라는 변수를 고려하게 된다. 이러한 과정을 통해 정책담당자들의 '정책이 여성의 삶에 미치는 영향'에 대한 의식을 향상시키고, 나아가 평등사회구현에 도움이 되는 정책이 생산되는데 기여할 것이다.

### 1) 성인지예산의 분석틀

성인지예산의 분석틀이나 분석기법은 그리 많이 개발되지 못하였다. 성인지예산 분석을 위해 성인지예산 기획안(Gender Budget Initiative: GBI) 모델을 기초로 하여, 국가정책 평가체계인 정책형성, 정책집행, 정책성과의 3개 평가영역에 영역별 평가항목과 평가요소를 통합한 분석틀을 이용하고 있다.

〈표 10-2〉 정책평가의 틀

| 영역 | 평가 항목 | 평가요소 |
|---|---|---|
| 정책 형성 | 정책목표 타당성 | 문제에 대한 성별요구의 차이가 파악되었는가? |
| | 계획내용 충실성 | 실질적 요구와 전략적 요구를 구별하고 있는가? |
| 정책 집행 | 시행과정 효율성 | 예산배분에 성별요구의 차이가 반영되었는가? |
| | 시행과정 적절성 | 정책대상으로서의 여성의 의견수렴이 적절한가? |
| 정책 성과 | 목표 달성도 | 투입된 비용효과에 양성차이가 있는가? |
| | 정책 효과 | 정책효과는 성 중립적인가, 단성 우호적인가? |

출처: 김혜란(2011). 성인지예산과 성별영향 평가의 연계방안.

분석의 범위와 대상은 추진 주체, 예산범위, 예산 단계 등에 따라 나누어 분석된다.

〈표 10-3〉 분석 대상의 범위

| | |
|---|---|
| 추진 주체 (political location) | 정부 부처 |
| | 의회 |
| | 비정부 조직 |
| 예산의 범위 (coverage) | 전체 예산 |
| | 특정 부처 및 사업 |
| 예산의 단계 (budget cycle) | 기획 및 사정 |
| | 감사 및 평가 |

## 2) 우리나라 성인지예산 추진 경과

2006년 「국가재정법」에 성인지예산서, 성인지결산서 제출 조항을 마련하여 2010 회계연도 예산안 편성부터 성인지예산을 추진하였다. 따라서 2009년 '2010년도 성인지예산서'를 처음으로 작성하여 29개 기관 195개 세부사업에 총 예산 규모 7조 3,144억 원(전체예산 202조 8,196억 원의 3.61%)을 편성하였다.

최근 '2021년도 성인지예산서 분석' 보고서에 따르면, 성인지예산을 편성한 기관의 수는 37개의 기관이며 총 304개의 세부사업에 대해 34조 9,311억 원으로 책정되었다. 이는 2020년도에 비해 3조 2,000억 원이 증가하였으며 중앙관서의 수가 2개 증가하고 사업 역시 20개가 증가되었다.

2009년 이후 성인지예산을 편성하는 기관과 사업이 지속적으로 늘었고 그에 따른 예산액이 증가하는 등 제도의 정착과 안정적 운영 측면에서 일련의 긍정적인 성과를 도출하였다고 평가받고 있으나, 국가 전반에 걸친 성 불평등 개선이 미비하므로 제도 시행 전략 수정이 요구되는 시점이다.

### 3) 성인지예산서 작성 추진 체계

'성인지예산서' 작성 체계를 시기별로 살펴보면 다음과 같다. 3월에 기획재정부는 여성가족부의 협조를 얻어 '성인지예산서' 작성지침을 작성·배포하고 4~5월에 해당 부처의 대상사업을 선정하고 확정한다. 이때 여성가족부는 대상사업 선정기준의 마련과 대상사업의 적합성 여부를 검토하고, 기획재정부는 해당 중앙관서의 장과 협의하여 대상사업을 조정한다. 한편 한국양성평등교육진흥원과 한국여성정책연구원 성인지예산센터는 이 과정에서 각각 해당 부처 기획재정담당관실 및 사업 담당자를 대상으로 교육을 실시하고 성인지예산서 작정 지원을 한다. 이후 해당 부처는 작성한 성인지예산서를 취합하여 기획재정부에 제출한다. 6월부터 8월 사이 기획재정부는 해당 부처 성인지 예산서를 검토하여 9월에 전체 예산안과 함께 국회에 제출한다.

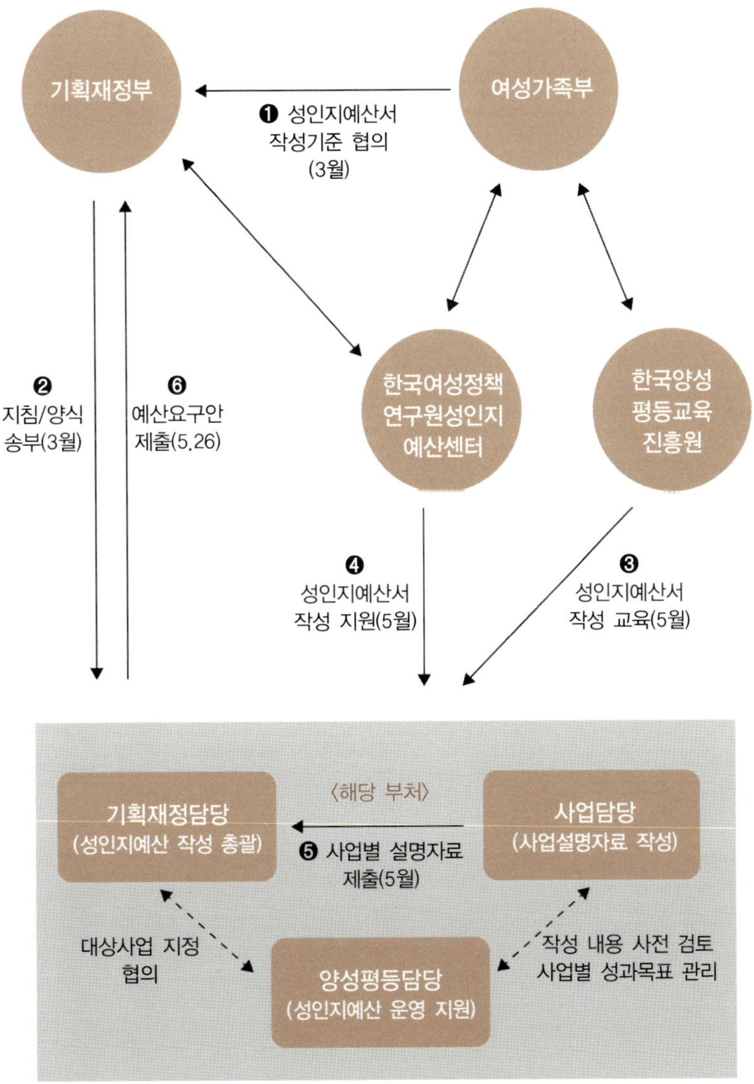


**[그림 10-1] 2021년도 성인지예산서 작성 추진 체계**

출처: 여성가족부(2021c). 2021년도 성인지예산서 작성 매뉴얼.

### 4) 성인지예산의 발전 방안

2007년부터 계획하고 추진한 성인지예산에 임하는 공무원들의 인식은 긍정적인 방향으로 개선되고 있다. 그러나 변화 강도의 절대적 수준은 높지 않은 것으로 보인다. 특히 지방행정을 담당하고 있는 지방자치단체 공무원의 경우는 더욱 그렇다. 따라서 일선 행정에서 성인지 예·결산제도의 정착 및 활성화를 위한 시사점은 다음과 같다(홍미영 외, 2015).

첫째, 지방에서부터 성인지예산제도의 초기단계를 벗어날 수 있는 전략적 접근이 필요하다. 국가재정법의 규정에 따라 2007년도부터 중앙정부에서 성인지예산제도가 실시되고 있지만, 공공부문 내부에서의 확산 속도는 미진한 상태이다. 지방재정에서도 2012년도부터 도입되었지만, 지방자치단체 구성원 내·외부에서 인식과 활용이 적극적인 상태는 아니다. 새로운 예산제도들이 초기단계에서 의미 있게 정착되지 못한다면, 형식적인 문서 작성 단계에 그치는 한계에 봉착하여 실제 의도한 양성평등의 성과를 창출하는 데 한계가 발생할 수 있다. 이미 10년이 훌쩍 넘어버린 시점에서도 정착을 운운하는 상황은 의도적이고 전략적인 노력이 필요하다.

둘째, 성인지 예·결산제도에서 부서와 담당자의 특성별 맞춤형 지원이 필요하다. 특수성을 지닌 예산제도는 일선 기관으로 내려갈수록 소극적으로 인식하는 경우가 많으므로 지방자치단체 재정사업 전체를 대상으로 하는 종합적인 일반 컨설팅과 교육보다는 개별 부문별 그리고 담당자 특성별로 전문화된 지원 프로그램을 개발·운영해야 한다.

셋째, 성인지 예·결산제도를 운영하는 궁극적인 목적은 지역사회의 양성평등성이라는 점을 고려할 때 지방예산에서 성인지 쟁점을 지방의회와 지역사회 전반적인 문화로 확산할 필요가 있다.

넷째, 사회정책 부문의 사업담당자들의 인식 전환이 요구된다. 성인지 예·결산제도는 사회적으로 양성평등 제도와 관행을 개선하려는 가치 실현의 목적이 있다. 따라서 상징적 필요성과 실질적 필요성 모두를 위해 여성정책부문과 사회서비스부문이 선도적인 측면을 보여 줄 필요가 있다.

다섯째, 성인지 예·결산서에 있는 정보들이 구체적인 정책의 성과변화로 연결되는 경험적 증거들을 확인하고 관련 정보를 체계적으로 축적·확산시킬 필요성이 있다. 성인지예산제도의 필요성에 대한 공감대는 계속 개선되고 있지만, 실제 성과에 대해서는 아직 회의적인 시각이 있다. 이는 제도 도입에 따른 결과지향적인 성과들이 구체화되지 않았기 때문이다. 따라서 제도 정착 활동뿐 아니라 가시적인 성과를 창출할 수 있는 대표적인 영역 혹은 사업을 발굴·육성하는 전략적인 활동을 동시에 추진해야 한다.

## 3. 일·가정양립정책

여성의 경제활동 참여가 증가하면서 여성 노동력의 사회적 자원화 및 저출산 극복방안으로 가족 구성원을 돌보고 있는 남녀 근로자가 직장과 가정생활을 양립할 수 있도록 하는 일·가정양립(work-family balance)이 중요한 쟁점으로 제기되고 있다. 또한 21세기 세계화와 함께 지식정보사회의 도래는 기존의 산업구조, 조직 형태에 급격한 변화를 초래하여 근대 이후의 기업조직에 상당한 영향을 미치고 있다. 따라서 과거 어느 때보다도 인적자원의 경쟁력이 중요하며, 인적자원의 경쟁력을 확충하기 위해서는 성별과 관계없이 가용 인적자원을 효율적으로 개발하고 적극 활용하는 것이 바람직하다 할 것이다. 이때 과거 극소수에 불과하던 여성 인재 육성과 여성 리더십 개발은 기업의 핵심 전략의 한 축으로 자리 잡고 있다.

기존의 기업문화를 고려하면, 우수한 여성 인재들이 일과 가정의 양립이 어려워 출산을 포기하거나 휴직 또는 취업을 중단하는 경우가 상당히 많았다. 출산을 포기하는 경우는 우리나라 저출산 현상의 원인 중 한 가지로 작용하고, 휴직 또는 취업 중단의 경우는 기업의 막대한 인력손실로 이어진다. 숙련된 경력을 보유한 여성인력의 감소와 여성인력의 잦은 교체로 인한 업무의 비효율성이 초래되는 것은 당연하다. 또한 직업을 가진 여성의 경우 일반적으로 가정에서의 전통적 성역할에도 많은 시간을 투자해야 하므로 일과 가정의 역할 갈등이 심하다. 특히 양육의 경우는 더 심각하다. 따라서 전통적으로 책임져 왔던 가사업무의 수행을 위해 개인적으로는 가정과 직장 간의 갈등이나 그로 인한 스트레스를 해결하는 방안을 강구할 것이고, 사회적으로는 기업이나 국가의 제도 및 정책이 뒷받침되어야 한다. 최근 과거 여성들의 전유영역이었던 가사노동과 육아를 남녀가 공동으로 수행해야 한다는 의식이 높아지고 실제로 일과 가사노동을 병행하는 남성들도 차츰 증가하고 있다. 일·가정양립정책은 여성 노동자들을 위한 '여성정책'의 일환으로 간주해서는 안 된다.

기업의 측면에서 가족 친화적 경영은 직원의 만족도를 높이고 이직률을 낮추며 근로자가 일에 집중할 수 있도록 하기 때문에 생산성을 향상시켜 기업의 이익 증대를 가져오므로 노사 간의 양승작전으로 보고 있다.

## 1) 일·가정양립정책의 의미와 내용

### (1) '어머니'이자 '노동자'인 여성

여성의 역할을 '아내'와 '어머니'로 제한하는 전통적 사고는 시대의 변화와 함께 재구조화할 때이다. 여성이 개개인의 잠재력을 현실화하여 시민으로서의 권리를 찾고자 노력하는 가운데, 삶의 전 영역에서 실질적인 평등을 누릴 수 있도록 지원하는 정책적 고려가 필요하다. 이는 여성의 역할과 권리가 '어머니'나

'아내'에 한정되기보다는 경제활동의 주체, 즉 '노동자(worker)'이면서 '어머니'인 한 개인으로서 논의되어야 함을 전제한다(서동희, 2008).

### (2) 공·사 영역 통합에 기초한 젠더관계의 변화

일·가정양립의 이슈는 일·가족 갈등 또는 일·가족 딜레마, 즉 일터에서의 역할과 가정에서의 역할 사이의 충돌과 갈등, 모순을 조절해가려는 것으로 결국 시장노동(market work)과 돌봄노동(care work)의 상반된 두 요구를 어떻게 조정해갈 것인가에 초점을 두고 있다. 근대사회에서 이 두 영역은 각각 남성과 여성에게 전문화되었고 이를 정당화하는 젠더규범을 통해 실현되어 온바, 오늘날 남녀평등 논란의 중심에 있다.

실제로 공적 영역과 사적 영역의 상호관련성을 고려하지 않고 분리된 영역에서 각각의 평등을 논하는 것은 현실 문제를 해결하는 데 어려움을 갖는다. 더욱이 성별분업의 완화를 위한 문제 제기 없이 일·가정양립지원을 요구하는 것은 새로운 형태의 성별분업을 창출할 수 있다. 또한 가족의 생계를 유지하기 위해 일을 해야 하는 어머니들의 경우 가족 내 성별분업에 대한 근본적인 도전을 하지 않은 상태에서 일·가정양립지원은 큰 한계가 있다.

일·가정양립을 위한 요구가 탈가족화를 함의하고 있지만, 그 방향은 공사 영역 분리에 기초한 보살핌노동에 대한 지원이기보다는 공사 영역의 통합을 전제로 한 보살핌노동에 대한 지원이다. 따라서 일·가정양립을 지원하는 활동이 실질적인 평등권을 실현하기 위해서 필요한 조건은 두 가지로 모아진다. 하나는 육아휴직과 보육 지원 등 일·가정양립을 위한 지원제도가 성별분업을 완화하는 방향으로 마련되지 않는다면, 일하는 여성에게는 일·가정을 양립해야 하는 이중 부담이 여전히 존재한다는 것이며, 그 과정에서 새로운 형태의 성별분업을 창출할 수 있다는 것이다. 또 다른 하나는 일·가정 영역의 분리를 전제로 한 관련 제도의 형성이, 여성이 주로 해온 자녀와 노인의 보살핌노동이 보편적 부양자모델에서 보편적 양육자모델로 가지 않는다면, 여성의 이중 부담을 강화하거나 자칫하면 여성을 가족이라는 분리된 공간에 머무르게 하는 형태로 만들어갈 수 있다는 것이다. 이와 같은 이유에서 일·가정양립을 지원하는 요구는 성별분업을 완화하려는 전략적 요구와 이중 부양자모델에 기초한 일·가정 영역의 변화를 결합시키는 방향으로 실천되는 특성을 갖는다(강이수 외, 2009).

## 2) 우리나라의 일·가정양립정책

### (1) 일·가정양립(가족친화)제도의 범위

OECD 보고서에 의하면 일과 가정의 양립은 개인과 사회의 중요한 두 가지 목표가 있다. 개인은 노동시장에 참여하여 소득을 얻는 등의 사회적 활동을 하고, 사회는 가정의 자녀에게 필요한 보살핌을 준다. 따라서 일·가정양립정책은 가족지원과 부모의 노동시장 참여를 확대하기 위한 모든 조치를 포함한다(OECD, 2002). Mazur(2002)는 일·가족 양립을 조화정책(reconciliation policy)으로 정의하면서 이 정책에 사회보험, 보육, 부모 휴가, 세제 개혁, 미혼모 정책이 있다고 보았다.

또한 우리나라는 근로자가 일과 가정생활을 조화롭게 병행할 수 있도록 다양한 일·가정양립제도 및 사업운영을 통해 가족친화 직장문화를 만들어 가는 노력을 하고 있다. 「가족친화 사회환경의 조성 촉진에 관한 법률」 제15조에 의해 가족친화제도를 모범적으로 운영하는 기업 및 공공기관에 대하여 심사를 통해 가족친화인증을 부여한다. 이 사업은 여성가족부가 기획·운영하는데, 이때 한국건강가정진흥원이 해당 기업과 공공기관에 인증 전·후 컨설팅과 교육 및 상담을 제공하고 한국경영인증원이 인증설명회 및 심사 등을 진행한다.

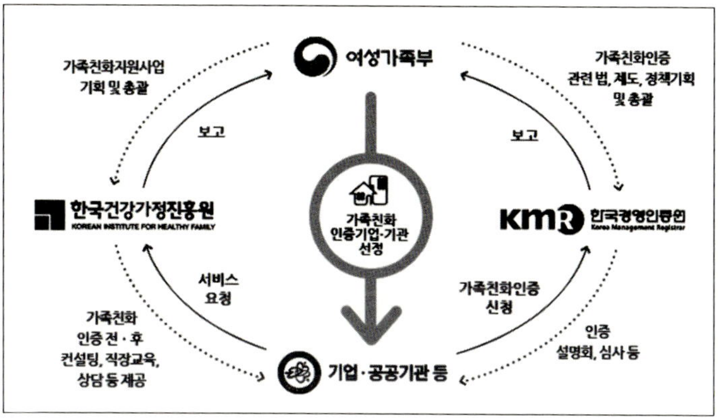


[그림 10-2] 가족친화사업 운영체계

출처: 가족친화지원사업 홈페이지(https://www.ffsb.kr).

여성가족부(2022)의 자료에 의한 가족친화지원사업 우수사례를 살펴보면 다음과 같다.

〈표 10-4〉 가족친화지원사업 우수사례

| 유형 | 내용 및 세부 프로그램 |
|---|---|
| 출산 및 양육지원 제도 | **임신에서 출산까지 장려하고자 지원**<br>임신기 근로시간 단축, 출산 경조금, 자녀 가족수당, 육아휴직 근속시간 인정 범위 확대, 다자녀 인사 가점 및 복지포인트 추가 배정 |
| | **육아에 전념하면서 일할 수 있는 지원**<br>배우자 출산휴가, 가족돌봄 휴직, 자동육아휴직, 공동직장어린이집, 보육휴가, 산모휴게실, 공동육아나눔터 운영 |
| 유연근무 제도 | **유연한 근무시간에 효율적으로 일하기 지원**<br>모성보호시간 부여, 폭넓은 연차 제도, 시차출퇴근제, 재택근무, 정시퇴근제 도입 |
| 가족친화 직장문화 | **가족과 함께하는 가족초청행사 및 가족참여 프로그램 지원**<br>문화가 있는 날, 능력향상 휴가, 가족초청 패밀리데이, 가족·지인 초청 가을 문화행사 운영, 5년 단위 장기근속 포상, 가족 휴양시설 |
| 생애주기 패키지 지원 | **생애주기별로 자녀들에게 지원**<br>취학 전 학자금, 자녀 교육비 지원, 각종 경조금 및 경조 휴가, 출산육아용품 지원, 둘째 이상 자녀 아이 돌봄 서비스 무료 지원 |

출처: 한국건강가정진흥원(2022). 2022년 가족친화 우수사례집.

가족친화정책은 근로자의 삶의 질에 바로 영향을 줌으로써 해당 기업의 성과와 사회적 분위기에도 상당한 파급효과를 가져오는 의미 있는 제도이다. 기업은 사회적 이미지가 개선되고 우수인력의 채용 및 확보, 근로자의 사기 진작, 만족도 증가, 이직률감소, 생산성 증가 등의 효과를 볼 수 있다. 또한 가족친화사회환경을 조성함으로써 저출산과 고령화 해소에 따른 국가경쟁력이 강화될 수 있다.

한편 정부는 각 부처별 일·가정양립지원정책을 추진하여 기혼 남·여 근로자의 일과 가정을 보장할 수 있도록 사회적 책임을 강화하고 이에 대한 정책적 지원을 제공한다. 일·가정양립지원정책은 2005년 제정된 정부의 「저출산·고령사회 기본계획」에서 제2차 정책에 해당되며, 정부주도의 큰 맥을 중심으로 소관부처별로 관련 법령의 제정 및 주요 정책안을 제시하고 있다.

**〈표 10-5〉 각 부처별 일·가정 양립에 관한 법령 및 주요내용**

| 소관부처 | 정책목표 | 관련법령 | 주요계획 | 주요내용 |
|---|---|---|---|---|
| 고용노동부 | 고용평등실현을 위한 제도적 기반 구축 및 일·가정 양립지원 정착 | 남녀고용평등 및 일·가정양립지원에 관한 법률, 근로기준법 | 제6차 남녀고용 평등과 일·가정 양립기본계획(18–22) | 차별 없는 일자리 환경 구축, 경력단절 예방, 경력단절 후 재취업 지원 |
| 보건복지부 | 점진적 출산율 회복 기반 구축 및 고령사회 대응체계 확립 | 저출산·고령사회 기본법, 영유아보육법 | 제4차 저출산·고령사회 기본계획(21–25) | 모두가 누리는 워라벨, 성평등하게 일할 수 있는 사회, 아동 돌봄의 사회적 책임 강화 |
| 여성가족부 | 양성평등실현 및 여성의 경제활동 촉진 | 양성평등기본법, 여성의 경제활동 촉진과 경력단절 예방법, 가족친화사회환경의 조성 촉진에 관한 법률 | 제3차 양성평등정책 기본계획(23–27), 제3차 경력단절 여성등의 경제활동 촉진 기본계획(20–24) | 성별근로공시제 단계적 도입방안 마련, 재직여성 경력단절 예방 내실화 등 |

출처: 고용노동부. 제6차 남녀고용평등과 일·가정양립 기본계획; 저출산·고령사회위원회. 제4차 저출산·고령사회 기본계획; 여성가족부. 제3차 양성평등정책 기본계획, 제3차 경력단절여성등의 경제활동촉진 기본계획.

일·가정양립지원정책에 포함된 소관부처는 고용노동부, 보건복지부, 여성가족부, 교육부 등이 있다. 개별 부처의 주요 계획과 그 시기도 다르게 설정되어 있다. 고용노동부는 고용평등을 위한 제도적 기반 구축 및 일·가정양립지원정책 목표 아래 제6차 남녀고용평등과 일·가정양립기본계획을 2018년부터 2022년까지로 설정하고 시행하였다. 보건복지부는 점진적 출산율 회복 기반 구축 및 고령사회 대응체계 확립이라는 목표 아래 제4차 저출산·고령사회 기본계획을 2021년부터 2025년까지로 설정하여 시행하고 있으며, 여성가족부는 양성평등 실현 및 여성의 경제활동 촉진의 목표 아래 2023년부터 2027년까지 양성평등정책 기본계획과 2020년부터 2024년까지 경력단절 여성 등의 경제활동 촉진 기본계획을 시행하고 있다.

### (2) 여성가족부의 일·가정양립정책

여성가족부는 교육부, 기획재정부, 보건복지부, 고용노동부와 함께 '국민행복'을 주제로 2016년도부터 일·가정양립을 강조하고 있다. '2022년도 업무추진계획' 중 일·가정양립정책과 관련된 사항을 보면, 일하고자 하는 여성이 평등하게 일할 수 있도록 성별 격차 해소를 위해 이사회 성별 구성에 대한 특례규정을 발효하였고, 경력단절여성의 취업지원서비스를 강화하고 바이오 등 미래 유망직종과 관련된 콘텐츠를 중점 개발한다. 가족서비스를 용이하게 받고자 가족센터의 접근성을 제고하고자 하였으며 마음 놓고 아이를 맡길 수 있도록 돌봄 지원 통합 플랫폼을 구축한다. 이러한 사항을 자세히 보면 다음과 같다.

#### ① 모두가 체감하는 성평등 사회 구현: 노동시장에서의 성별 격차 해소 강화

공공·민간부문 내 성별 다양성 확보를 위해 「자본시장법」에 근거한 이사회 성별 구성 특례규정을 발효하여 상장법인 성별임원의 현황을 분석하고 발표함으로써 인식개선을 다각화하였다. 또한, 여성 일자리의 질을 개선하고자 가사노동의 가치 저평가 개선, 공정한 보상 등 권리보장을 지원하는 사회경제조직 모델을 개발 및 지원하고 가사·돌봄 등 여성 다수 일자리의 가치평가 제고를 위한 인식개선을 추진한다.

② 모두가 체감하는 성평등 사회 구현: 사각지대 없는 여성 고용안전망 구축

맞춤형 취업을 지원하고자 각 부처의 전문인력 양성과정을 수료한 경력단절 여성에게 일 경험과 취업연계 등을 지원하는 다부처 협업 취업지원서비스를 8개 부처 8개 사업에서 11개 사업으로 확대하였다. 미래인력 양성을 위해 미래 유망직종 고숙련·고부가가치 과정, 취업률과 지역 일자리 연계 가능성이 높은 전문 직종 대상 장기훈련 과정 및 경력단절여성 특화 온라인 콘텐츠 개발을 59개에서 70개 내외로 확대하였다.

③ 다양한 가족 포용 및 촘촘한 돌봄 지원: 다양한 가족 포용 및 서비스 지원 강화

양육, 학업, 취업을 동시에 준비해야 하는 청소년 부모 대상 학습, 상담·법률지원, 아동 양육비를 월 20만 원 지원하고 실태조사를 실시한다. 가족서비스 접근성 제고를 위해 생애주기별 비대면·온라인 서비스 제공 및 지역 가족센터 설치를 96개소에서 108개소로 확대하였다.

④ 다양한 가족 포용 및 촘촘한 돌봄 지원: 한부모가족 아동양육 지원 확대 및 양육비 이행강화

일하는 한부모의 경제·사회적 자립기반 마련을 위하여 근로·사업 소득 30% 공제를 도입하였고 한부모가족시설 설치 유형을 한부모의 자립과 아동 양육 기능을 중심으로 새롭게 개편하고, 한부모가족 대상 매입임대주택을 통해 주거 지원을 확대하였다.

⑤ 다양한 가족 포용 및 촘촘한 돌봄 지원: 아이돌봄서비스 및 지역사회 돌봄을 통한 양육공백 해소

공공·민간 돌봄체계 통합·관리 및 다양한 돌봄의 상황별 맞춤형 서비스 제공 등을 위한 정보 플랫폼을 2024년도까지 구축하고자 한다. 지역주민이 주도하는 돌봄공동체 및 이웃 간 돌봄품앗이 구성을 통한 공동육아나눔터 확대로 지역돌봄 체계를 강화하였다.

## 3) 선진국의 일·가정양립정책

각국에서 시행되고 있는 일·가정양립정책들은 각국의 독특한 제도 발달 경로와 사회경제적 배경에 따라 나름대로의 특성을 지닌 형태로 운영되고 있다.

### (1) 스웨덴의 일·가정양립정책

스웨덴의 일·가정양립정책은 국가가 적극적인 정책수단을 가지고 남녀의 일과 가정생활의 양립을 적극적으로 지원하고 있다. 이미 1970년대 공보육서비스를 본격적으로 도입하였고, 1974년 부모휴가제도를 실시함으로써 남녀 공동양육의 모델을 제시하였다. 1975년에 보육을 모든 아동들의 권리로 규명하는 「보편적 육아학교법」을 시행하였고, 여성의 부담을 덜어주기 위한 정책을 넘어서 성별분업을 변화시키기 위해 남성의 육아참여를 독려하는 제도를 적극적으로 채택하고 있다. 특히 '아버지의 달'제도는 1995년 도입 당시 부모휴가 기간 중 1개월을 할당하였으나 2001년에는 2개월로 할당하였다. 결과, 2005년의 경우 약 75%의 아버지들이 부성휴가를 사용한 것으로 나타났고, 2008년에는 보다 강력한 '성평등보너스[2)]'를 제도화하여 성별분업 제도를 변화시키는 정

2) 성평등보너스는 부모 중 높은 임금소득자가 휴가 사용 시, 낮은 임금소득자에게 보너스를 제공하

책기조를 꾸준히 유지하면서 지속적으로 다양한 정책수단들을 개발하여 실시하고 있다.

〈표 10-6〉 스웨덴의 일·가정양립정책의 특성 및 내용(2015~2019년)

| 정책유형 | 정책 특성 및 내용 |
|---|---|
| 노동시간 정책 | • 유연근로제도: 오전 7시~오후 4시로 보통 진행되며 담당 매니저와 합의하면 바로 조정 가능<br>• 재택근무: 주 1회 원하는 날 사용 가능<br>• 시간제 일자리 발전: 기혼여성의 근로시간을 탄력적으로 확보하고자 도입하여 주 1회 휴무일을 지정하거나 매일 2시간 단축근무 형태로 사용 |
| 휴가정책 | • 육아휴직 총 480일(쌍둥이 660일, 세쌍둥이 840일)<br>- 300일은 파트너와 상의해 자유롭게 사용<br>- 90일은 부부가 각각 사용하도록 규제<br>- 아버지 할당: 2014년도부터 90일로 확대<br>- 자녀 만 12세 전까지 세 번에 걸쳐 사용 가능<br>• 임시 육아휴직: 60일, 아픈 자녀 돌봄, 소득 80%<br>• 휴가사용: 1/2, 1/3, 1/4,/1/8로 분할사용 가능 |
| 보육정책 | • 보육수당 지급<br>• 공공보육기관 운영: 오전 6시~오후 7시<br>• 장애아동 보육: 특수시설 이용하여 필요에 따라 보육도우미 신청 가능 |
| 조세정책 및 현금지원 정책 | • 아동수당: 자녀가 16세가 될 때까지 지원<br>- 자녀 1인당 월 SEK 1,050 지급(약 17만 원)<br>- 다자녀의 경우 추가 수당 지급 |

출처: 홍의정(2019). 스웨덴의 일·생활 균형 정책과 시사점. 한국보건사회연구원; 최윤경, 김윤환, 이혜민(2015). 세계육아정책시리즈 15 스웨덴의 육아정책 II. 육아정책연구소.

### (2) 영국의 일·가정양립정책

영국은 전통적으로 남성부양자모델을 채택한 국가로, 자녀양육이나 여성의 취업 여부는 개인적인 책임으로 간주되었고 아동보육에 대한 국가의 책임도 제

---

는 것으로 2008년 7월부터 시행되었으나 임금의 수준과 상관없이 육아휴직의 전적인 책임이 여성에게 부여되는 경우가 대다수라 효과가 없다고 판단하여 2017년 1월 1일 폐지되었다.

한적이다. 보육서비스는 저소득층 아동들을 대상으로 한 매우 선별적인 접근이었고, 90년대 후반까지 국가의 재정적인 지원이나 서비스 공급의 노력은 최소한에 그쳤다. 그러나 1997년 신노동당 집권 이후 영국 사회정책에서 상대적으로 관심을 적게 받아 왔던 일·가정양립정책이 핵심적인 화두가 되었다. 1998년 '국가보육전략'을 발표하여 아동에 대한 투자를 3배 이상 확대하였고, 특히 한부모가족의 고용확대 및 자녀보육서비스를 확충할 것을 주요 정책목표로 설정하였다. 1999년부터는 '슈어스타트 지역프로그램'을 시작하여 저소득층 아동과 가족들을 대상으로 한 통합서비스를 제공하고 있다. 2004년에는 '10년 보육전략'을 발표하여 아동들의 건강한 성장과, 부모들의 일과 가정의 균형 및 양립을 지원하는 다양한 선택권을 보장하는 것을 핵심목표로 설정하였다. 이는 아동빈곤퇴치와 여성의 고용 증대 두 가지를 목표로 하여 전개되고 있다.

또한 2000년에는 '일·가정 양립 캠페인', '일·가정 양립 도전기금'을 마련하는 등 기업을 대상으로 적극적인 노력을 기울이게 되었다.

**〈표 10-7〉 영국의 일·가정양립정책의 특성 및 내용(2017~2018년)**

| 정책유형 | 정책유형별 특성 |
|---|---|
| 노동시간 정책 | • 다양한 유연근무제 시행<br>– 파트타임, 학교 시간 동안 근무, 탄력 근무, 재택근무, 직무교환, 스케줄 근무, 압축근무 등으로 구성 |
| 휴가정책 | • 모성휴가: 26주<br>– 6주 동안 90% 소득대체, 33주 160유로, 13주 무급<br>– 추가 모성휴가: 26주<br>• 부성휴가: 2주, 160유로<br>• 부모휴가: 자녀 1인당 18주<br>– 연간 최대 4주차 한해 사용 가능, 무급 |
| 보육정책 | • 3~4세 유아에게 주당 15시간 무상 교육<br>– 15시간 초과 시 개인 부담<br>• 면세보육제도: 노동자 계층 가정에 아이 한 명당 연간 £2,000 지원 |

| | |
|---|---|
| 조세정책 및 현금지원 정책 | • 근로가족세액공제제도 → 아동세액공제제도와 근로세액공제제도로 전환<br>• 근로세액공제제도 중 아동보육요소는 중저소득층 보육비 지원에 대한 세금환급<br>• 보육바우처: 고용주가 근로자에게 지급, 주당 보육비의 일부 세금 감면 혜택, 의무사항은 아님<br>• 모성수당: 39주, 160유로<br>– 자격: 출산예정일 전 66주 중 총 26주 근로한 여성 |

출처: 김태홍 외(2009). 한국보건사회연구원; 류정희 · 이주연(2018). 2018년 국외 출장보고서; 주영한국교육원. 2017년 영국 보육비 지원정책.

### (3) 일본의 일 · 가정양립정책

일본에서는 1990년대부터 저출산대책의 일환으로 '남녀공동참획', '양립지원', '패밀리 프랜들리', '차세대 육아육성지원' 등의 정책을 펴오고 있다. 최근에는 보육시설의 확충뿐만 아니라 '남성의 직장생활' 개혁과 '재택보육 지원' 등에 역점을 두고 정책을 개발해 왔다. 일본 정부는 2008년을 '워크 라이프 밸런스 원년'으로 정하고, '워크 라이프 밸런스'라고 하는 새로운 정책 틀에서 '남성의 노동방식에 대한 개혁'과 '기업의 육아지원 노동개혁'의 두 가지 난제를 본격적으로 시도하고 있다. 「워크 라이프 밸런스 헌장」은 맞벌이 세대가 증가하고 있음에도 불구하고 워크스타일이나 남녀 간의 역할분담 의식은 시대의 변화를 따르지 못하고 있으며, 또한 일과 생활 간의 불균형문제로 가족생활에 영향을 받는 세대가 증가하면서 이에 대한 적극적인 정책대안으로 수립되었다.

일본의 일생활 균형정책의 특징은 정부와 기업, 지방정부 등의 참여와 협력을 이끌어내면서 진행되고 있다는 점이다.

〈표 10-8〉 일본의 일 · 가정양립정책의 특성 및 내용(2018~2021년)

| 정책유형 | 정책유형별 특성 |
|---|---|
| 노동시간 정책 | • 소정근로시간 단축: 3세까지의 자녀를 양육하는 근로자의 1일 소정근로시간을 단축<br>• 시간 외 노동 제한: 육아, 개호 등 노동자 1개월 24시간, 1년 150시간 시간외 노동 금지<br>• 심야업 제한: 육아, 개호 등 노동자 오후 10시~오전 5시 노동 금지<br>• 근로자의 배치에 관한 배려 |
| 휴가정책 | • 육아휴업: 1명의 자녀에 대한 1회만 취득 가능<br>– 휴업 전 임금 67%까지 지급, 180일 경과 후 50%<br>• 자녀간호휴가: 초등학교 취학 전 자녀 양육하는 근로자가 1년 5일 사용 가능<br>• 산후파파육아휴직: 출생 후 8주 이내 아빠가 최장 4주까지 사용 가능(2021년 도입) |
| 보육정책 | • 인정어린이원: 만 0~5세 영유아 대상, 부모 취업유무나 보육 필요에 따라 11시간, 8시간, 4시간 제공<br>– 맞벌이 가구나 돌볼 필요 사유 있는 가구: 8~11시간<br>– 전업주부 자녀의 경우: 4시간 |

출처: 홍성민(2022). 일본 산후파파육아휴직 벤치마킹 칼럼; 박수경(2020). 일본의 일 · 생활균형을 위한 육아휴업제도의 최근 동향 및 시사점 칼럼.

## 생각해보기

**01** 정부의 여성 관련 정책이 일관성 있고 통합적으로 이루어지게 하기 위해서 어떠한 노력이 필요한지 생각해 보자.

**02** 최근 심각한 사회적 위기인 저출산 · 고령화와 관련하여 일 · 가정양립정책이 갖는 의미와 실효성에 관해 생각해 보자.

**03** 정부의 정책 일부를 여성정책이라는 명칭을 사용하고 강조하는 것에 대해 어떻게 생각하는지, 여기에 문제제기를 한다면 다른 방법은 무엇이 있는지 등에 대해 생각해 보자.

# PART 05

# 여성과 사회복지

Chapter 11 여성과 복지국가모델
Chapter 12 여성과 사회보장제도

Chapter 11

# 여성과 복지국가모델

‘복지국가란 무엇인가’를 간단하게 정의하기란 어렵다. 자본주의사회에서의 복지국가는 계층 및 계급 간의 갈등을 관리하는 차원과 경제성장을 지원하는 차원에서 민속국가가 국민의 삶의 안전과 경제적 복지를 제도적으로 도모해 온 역사적 과정의 산물이다.

그러나 현대사회의 빠른 변화는 전통적 가족의 역할 변화를 촉진하였고 임금노동의 주체였던 남성과 가사전담자였던 여성의 전통적 역할을 재편해야 하는 변화 구도를 유도하고 있다. 따라서 일부 복지국가 모형은 가족과 노동시장의 변화 속에서 현실적 적합성을 잃고 더 이상 양성평등의 시각을 통합하지 못한다는 비판을 면하기 어렵다.

따라서 본 교재에서는 Esping-Andersen의 세 가지 복지국가리즘을 젠더적 관점에서 비판하고 “국가-시장-가족”의 관계에 대한 재인식 속에서 가부장제를 기반으로 하는 남성부양자모델, 시민권을 기반으로 하는 개인주의단위모델, 성통합모델 등을 소개하고자 한다.

# 1. 에스핑 앤더슨의 세 가지 복지국가리즘

## 1) 에스핑 앤더슨의 세 가지 복지국가리즘 내용

에스핑 앤더슨(Esping-Andersen)은 1990년의 저서 『The Three Worlds of Welfare Capitalism』에서 복지국가의 발전 정도는 국가에 의해 부여되는 사회권이 국민들의 시장에 대한 의존성을 얼마나 줄이느냐에 달려 있다면서 국민들이 자신의 노동력이라는 상품을 노동시장에서 교환하지 않더라도 삶을 영위할 수 있는 정도, 즉 탈상품화(decommodification)[1]의 정도에 따라 복지국가는 달라진다고 했다. 에스핑 앤더슨은 이러한 기준에 따라 복지국가를 자유주의 복지국가(liberal welfare state), 보수주의 복지국가(conservative welfare state), 그리고 사회민주주의 복지국가(social democratic welfare state)의 세 가지로 유형화하였다(Esping-Andersen, 1990).

자유주의 복지국가는 고전적인 자본주의 모습에 가장 부합하는 유형이라고 할 수 있다. 이 국가 유형에서는 복지공급 주체로서 시장의 역할이 중심적이고, 따라서 사회복지 서비스는 제한적이어서 탈상품화와 복지 재분배의 효과가 미약하다. 가족과 국가의 복지공급에 대한 역할 분담구도는 가족의 책임을 강조하고 가족의 실패 후에 국가가 최소한으로 개입하는 경향을 보인다. 여기

1) 노동의 상품화는 살아 있는 노동이 일반상품과 같이 노동력이라는 상품으로 노동시장에서의 수요와 공급에 의해 임금이 결정되는 교환의 대상이 되는 것을 말한다. 노동자는 임금 소득을 자신의 효용을 극대화하기 위해 소비하면서 자본주의사회에서 삶을 영위한다. 따라서 자신의 노동력이 시장에서 교환되지 않을 때 그는 자본주의 사회에서 생존할 수 없다. 노동의 탈상품화는 시장합리성에 따라 노동이 시장에서 교환되지 않는 대상이 된다는 것을 의미한다. 탈상품화 노동의 형태 예를 들면, 공무원, 의사, 변호사, 과학자, 기술자, 교육자, 사회복지서비스의 전문가 등을 들 수 있다. 이들의 노동은 시장합리성의 기준에 따라 교환될 수 있는 것이 아니다. 에스핑 앤더슨의 탈상품화는 정치행정적으로 결정되는 사회복지서비스의 생산과 분배를 통해 국민들이 시장에서 노동력을 교환하지 않고서도 자신의 삶을 영위할 수 있는 것을 말한다.

에 속하는 대표적인 국가는 미국, 호주 등이다.

보수주의 복지국가는 사회적 연대의 근원을 가족으로 규정하는 가족주의적 성격이 강한 국가 유형이다. 그리고 이 유형에 속하는 국가는 가족의 특성을 지원하고 보완하는 역할에 주력한다. 가족과 국가 간의 역할 분담은 가족의 개인에 대한 전통적 역할을 강조하고 가족이 실패한 후에 국가가 개입하는 것을 원칙으로 한다. 대표적으로 보수주의 복지국가에 속하는 국가로는 오스트리아, 프랑스, 독일, 이탈리아 등이 있다. 이들 복지국가에서는 사회적 계층의 차이를 유지하는 것을 목표로 하는 사회보험을 강조하기에 국가복지의 재분배 효과는 크지 않고 탈상품화 효과도 일정한 한계가 있을 수밖에 없다.

사회민주주의 복지국가는 보편주의적 할당원칙과 사회권으로서의 복지권 보장을 통한 탈상품화 효과가 매우 크고 복지의 재분배 기능이 가장 강한 국가 유형이다. 따라서 이 유형에 속하는 국가에서는 사회복지 프로그램이 높은 수준으로 제도화되어 있다. 또한 가족과 국가 간의 역할 분담구도는 전통적 역할 분담방식에서 가족이 담당했던 복지공급 역할(특히 부양 부문)의 많은 부분을 사회로 이양시킴으로써 가족의 부담을 최소화하고, 가족이 실패하기 전에 예방적 차원에서 개입하는 경향이 있다. 스웨덴이 이 유형에 속하는 전형적인 국가라고 할 수 있으며, 그외에 벨기에, 덴마크, 노르웨이 등도 해당된다(Esping-Andersen, 1990; 이진숙 외 2009).

에스핑 앤더슨의 탈상품화 개념은 노동자가 자신의 노동력을 상품화하여 노동시장에서 일을 하지 않고서도 일정 수준의 삶의 질을 유지할 수 있는 정도를 말한다. 즉, 개인이 노동시장에서 이탈되었을 경우 공공 사회보장제도를 통해 소비능력을 사회적으로 보장받고 시장에 대한 임금노동자의 의존성을 약화시키는 정도를 의미하는 지표라고 할 수 있다. 에스핑 앤더슨은 탈상품화 정도를 지수화하기 위해 연금보험, 의료보험, 실업보험, 사회보장의 발달 정도를 조작화하여 측정하였다.

한편 계층화는 한 사회 내에서 계층 간의 격차와 개인의 사회적 지위의 차이를 측정하기 위한 지표다. 자본주의 사회는 시장에서 불평등한 소득에 따라 계층화되는데, 국가는 복지정책을 통해 불평등한 계층구조를 완화시키기도 하고, 강화시키기도 하며, 때로는 새로운 계층구조를 만들어 내기도 한다. 즉 에스핑 앤더슨의 계층화 개념은 자본주의가 만들어 놓은 계층구조를 복지정책이 어떻게 재계층화하였는지를 측정하는 것이라 할 수 있다.

**[그림 11-1] 에스핑 앤더슨의 복지국가 유형**

## 2) 탈상품화에 대한 여성주의적 비판

에스핑 앤더슨의 세 가지 복지국가리즘은 다양한 측면에서 비판을 받아오고 있는데 여성과 관련된 비판으로는 첫째, 탈상품화 지표는 자본주의사회에서 남성을 비롯한 사회구성원이 노동시장 활동이 여성의 부임금 재생산 노동 때문에 가능하다는 것을 포함하지 않고 있다는 점이다. 그렇게 되면 여성의 무임금 재생산 노동의 가치는 제대로 평가되지 못하고, 국가와 노동시장에 초점이 맞추어진 복지지수에서 가사노동과 취업 노동을 병행하는 여성이 제공하는 돌봄의 가치와 가사노동의 양, 그리고 그로 인한 부담은 간과하게 된다.

둘째, 탈상품화 지표는 그 결과가 성별에 따라 상이하게 나타난다는 점을 간과하고 있다(Kulawik, 1996). 임금노동자가 노동시장에 참여하는 유형은 성별에 따라 차이가 있다. 즉, 남성은 정규직 고용 형태로 양질의 업무 영역에 진입할 가능성이 높고, 여성은 비정규직 중심의 주변적 직업영역과 불안정한 고용으로 특성화될 수 있는 고용 조건에 놓이게 될 가능성이 높다. 그런데 노동을 탈상품화시키는 급부(예: 양육 관련 휴가와 휴직) 역시 성별에 따라 다른 방식으로 노동자의 임금노동에 영향을 미칠 가능성이 높다(Orloff, 1993).

셋째, 탈상품화 지표는 여성의 경제적 자율성에 대한 부분도 간과하고 있다. 일반적으로 임금노동의 여부에 상관없이 기혼여성의 대부분은 남편에게 경제적으로 의존하고 있고, 그로 인해 여성 삶의 자율성은 여성의 가족 내 관계나 지위에 의해 결정된다(Daly, 1994). 에스핑 앤더슨은 각 국가의 문화적 차이에 따른 가족 개념의 다양성을 간과하고(Daly, 1994), 그래서 가족 내 여성문제를 해결하기 위한 사회 보장적 대안을 제시할 때도 문화적 가치는 고려하지 않은 한계가 있다.

탈상품화에 내재 된 이상의 개념적 한계는 임금노동을 하는 여성, 더 나아가 부모의 이중부담을 드러내고, 국가가 가족 내 돌봄의 부담과 부양 공백의 위험을 감소시키는 정도를 측정하기 위한 대안의 모색에 대한 논의를 시작하도록 하였다. 그 결과 탈상품화에 대한 보완적 지표로서의 탈가족화지표가 형성되는 데에 단초를 제공하였다.

일반적으로 탈가족화는 여성의 가족 의존성을 완화시키고 경제적 자율성을 지원하는 정도(Traylor-Goody, 1996)나 가족의 위험 및 돌봄 책임이 국가 혹은 시장의 급부에 의해서 완화되는 정도(Esping-Andersen, 1999; Korpi, 2000)를 의미한다. 탈가족화 개념은 탈상품화와 보완적인 관계를 형성하고, 기존의 국가와 시장 중심의 복지 제공 주체 외에도 그 주체들 간의 관계 구도에서 가족을 하나의 공급 주체로 복원시킴으로써 복지정책의 논의에서 가족의 부양 부담과 여성의 가족 내 지위까지 이슈화시킨다는 점에서 중요한 지표로 인식된다. 에스핑 앤더슨은 저소득층의 시장 구매능력을 고려해 볼 때 시장에 의한 탈가족화보다는 국가에 의한 탈가족화가 바람직하다고 주장하였다. 더불어 탈가족화 정도를 분석하기 위해 GDP 대비 의료 서비스의 가족에 대한 지출 비율, 가족수당과 소득공제액, 3세 이하 아동에 대한 보육시설 제공률, 65세 이상 노인의 재가 서비스 수급 비율을 측정지수로 제시하였다. 이런 탈가족화 지수에서도 유추해 볼 수 있듯이, 일반적으로 탈가족화를 실현하기 위한 정책으로는 대표적으로 전업주부의 취업을 용이하게 하기 위한 돌봄의 사회화정책과 노동자의 일·가정양립을 위한 보육서비스, 휴가 및 휴직 정책들을 꼽을 수 있다. 탈상품화와 탈가족화 효과가 가장 큰 사회정책을 운영하는 나라는 스웨덴을 비롯한 사회민주주의 국가로 볼 수 있다.

## 2. 남성부양자모델

루이스(Lewis)가 제창한 남성부양자모델(Male-breadwinner model)은 "남성은 생계부양자, 여성은 가정주부"라는 성별분업의 기반 위에서 가족이 구성되며, 이러한 가족 속에서의 남녀역할의 차이는 남성의 경제적 부양책임과 여성의 경제적 의존을 낳게 된다. 즉, 가족이란 개념은 결혼과 동시에 남편과 아내에게 명백한 역할 분담을 주는데, 남편은 가장으로서 가족 구성원들에게 경제적 활동으로 그의 의무를 나하고 아내는 집의 관리와 가족 구성원들을 돌보는 데 그 의무가 있다. 또한 가정 밖에서는 가족부양의 책임을 진 남성에게는 가족 임금을 명목으로 한 상대적 고임금이 보장되고 반면에 여성의 노동시장 참여는 제한되거나 주변적 지위로 나타난다.

이 모델은 여성이 남성과 비교하여 사회적으로 불평등한 대우를 받는다는 일반적 개념으로서 가부장제 원리를 가정하고, '가족부양자모델'은 가부장제를 반영하는 제 모델로서 간주된다. 따라서 기존의 사회정책들은 남성부양자 모델을 통하여 여성을 경제적 의존자로 정의하고, 노동시장과 사회복지정책의 대상자로서 여성을 배제하고 억압하는 결과를 낳았다(Pascall, 1997).

남성부양자 모델은 근원적으로 성별분업체계에서 비롯된다. 성별분업이란 "인간의 사회생활의 역사 속에서 생겨나고 문화로서 고정되어 온 성(gender) 구분에 따른 노동분업(Mclntosh, 1978)"으로 정의된다. 이때 성별분업은 단순히 생물학적 성의 구분에서만 비롯되는 것이 아니라, 보다 문화적이며 이데올로기적인 측면을 가지고 있다. 즉, 성별분업체계는 단순히 "성으로 규정되는 일의 구분 혹은 역할의 구분"이라는 협의의 개념을 넘어서, "전사회구조적으로 성에 의해 구획되는 분리체계"로서 이해된다. 따라서 성별분업체계는 여러 가지 다양한 활동들을 성 범주에 적합하게 맞추는 문화적 가치이며, 성에 따라 노동을 할당시키며, 활동을 생산물을 분배하는 하나의 기제가 되는 것이다(Whitehead, 1981; 이혜경 외, 2003).

남성부양자모델은 강한 남성부양자모델국가, 온건 남성부양자모델국가, 약한 남성부양자모델국가로 구분된다.

### 1) 강한 남성부양자모델국가

강한 남성부양자모델이 추구하는 가장 이상적인 형태는 "기혼여성은 노동시장에서 배제되어, 남편에게 확고히 종속되어 있으며, 여성의 사회적 보장 수급권이나 세금 등의 문제는 공적인 지원을 받지 않고 집에서 보살핌노동을 수행함으로써 확보"되는 것이다.

아일랜드와 영국을 역사적으로 강한 남성가족부양자모델국가로 간주한다. 여성이 노동자로서의 권리를 제대로 갖지 못하는 시간제노동의 일을 주로 하고, 육아서비스가 부족한 가운데 모성권리를 제대로 갖지 못한다는 이유에서 뿐만 아니라 사회보장의 측면에서 오랜 기간 지속되어 온 부부간의 불평등한 관계가 이 같은 분류를 뒷받침하고 있다. 이러한 강한 남성가족부양국가는 공적책임과 사적책임을 명백하게 분리하는 경향이 있다.

### 2) 온건 남성부양자모델국가

남성부양자 이데올로기의 강도가 다소 약한 부류로서, 여성의 취업을 장려는 하지만 적극적인 뒷받침이 제공되지 않는다. 온건 남성가족부양국가로 간주되는 대표적인 나라는 프랑스로 볼 수 있는데 역사적으로 프랑스 여성의 노동참여는 활발하다. 대부분 여성은 전일제근무를 하고, 자녀의 유무에 근거한 임금체제를 통한 수평적 재분배를 우선시하는 사회보장체제로부터 간접적이지만 여성에게 편익이 제공되고 있다. 그러나 맞벌이 모델국가에 비해서는 일하는 여성에 대한 정부의 적극적인 지원은 찾아보기 어렵다. 또한 프랑스는 영국이나 아일랜드와는 다르게 집단적 기관에서보다 가정 내에서 가부장적 통제가 상대적으로 강하게 나타나고 있는 특징이 있으며, 여성은 사회적으로 아내나 어머니뿐만 아니라 노동자로서 그 권리를 인정받고 있다.

### 3) 약한 남성부양자모델국가

약한 남성부양자모델국가는 일명 맞벌이모델로 불린다. 단일생계부양자가 아니라 부부의 취업이 적극 장려되고 남성부양의 개념이 축소된 부류로, 여성의 사회권이 정립되어 있으며, 가사노동의 가치를 인정받는다. 스웨덴이 대표적인 국가이다. 1960년대 후반기와 1970년대에 걸쳐 스웨덴의 사회민주정부는 2인가족부양자 사회로의 전환을 결정하였다. 이를 통해 여성은 분리 세금제와 대폭적인 육아서비스의 제공을 받으면서 경제활동을 활발히 하고 있다. 이에 따라 가정에서 남편에게 개인적으로 의존하던 여성들은 국가를 상대로 공식적 의존을 하는 경향이 나타나고 있다. 스웨덴이 맞벌이, 즉 약한 남성부양국가로 분류되는 데에는 몇 가지 이유가 있다. 먼저 기혼자를 포함하는 스웨덴의 여성들은 남성에게 의존하는 종속물로서가 아닌 시민권을 가진 정당한 개인으로 간주되어 각종 사회보장의 편익을 제공받을 수 있는 점이다. 고정소득이 없는 모든 성인은 실업급여 수급자격의 심사 없이 기본소득을 보장받기 때문에 여성도 독립적이 시민의 대우를 받고 있다. 또한 법률은 여성들의 아내로서의 역할 대신에 어머니의 역할에 조섬을 맞추이 육아에 대한 필요성을 더욱 강조하고 있다. 마지막으로 스웨덴의 care의 원칙은 아내로서보다는 어머니로서 혹은 carer로서의 편익을 우선시한다.

**〈표 11-1〉 부양규범에 따른 복지국가 유형 분류**

| 부양규범의 유형 | 해당국가 | 여성과 보호노동에 대한 태도 |
|---|---|---|
| 강한 부양자 | 영국, 독일, 네덜란드 | 여성은 시민으로서의 지위보다는 시민남성에 대한 의존적 존재로서 규정됨 |
| 온건(중간 정도) 부양자 | 프랑스 | 여성은 시민이자 노동자로서의 지위로 규정됨<br>여성의 노동참여를 고취하는 동시에 가족에 대해 강한 지원을 함 |
| 약한 부양자 | 스웨덴, 덴마크 | 이중 부양규범의 지지에 따라 여성은 노동자이자 어머니로서의 지위를 보장받고 보상됨 |

출처: Lewis & Ostner(1991). p. 42.

## 3. 개인주의단위모델

세인즈베리(Sainsbury, 1999)는 개인주의단위모델(individual model)을 통해 부양규범과 돌봄노동을 기준으로 복지국가를 유형화하였다. 즉, 복지국가는 남성 가장의 노동시장 참여를 중심으로 성 분업을 지지하고 가족 내 돌봄에 대해서는 사회적 보상이 제공되지 않는 남성 생계부양자(male breadwinner) 유형, 성역할 분리(separate gender roles) 유형, 성 분업을 와해하고 일과 돌봄에 대해 부부가 역할을 공유하도록 지원하는 개인으로서의 임금노동자-돌봄노동자(individual earner-carer) 유형으로 구분하였다.

**〈표 11-2〉 세인즈베리의 복지국가 유형 분류**

| 체제의 성격 | 남성 생계부양자 | 성역할 분리 | 개인으로서의 임금노동자-돌봄노동자 |
|---|---|---|---|
| 이데올로기 | 엄격한 성별 노동 분업 | 엄격한 성별 노동 분업 | 부부간 역할 공유 |
| 수급권 | 배우자 간 불평등 | 성역할에 의한 차이 | 평등 |
| 수급권의 기초 | 남성부양 | 가족 책임 | 시민권으로서의 권리 |
| 복지 수급자 | 가장, 피부양자에 대한 보충적 급여 | 가족부양자로서의 남성, 돌봄 노동자로서의 여성 | 개인 |
| 과세 | 결합과세, 피부양자 공제 | 결합과세, 부부 모두 피부양자 공제 | 분리과세, 동등한 공제 |
| 노동시장정책 | 남성에 우선 | 남성에 우선 | 양성을 목표로 함 |
| 돌봄 제공 | 개별적 | 개별적 | 강력한 국가개입 |
| 돌봄노동에 대한 보상 | 지불하지 않음 | 가정 내 돌봄 노동자에 대한 유급 보상 | 가정과 사회의 구분 없이 돌봄 제공자에 대해 유급보상 |
| 해당 국가 | 독일, 네덜란드 | 노르웨이 | 스웨덴, 핀란드 |

출처: Sainsbury(1999). p. 78.

세인즈베리는 개인주의단위모델과 루이스의 부양자모델의 비교를 통하여 차별화를 꾀하였다. 부양자모델은 결혼 관계 내 부부의 엄격한 역할분담, 가정주부로서의 아내역할 강조, 수급 자격은 부양자로서의 지위에 기반하고 있다. 따라서 자연적으로 아내의 권리는 파생적 권리이다. 반면, 개인주의단위모델에서는 배우자가 각각 자신의 생계유지를 책임지고 자녀양육에 대한 경제적 책임이나 돌봄책임을 공유하며, 수급단위, 기여단위, 납세단위를 개별적으로 유지한다. 또한 피부양자에 대한 세액공제제도는 존재하지 않고, 재생산노동의 많은 부분이 공공영역에서 수행되며, 보살핌노동에 대한 사회보험혜택이 수급권으로 주어진다.

**〈표 11-3〉 남성부양자모델과 개인주의단위모델의 비교변수**

| 범위 | 남성부양자 모델 | 개인주의단위 모델 |
|---|---|---|
| 이상적인 가징 | 결혼의식<br>노동의 엄격한 구분<br>남편=부양자<br>아내=가사전담자 | 무형의 가족형태<br>아버지=부양자/가사전담자<br>어머니=부양자/가사전담자 |
| 자격 | 부부간의 차별성 | 균등 |
| 자격의 전제 | 부양자 | 시민권 또는 거주권 |
| 수혜자 | 가장 | 개인 |
| 혜택의 단위 | 가구 또는 가족 | 개인 |
| 기부의 단위 | 가구 | 개인 |
| 세금 | Joint 세금<br>피부양 가족에 대한 감세 | 개별세금<br>동일한 조세 감면 |
| 고용과 임금정책 | 남성우선 | 양성을 위한 정책 목표 |
| Care의 영역 | 사적 | 강한 국가의 간섭 |
| 가사 | 무임금 | |

출처: Sainsbury(1994), p. 153.

## 4. 여권론적 관점에서 본 복지국가

피오나(Fiona williams)는 여권론적 입장을 자유방임형 여권론, 자유주의 여권론, 복지주의 여권론, 사회주의 여권론, 급진주의 여권론 그리고 흑인주의 여권론으로 나누었는데, 한국의 현실에서는 별 고려의 대상이 되지 않는 흑인주의 여권론을 제외한 여권론들이 주장하는 복지국가의 여성중심 정책들을 살펴보면 다음과 같다(서동희 외, 2004).

첫째, 자유방임적 여권론(Libertarian feminism)은 여성억압의 원인을 국가개입의 결과로 보기 때문에 국가에 의한 여성정책 추진이 필요 없다는 입장을 취한다

둘째, 자유주의적 여권론(Liberal feminism) 여성과 남성이 동등한 사회적 지위를 보장받아야 한다는 전제 아래 법 앞의 평등을 모색한다. 이를 위해 참정권의 확보나 교육과 고용에서의 평등 등이 주요 정책목표로 설정되며, 이들의 실현을 위해 성차별적인 법의 개정이나 평등한 기회와 권리를 제공받을 수 있는 법의 제정을 통하여 사회개혁을 추진한다. 그러나 이러한 시각은 여성의 평등을 제약하는 구조적 힘을 과소평가하고 불평등의 원인을 차별적인 관념과 태도로 환원시키기 때문에 근본적인 개혁을 달성할 수 없다는 비판을 받는다(박경숙, 1993). 예를 들어, 고용의 경우에 있어 많은 여성들이 고용기회에 접근하는 데는 평등을 보장받았으나 자신들이 가진 경력이나 가정에서의 역할 때문에 실질적으로는 평등한 기회를 얻기 어렵기 때문이다.

셋째, 모성의 권리를 우선 인정하고 모성 기능의 보호를 주장함으로써 여성의 사회복지 서비스의 확대를 요구하고 있는 복지주의적 여권론(Welfare feminism)의 주장은 베버리지(Beveridge) 레포트를 통해 복지국가 형성기에 반영되었다. 이 관점은 주부와 어머니로서의 기혼여성이 처하게 되는 모성의 보호와 출산과정으로부터 건강한 아동양육에 장애가 되는 각종 생활상의 위험에 대처

하기 위해 사회복지 혜택을 제정하여 사회적 재생산에 대한 충분한 고려를 보장해 줌으로써 여성의 경제적, 사회적 지위를 향상시켜야 한다는 입장이다. 복지주의적 여권론의 기반은 여성의 가사노동과 남편에 대한 경제적 의존으로 특징지어지는 가족이라고 볼 수 있다. 즉, 안정된 결혼, 가정생활과 여성의 가사노동이 기본 전제로, 출산에 관련된 복지급여로 인하여 직장여성이 불이익을 받지 않고 안정된 환경에서 사회적 재생산에 기여할 수 있도록 만든다는 점에서 직장여성의 복지욕구를 해소시켜 줄 수 있으며, 현실적으로 가족보호의 일차적 책임자의 역할을 하는 여성의 상황을 있는 그대로 받아들이고 그러한 여성이 좀 더 가족 보호의 책임을 잘 담당할 수 있게끔 도와줌으로써 여성이 현실에서 누리는 불이익을 점진적으로 해소할 수 있는 가장 실용적인 전략으로 평가되고 있다.

넷째, 사회주의적 여권론(Socialist feminism)은 여성에 대한 억압이 근본적으로 자본주의의 발달과 자본주의적 전통적 가부장제의 결합에 의하여 심화되었다고 본다. 따라서 여성 억압의 근본 원인을 생물학적 재생산보다는 사회의 물질적이고 사회제도적인 재생산 조직에 있기 때문에 여성에게도 남성과 동등한 수혜 자격을 부여하여 더 이상 성별 노동 분업에 의한 여성의 종속을 가져오지 않도록 해야 한다는 점을 강조한다. 이러한 사회주의적 여권론에서 주장하는 여성복지 전략은 기본적으로 여성이 전형적인 사회적 재생산의 역할에서 벗어날 수 있도록 하는 것이며 구체적으로 이러한 노력은 사회보장 분야에서 여성에게 독립적이고도 남성과 동등한 수혜 자격을 부여한다든지, 남성과 여성·아동으로 구성되는 전통적 가족형태를 전제로 한 복지혜택을 비전통적인 편모, 편부, 독신가정에게로 확대한다든지, 출산이나 아동·장애인·노인을 보살피는 것에 대한 휴가나 금전적 복지혜택을 남성에게도 확대한다든지 또는 양육의 사회화를 실시하여 가족양육 부담이 여성의 신체적 특성에 연계되는 것을 방지하는 내용으로 나타나고 있다(박경숙, 1993).

마지막으로 급진적 여권론(Radical feminism)에서는 남성이 여성의 성에 대해 권력을 행사하고 통제를 가하는 남성 우위의 가부장제와 출산을 담당하는 여성의 신체적 특성에서 여성 억압의 원인을 찾고 있다. 따라서 남녀평등을 실현하기 위해서는 여성들이 출산의 임무에서 해방되어야 한다고 주장한다. 이 입장에서는 남성 위주로 구성된 국가의 역할을 부정적으로 보며 여성들만의 양식을 갖는 여성문화의 재창조를 통해 여성중심적 가치를 고취하는 등 정치적 분리주의를 택하고 있다. 또한 가부장제적 사회구조의 타파를 평등성취의 전략으로 삼으면서 기존의 남녀관계와 가족관계를 변혁하려는 활동을 목표로 한다. 이와 같은 여권론적 제 관점에서 요구되는 여성정책의 규범들을 정리해 보면 〈표 11-4〉와 같다.

**〈표 11-4〉 피오나의 여권론적 입장별 요구규범**

| 여권론적 입장 | 정책적으로 요구되는 새로운 규범들 |
|---|---|
| 자유방임적 여권론 | • 국가는 노동시장에 능력 있는 여성을 수용하려는 최소한의 개입을 시도하나 애초에 국가개입을 불필요한 것으로 간주한다.<br>• 국가의 자연상태의 모성을 육성하기 위한 평등권에 대한 최소한의 개입이 필요하다. (달성하고자 하는 평등의 정도가 없거나 미약) |
| 자유주의적 여권론 | • 국가가 성차별 반대 법규 제정과 여성평등을 증진시키는 개혁을 제공한다. (법적 평등 강조) |
| 복지주의적 여권론 | • 국가가 어머니와 아동에 관한 제도개혁으로 모성을 위한 복지서비스를 제공한다.<br>• 국가가 가족 내의 성별 분화된 요구에 대응한다. (사회·경제적 평등 모색) |
| 사회주의적 여권론 | • 국가는 성별분업노동을 재조직하고 자녀양육의 사회화를 적극 추진한다.<br>• 전통적 여성의 역할을 부인하고 미혼모를 인식함과 동시에 비전통적 가족을 위한 복지를 추진한다. |
| 급진주의적 여권론 | • 현재 국가의 가부장적 이해와 가치에 도전하기 위해 여성의 재생산 수단과 성에 대한 권리를 장악하여 여성 중심적 가치를 육성(생물학적 평등 주장)한다. |

출처: 서동희 외(2004).

Chapter 12

# 여성과 사회보장제도

헌법 제34조에서 "모든 국민은 인간다운 생활을 할 권리를 가지며, 국가는 사회보장·사회복지의 증진에 노력할 의무를 지며, 특히 여자, 노인, 청소년, 신체장애자 및 질병·노령 기타의 사유로 생활 능력이 없는 자에 대하여 법률이 정하는 바에 의하여 국가의 보호를 받도록 되어 있다. 그리고 국가는 재해를 예방하고 그 위험으로부터 국민을 보호하기 위하여 노력하여야 한다."고 사회보장을 위한 우리 국민의 사회적 기본권 실현을 규정하고 있다. 즉 각종 사회적 위험으로부터 모든 국민을 보호하고 빈곤을 해소하며 국민생활의 질을 향상시키기 위해 제도적 장치를 국가적으로 마련한 것이 바로 사회보장제도이다. 급격한 산업화와 더불어 발전한 사회보장제도는, 특히 1997년 외환위기 이후 사회보험의 적용범위 확대, 기초생활보장제도의 도입, 사회서비스의 확장 등으로 한국의 사회보장제도는 외형적으로 크게 발전하였다. 정부의 사회복지 지출 역시 해마다 증가하고 있는 추세이다.

그러나 사회보장제도의 외형적 발전은 과거의 제도적 특성이 강하게 남아 있는 경로 의존적 발전이고, 특히 성별 차이에서 나타나는 수급불균형 현상은 여전히 나타나고 있다. 수급권의 자격요건이 주로 유급노동을 전제로 하는 권리로서 부여되기 때문에 가족이나 결혼 내 역할(아내나 어머니 역할)에 기반을 두고 있는 많은 무임금 노동 여성들의 경우는 부가적으로 수급권이 부여된다. 이와 같은 현상은 현재의 사회보장제도가 여성에게 다소 불합리하고 여성의 권익을 적극적으로 보호하지 못하고 있음을 나타낸다. 가사노동을 주로 하는 여성들이 질병·노령·장애·빈곤 등의 문제에서 상대적인 어려움을 벗어나기 위해서는 사회구조의 재편과 제도적 변화가 동반되어야 한다.

## 1. 사회보장제도 사각지대의 여성

외환위기 이후 사회보장제도의 확장은 사회복지비 지출의 증가에서 가장 명확히 드러난다. 4대 사회보험이 채 완비되기도 전인 1990년 사회복지비 지출 규모는 공공과 민간을 합하여 7조 5천억 원 정도로 국내총생산의 4% 수준에 불과하였으나 2005년에는 절대액수로는 10배 가까이 증가한 73조 원에 달했으며, GDP대비 비율도 9%를 넘어 1990년의 두 배 이상으로 증가하였다. 특히, 1996년까지 5% 미만을 유지하던 사회복지비 지출 규모는 외환위기의 절정이었던 1998년에 급격히 상승하였다가 하락하였고, 다시 2000년대 초반부터 지속적인 증가추세에 있으며(김진욱, 2009), 2022년에는 GDP 대비 14.8%에 이른다. 이 같은 증가는 의료·장기요양 서비스 이용 확대와 공적연금 수급자 증가, 기초연금 확대, 아동수당 도입·확대, 국민기초생활보장제도 대상자 확대 등에 기인한 것으로 분석된다.

**〈표 12-1〉 한국의 사회복지 지출 추이**

| 구분 | 2005년 | 2018년 | 2022년 |
|---|---|---|---|
| GDP 대비 % | 9.8 | 10.9 | 14.8 |

출처: 김용하(2015); KOSIS(2023).

한국의 사회복지 지출은 25년 전 5% 미만이었던 당시와 비교하면 크게 증가한 것이지만 다른 OECD 국가들과 비교하면 GDP 대비 여전히 매우 낮은 OECD 최하위 수준이다. GDP 대비 공공사회 복지지출 비율이 파악된 38개국의 GDP 대비 공공사회복지지출 평균은 20.1%로, 한국은 OECD 평균 대비 61.2% 수준의 지출을 하고 있는 것으로 나타났다.

더구나 현재 사회보장제도의 경우 여성노동자를 사회적 위험으로부터 보호하는 데에는 상당한 한계가 있다. 그 이유로 첫째 국민기초생활보장제도는 최저빈곤층만을 대상으로 하고 있으며 사회보험제도는 노동시장에서 안정적 위치에 있는 근로자에게 우선적으로 사회복지제도를 적용하고 있어 대부분의 근로빈민여성들은 수혜대상에서 제외되는 경우가 많다. 특히 일용직이나 임시직 등 비정규직 근로자가 많이 종사하는 소규모사업장의 여성근로자들은 사회복지제도의 적용에서 배제되는 결과로 나타난다. 여성의 경제활동인구를 살펴보면, 2015년 11,426천 명에서 조금씩 증가하여 2022년 12,546천 명에 도달하였다. 그러나 여성의 경제활동참가율의 증가추세에도 불구하고 여전히 남성에 비해 2/3 수준에 그치고 있다. 이와 같은 상황은 여성이 제도의 사각지대에 놓여 있음으로써 지속적인 빈곤을 경험할 수밖에 없게 한다.

**〈표 12-2〉 경제활동인구 및 참가율** (단위: 천 명, %, %p)

| | 전체 | | 여성 | | 남성 | | 남녀차이 (참가율) |
|---|---|---|---|---|---|---|---|
| | 경제활동 인구 | 참가율 | 경제활동 인구 | 참가율 | 경제활동 인구 | 참가율 | |
| 2015 | 27,153 | 62.8 | 11,426 | 51.9 | 15,728 | 74.1 | 22.2 |
| 2016 | 27,418 | 62.9 | 11,583 | 52.2 | 15,836 | 74.0 | 21.8 |
| 2017 | 27,748 | 63.2 | 11,773 | 52.7 | 15,975 | 74.1 | 21.4 |
| 2018 | 27,895 | 63.1 | 11,893 | 52.9 | 16,002 | 73.7 | 20.8 |
| 2019 | 28,186 | 63.3 | 12,097 | 53.5 | 16,090 | 73.5 | 20.0 |
| 2020 | 28,012 | 62.5 | 12,007 | 52.8 | 16,005 | 72.6 | 19.8 |
| 2021 | 28,310 | 62.8 | 12,186 | 53.3 | 16,124 | 72.6 | 19.3 |
| 2022 | 28,922 | 63.9 | 12,546 | 54.6 | 16,376 | 73.5 | 18.9 |

출처: 통계청(각 연도). 경제활동 인구조사, 성별 경제활동인구 총괄.

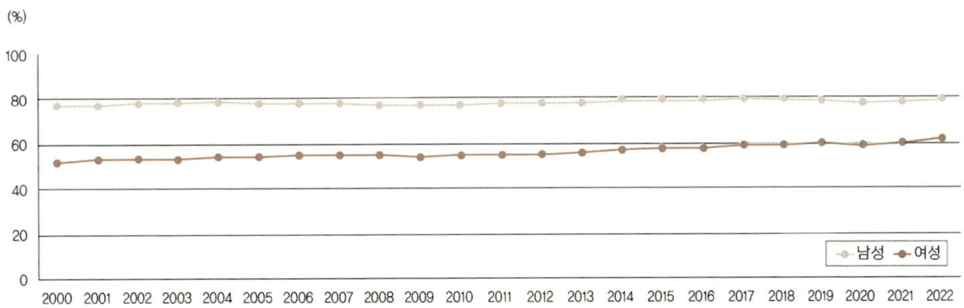


**[그림 12-1] 연간 성별 경제활동 참가율 추이 비교**

출처: 통계청(각 연도). 경제활동인구조사; E-나라 지표, 여성경제활동인구 및 참가율.

둘째, 사회복지제도 자체의 성격으로 사회보험에서 급여의 수급권은 기여여부, 즉 보험료 납부여부를 전제로 한다. 현재 4대 보험은 모두 정규직 노동자를 전제로 제도를 설계하였다. 따라서 5인 미만 사업장 근로자 혹은 일정규모 이상의 기업에 근무한다고 하더라도 고용기간 자체가 짧고 고용계약조차 불명확한 임시직, 일용직 근로자들은 엄격한 사회보험 원리를 적용하기에는 여러 가지 한계가 있다.

셋째, 위험노출 시 충분한 보호를 할 수 있는가에서 사회복지수혜자라고 할지라도 보험급여의 수준이 낮으면 사회적 위험에 노출 시 충분한 보호를 받을 수 없다. 고용보험의 경우 한국의 실업급여 제도는 하한액이 높지만 혜택을 받지 못하는 사각지대가 크고, 수급 기간이 상대적으로 짧아 전반적으로 소득대체율이 낮은 편으로 장기실업의 경우 충분한 혜택을 받지 못하는 한계가 있다. 2001년부터 도입된 육아휴직급여와 산전산후휴가는 급여수준과 급여기간이 지속적으로 증가하여 일정수준에 도달하였으나 선진국 대비 여전히 미흡한 실정이다.

노동시장에서 남성정규직 노동자를 중심으로 설계된 사회보험의 원리를 수정하고, 성별을 고려한 사회복지제도를 통해 새로이 부각된 사회적 위험을 대비해야 한다.

## 2. 국민연금제도

복지국가가 잘 발달된 선진국의 경우 사회보장제도의 핵심을 이루는 것은 바로 연금제도이다. 연금지출은 사회보장지출의 가장 큰 비중을 차지한다. 전세계적으로 진행되는 인구의 노령화로 인해 연금제도의 수혜층이 지속적으로 확대될 전망이기 때문에 앞으로 연금의 비중은 더 높아질 것이다.[1] 특히, 여성의 평균수명은 남성에 비해 길기 때문에 안정적인 연금제도의 운영은 노인여성의 빈곤을 예방할 수 있는 일차적인 수단이라 하겠다(엄규숙, 2003).

1) 우리나라는 2022년 기준으로 총인구 51,628,117명 중에 65세 이상의 인구가 17.5%로 이미 고령화사회에 놓여있다. 2030년에는 65세 이상 인구가 25.5%로 고령사회에 진입할 것으로 예상된다. 노년부양비 역시 2022년 기준으로 24.6%였으나 저출산과 고령화 등 복합적 영향으로 이후 계속 증가할 전망으로 향후 연금제도가 노후의 소득보장에 미치는 영향이 커짐을 의미한다.

국민연금제도는 국민의 노령·폐질 또는 사망 등과 같은 사회적 위험이 발생한 경우에 가입자의 기여금과 사용주의 부담금을 주된 재원으로 하여 연금급여의 실시를 통한 장기적 소득을 보장함으로써 국민의 생활안정과 복지증진에 기여함을 목적으로 하는 사회보험이다.

우리나라는 1988년 국민연금제도가 도입된 이래 꾸준히 그 적용범위를 확대, 1999년에는 도시자영업자를 포괄함으로써 마침내 전 국민을 대상으로 하는 보편적인 연금체계를 갖추게 되었다. 이는 노후의 생활을 자녀나 가족에 의존하지 않고 연금을 통해 해결할 수 있는 제도적 장치가 마련된 것으로 본다.

현재 국민연금제도는 형식상 가입 및 급여 제공에서 남녀 간 차별을 하지 않고 있으나, 고용 구조, 연령계층별 경제활동참가유형, 임금 구조 등에서 나타나는 성차별을 제도에 그대로 반영함으로써 여성이 남성보다 열악한 독자적 연금 수급권을 갖는 결과를 초래하고 있다. 게다가 우리나라 연금제도의 특성상 경제활동에 참여하지 않아 기여를 통한 독자적 급여권이 주어지지 않는 경우 여성은 유족연금, 가급연금 등 피부양자급여의 수급자가 될 수밖에 없는데, 이혼 증가와 결혼 감소 등 가족구조의 변화로 수급권을 지속적으로 유지하는 것도 어려운 실정이다.

2020년 12월 말 기준으로, 20~24세 연령대에서는 남성보다 여성의 국민연금 가입자 수가 많지만, 이후 남성 가입자 수가 많아져 35세에 접어들면 남녀 간 가입자 수 차이가 두드러지기 시작한다(국민연금공단, 2021). 특히 35~39세 연령대에서는 여성 가입자 수가 남성보다 약 49.3만 여명 적은데, 이는 출산·양육으로 인해 여성이 경력단절을 경험하는 것 외에도 노동시장에 계속 남아 일하는 여성의 일자리 상당수가 사회보험의 사각지대에 있는 것이 주요 원인으로 작용했기 때문이다. 이와 같은 성별 격차는 여성 경제활동인구 비율이 낮고, 불완전 취업이나 무급가족종사자 비율이 높으며, 비세대주인 경우가 많아서 국민연금제도에서 배제되기 때문에 나타난다.

한편, 현재의 근로연령 인구 중 연금보험료를 납부하며 연금 수급자격을 갖추어 나가고 있는 미래의 연금 수급권자는 2021년 기준, 65세 이상 국민연금 수급자 가운데 남성은 239만 5천여 명, 여성은 181만 9천여 명으로 같은 연령대 전체 인구 대비 국민연금 수급률은 각각 64.4%, 37.5%로 남녀 차이가 상당히 크다(통계청, 2022). 뿐만 아니라 2022년 국민연금으로 한 달 100만 원 이상을 받는 사람이 50만 명을 넘어섰는데 이들 중 97%가량이 남성인 것으로 조사됐다(국민연금공단, 2022). 노령연금 수급 대상이 된 60살 이상 여성의 경우 경력단절로 인해 경제활동 참여율이 낮고, 국민연금 최소 가입기간 10년을 채우지 못하거나 납입 금액이 적기 때문이다. 국민연금에 10년 이상 가입해 노령연금을 받는 사람은 남성 190만 6,889명, 여성 112만 6,526명이다. 20년 이상 국민연금에 가입한 노령연금 수급자는 남성이 72만 9,156명, 여성은 12만 518명이었다(국민연금공단, 2022).

결과적으로 이러한 성 불평등구조는 국민연금의 성별 수급불균형과 여성이 낮은 수준의 노후생활을 할 수 밖에 없도록 하는 데 기여하는바, 기존 국민연금이 가지고 있는 성 불평등구조에 대한 성인지적 분석이 필요하다.

## 1) 국민연금제도의 가입 및 급여조건

### (1) 가입대상과 종류

국민연금은 국내에 거주하는 18세 이상 60세 미만의 국민은 누구나 가입 대상이 된다. 그러나 공무원연금법, 군인연금법 및 사립학교교원연금법의 적용을 받는 공무원, 군인 및 사립학교 교직원과 기타 대통령령이 정하는 자는 국민연금 가입대상에서 제외되고 있다. 한편 국민연금법상의 가입자종류는 사업장가입자, 지역가입자, 임의가입자 및 임의계속가입자로 구분된다(국민연금법 제7조).

### (2) 급여종류와 수급 및 급여조건

국민연금법상 규정된 연금급여의 종류는 노령연금, 장애연금, 유족연금, 반환일시금, 사망일시금, 장애일시보상금이 있다. 급여의 종류에 따라 수급요건과 급여수준은 상이한데 기본적으로 국민연금을 수급하기 위해서는 최소 10년 이상의 가입기간이 필요하며 60세 이상이 되어야 수급할 수 있다.

〈표 12-3〉 국민연금의 급여종류별 수급요건과 수급권자 및 급여수준

| 급여의 종류 | | 수급요건 | 수급권자 | 급여수준 |
|---|---|---|---|---|
| 노령연금 | 완전 노령 연금 | 가입기간 20년 이상, 60세에 도달한 자<br>※ 65세 미만이면 소득이 없는 경우에 한함 | 가입기간 20년 | 기본연금액(100%) + 부양가족연금액 |
| | 감액 노령 연금 | 가입기간 10년 이상 20년 미만으로 60세에 도달한자<br>※ 65세 미만이면 소득이 없는 경우에 한함 | 가입기간 10년 이상 20년 미만 | 가입기간 10년의 경우 = 기본연금액의 50% + 부양가족연금액<br>※ 가입기간 1년 증가할 때마다 기본연금액의 5%씩 증가 |
| | 재직자 노령 연금 | 완전 노령연금수급권자 또는 감액 노령연금수급권자가 65세 이전에 소득이 있는 업무에 종사하는 경우 | 가입기간 10년, 60세인 경우 | 기본연금액의 50% × 50%<br>※ 가입기간 1년 증가할 때마다 기본연금액의 5%씩 증가<br>※ 연령 1세 증가 시마다 연령별 지급률 10%를 증가<br>※ 부양가족연금액은 지급되지 않음 |
| | 조기 노령 연금 | 가입기간 10년 이상, 55세 이상인 자가 소득 있는 업무에 종사하지 아니하고, 60세 도달 전에 청구한 경우 | 가입기간 10년, 55세인 경우 | 기본연금액의 50% × 70% + 부양가족연금액<br>※ 가입기간 1년 증가할 때마다 기본연금액의 5%씩 증가<br>※ 수급 개시 연령 1세 증가 시 연령별 지급률 6%를 증가 |
| | 특례 노령 연금 | 가입기간 5년 이상, 60세에 달한 자<br>※ '88.1.1. 현재 45세 이상 60세 미만인 자<br>※ '95.7.1.현재 45세 이상 60세 미만인 자<br>※ '99.4.1. 현재 50세 이상 60세 미만인자 | 가입기간 5년 | 기본연금액 25% + 부양가족연금액<br>※ 가입기간 1년 증가할 때마다 기본연금액의 5%씩 증가 |

<table>
<tr><td>분할<br>연금</td><td>가입기간 중의 혼인기간이 5년 이상인자로서<br>-노령연금 수급권자인 배우자와 이혼한 후 60세에 달한자<br>-60세가 된 이후에 노령연금수급권자인 배우자와 이혼한 때<br>-60세가 된 이후에 배우자이었던 자가 노령연금수급권을 취득한 후 본인이 60세가 된 때</td><td colspan="2">가입기간 중의 혼인기간 5년 이상</td><td>이전 배우자의 노령연금액(부양가족연금액 제외) 중 혼인기간에 해당하는 연금액을 균분한 액</td></tr>
<tr><td rowspan="4">장애<br>연금</td><td rowspan="4">※ 국민연금법 제57조의 2항의 가입 중에 최초진단을 받았으며 질병 또는 부상으로 완치 후에도 장애가 있는 자<br>※ 초진일로부터 1년 6개월 경과 후에도 완치되지 아니한 경우는 그 1년 6개월이 경과한 날을 기준으로 장애정도 결정. 다만, 1년 6개월 경과 일에 장애등급에 해당되지 아니한 자가 악화된 경우 청구일을 기준으로 장애정도 결정</td><td rowspan="4">장애등급</td><td>장애등급 1급</td><td>기본연금액 100% + 부양가족연금액</td></tr>
<tr><td>장애등급 2급</td><td>기본연금액 80% + 부양가족연금액</td></tr>
<tr><td>장애등급 3급</td><td>기본연금액 60% + 부양가족연금액</td></tr>
<tr><td>장애등급 4급</td><td>기본연금액 225%<br>(일시보상금)</td></tr>
<tr><td>유족연금</td><td>다음의 자가 사망한 때<br>-노령연금수급권자<br>-가입자, 다만 가입기간 1년 미만인 자의 경우 가입 중에 발생한 질병이나 부상으로 사망<br>-가입기간 10년 이상인 가입자이었던 자<br>-장애등급 2급 이상의 장애연금 수급권자<br>가입기간 10년 미만인 가입자이었던 자로서 가입 중에 발생한 질병이나 부상으로 가입자 자격상실 후 1년 이내의 초진일로부터 2년 이내에 사망한 때</td><td colspan="2">사망당시 사망자에 의해 생계를 유지하고 있던 최우선 순위의 유족(배우자, 자녀, 부모, 손자녀, 조부모)</td><td>10년 미만: 기본연금액 40% + 부양가족연금액<br>10년 이상~20년 미만: 기본연금액 50% + 부양가족연금액<br>20년 이상: 기본연금액 60% + 부양가족연금액</td></tr>
</table>

| | | | |
|---|---|---|---|
| 반환일시금 | 가입기간 10년 미만인 자로<br>–60세에 달할 때<br>–국적상실 또는 국외이주한 때(10년 이상 가입한 경우 60세에 노령연금 청구가능)<br>–가입자 또는 가입자이었던 자가 사망한 때(유족연금이 지급되지 않는 경우에 한함) | –가입기간이 10년 미만인 자가 60세에 달한 때<br>–가입자 또는 가입자이었던 자가 사망<br>–가입자 또는 가입자이었던 자가 국적을 상실하거나 국외에 이주 | 연금보험료 + 가입기간 동안의 이자(3년 만기 정기예금이자율 적용) + 지급사유발생일까지의 가산금(1년 만기 정기예금이자율을 적용) |
| 사망일시금 | 가입자(또는 가입자이었던 자)가 사망하였으나 유족연금 또는 반환일시금을 지급받을 유족이 없는 경우 | 가입자(이었던 자)와 사망 당시 최우선 순위의 유족 | 가입자 또는 가입자이었던 자의 반환일시금 상당액 |
| 출산 크레딧 | 2자녀 이상 출산 시 가입 기간을 추가로 인정 | 2자녀 이상 출산한 자 | 해당기간의 소득은 평균소득월액(A값)의 전액을 인정함<br>– 2자녀(12개월 인정)<br>3자녀(30개월 인정)<br>4자녀(48개월 인정)<br>5자녀 이상(50개월 인정) |
| 군복무 크레딧 | 병역의무를 이행한 자에게 가입기간을 추가로 인정 | 병역의무를 이행한 자 | 6개월의 가입기간을 추가로 인정하고 해당기간의 소득은 평균소득월액(A값)의 1/2을 인정함 |

출처: 국민연금관리공단(2014) 재구성.

## 2) 국민연금 가입 및 급여 현황

### (1) 국민연금 가입 현황

#### ① 성별·가입종별 현황

2022년 국민연금의 가입자 현황을 보면 여성의 가입 비율은 전체의 45.7%로 남성(54.3%)보다 아직 적은 수준에 그친다. 여성의 경제활동 참가율은 해마다 증가하고 있지만, 그에 따른 국민연금의 가입률은 저조하다.

또한 가입종별을 살펴보면, 사업장가입자의 경우 남성은 8,495,415명(57.4%), 여성 6,290,346명(42.6%)로 총가입자 비율보다 높은 성별 격차가 나타났으며 지역가입자의 경우는 성별 격차가 다소 줄었다. 그러나 임의가입자의 경우 남성이 16.8%인데 비하여 여성이 83.2%로 사업장가입자와는 반대 현상이 나타났으며 임의계속가입자 역시 여성이 상대적으로 높은 비율을 차지했다.

여성의 경우 임의가입자의 비율이 높은 것은 피용자 형태로 가입하였다 하더라도 노동시장에서 비정규적인 임시직, 시간제근로자, 일용직 등 불완전한 형태의 취업비중이 높은데 기인한 것으로 보인다.

**〈표 12-4〉 국민연금 성별 · 가입종별 가입자 현황** (단위: 명, %)

| 구분 / 성별 | 계 | | 사업장 가입자 | 지역 가입자 | 임의 가입자 | 임의계속 가입자 |
|---|---|---|---|---|---|---|
| | 인원 | 비율 | | | | |
| 계 | 22,497,819 | (100) | 14,785,761 | 6,845,744 | 365,487 | 500,827 |
| 남자 | 12,230,256 | (54.3) | 8,495,415 | 3,524,395 | 61,275 | 149,441 |
| 여자 | 10,267,293 | (45.7) | 6,290,346 | 3,321,349 | 304,212 | 351,386 |

출처: 국민연금 관리공단(2022.12.31.). 국민연금 공표통계.

우리나라의 국민연금도 해외 공적연금과 같이 전업주부 등을 당연가입자로 포괄하고 가입구조를 보다 단순화하여 자격관리를 합리화하고 적용의 보편성을 확보하기 위해 가입구조의 개편을 모색할 필요가 있다. 이와 더불어 일반근로자 이외에 취약근로계층, 가입기간이 짧은 자영자, 실업자, 경력단절 여성, 군복무자 등 소득이 적거나 없는 자의 연금수급권을 강화하고 연금액 증액이 용이하도록 이들에 대한 크레딧제도의 확충이 필요하며, 사업장가입자의 확대를 위해 보험료 지원사업의 내실화가 필요하다.

### ② 여성의 연령계층별 국민연금 가입현황

〈표 12-5〉 성별·연령별 경제활동인구를 보면, 2022년 여성의 경제활동참가율은 25~29세 연령집단의 여성이 78.2%로 가장 높은 경제활동참가율을 보이지만 20~34세는 71.0%, 35~39세 62.1%로 점점 하락하고 40세 이후 연령집단부터 다시 노동시장에 진출하는 여성이 증가하다 60세 이상부터 다시 하락하는 M자 형태[2)]의 참가율을 보인다. 이는 과거에 비해 여성의 경제활동참가율은 높아졌으나 여성이 출산과 육아의 이유로 노동시장에서 퇴출하는 현상은 큰 차이가 없음을 나타낸다. 여성의 경제활동인구는 24~29세 이상 모든 연령집단에서 증가함을 볼 수 있다.

반면 남성의 경우 군 제대 후 학교를 졸업하고 본격적으로 노동시장에 진입하는 연령집단(25~29세)부터 여성과 비슷한 경제활동참가율을 보이다 30대 이후부터 90% 이상의 참가율을 보인다. 이처럼 남성은 전반적으로 높은 경제활동참가율을 보이다가 퇴직과 더불어 감소하는 추이를 보인다.

**〈표 12-5〉 성별·연령별 경제활동인구** (단위: 천 명, %)

| | 경제활동인구 (A) | |
|---|---|---|
| | 여 | 남 |
| 15~19세 | 113 | 79 |
| 20~29세 | 2,122 | 1,956 |
| 30~39세 | 2,175 | 3,277 |
| 40~49세 | 2,635 | 3,807 |
| 50~59세 | 2,900 | 3,831 |
| 60세 이상 | 2,601 | 3,426 |
| 전체 | 12,546 | 16,376 |

출처: 통계청(2022). 2022 경제활동 인구조사. 한국여성정책연구원.

2) 이와 같은 형태는 과거와 비교하여 근본적으로 달라진 것이 없으며 다만 여성의 만혼화로 인한 출산과 육아의 시기가 과거 24~29세에서 30~34세로 늦춰진 결과이다.

2020년 12월 말 기준으로, 20~24세 연령대에서는 남성보다 여성의 국민연금 가입자 수가 많지만, 이후 남성 가입자 수가 많아져 35세에 접어들면 남녀 간 가입자 수 차이가 두드러지기 시작한다(국민연금공단, 2021).

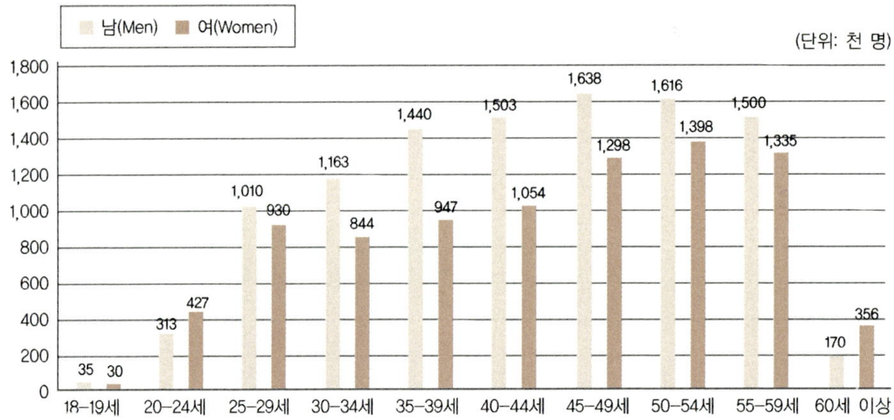


**[그림 12-2] 성별 연령대별 국민연금 가입자 수(2020년 12월 말 기준)**

출처: 국민연금공단(2021). 2020년 국민연금 통계연보, 33. p. 6.

## (2) 국민연금 급여 현황

국민연금 수급자 현황을 보면 전체 수급자 가운데 남성이 55.3%, 여성이 44.7%로 여성에 비해 남성 수급자가 많다. 이는 국민연금 성별 가입자 현황과 유사한 비율이다. 그런데 성별·급여 종류별로 수급현황을 살펴보면 특히 노령연금과 유족연금에서 다음과 같이 급여 현황의 성별 불균형 현상이 심화되어 있는 것을 볼 수 있다.

먼저 노령연금의 경우 2021년 여성이 1,772,334명으로 36.2%, 남성이 3,122,118명(63.8%)으로 남성 수급자가 여성 수급자의 약 2배 정도 많다. 이는 기여에 의한 독립적 수급권자로 노령연금에서는 남성이 절대적 우위를 보이고 있음을 알 수 있다.

〈표 12-6〉 국민연금 성별 급여종류별 수급자 현황 (단위: 명, %)

| | 전체 | 노령연금 | 장애연금 | 장애일시 보상금 | 유족연금 | 반환일시금 |
|---|---|---|---|---|---|---|
| 2021 | 6,099,205 | 4,894,452 | 77,726 | 2,897 | 908,731 | 191,240 |
| 남 | 2,726,210 | 1,772,334 | 17,002 | 747 | 821,612 | 101,961 |
| 여 | 3,372,995 | 3,122,118 | 60,724 | 2,150 | 87,119 | 89,279 |

출처: 국민연금관리공단(2021). 2021 국민연금통계연보.

또한 수급액에서도 〈표 12-7〉에서 보는 바와 같이 총급여액 25,083,265,801천 원 중 남성이 76.47%인 19,180,469,170천 원이며, 여성이 23.53%인 5,902,796,631천 원으로 남성이 여성보다 약 3배 정도 많은 성별 격차를 보이고 있다. 이처럼 노령연금 수급자는 대부분 남성이며 수급액 역시 남성이 약 52.9% 정도 많은 것으로 보아 현행 국민연금제도가 소득 발생 중심, 남성 중심의 제도로써 성별 격차를 볼 수 있다.

〈표 12-7〉 국민연금 성별 급여종류별 수급액 현황 (단위: 천 원, %)

| 급여종류 | 전체(A) | 여성(B) | 남성(C) | B/A | C/A |
|---|---|---|---|---|---|
| 노령연금 | 25,083,265,801 | 5,902,796,631 | 19,180,469,170 | 23.53 | 76.47 |
| 장애연금 | 384,943,732 | 78,294,158 | 306,649,574 | 20.34 | 79.66 |
| 장애일시 보상금 | 49,745,990 | 10,500,201 | 39,245,790 | 21.11 | 78.89 |
| 유족연금 | 2,612,454,220 | 2,440,584,544 | 171,869,677 | 93.42 | 6.58 |
| 반환일시금 | 940,751,259 | 420,091,956 | 520,659,303 | 44.65 | 53.35 |
| 계 | 29,136,791,172 | 8,888,316,901 | 20,248,474,272 | 30.51 | 69.49 |

출처: 국민연금관리공단(2021). 2021 국민연금통계연보.

한편 유족연금의 수급액은 여성이 2,440,584,544천 원으로 93.42%, 남성이 171,869,677(6.58%)천 원으로 수급자 대부분이 여성으로 나타나 노령연금이나 장애연금과 대조적인 현상을 나타내고 있다. 그리고 반환일시금의 경우

2021년 여성 수급액은 420,091,956천 원으로 44.65%, 남성은 520,659,303천 원(55.36%)으로 사망일시금을 제외한 나머지 급여 중 남성 수급자와 여성 수급자와의 차이가 가장 적다. 이와 같이 많은 여성들은 독립적인 수급권을 갖기보다는 피부양자인 유족으로 파생적 연금수급권을 가지게 되는데 그 금액이 매우 적어 여성의 빈곤화를 초래하게 된다.

### 3) 국민연금의 여성수급권 문제

첫째, 전체 수급자 중 여성의 비율은 절반에 조금 못 미치는 수준이지만, 노령연금 수급권자 중 여성의 비율은 훨씬 더 낮아진다. 전체수급권 중 여성의 비율이 높은 이유는 유족연금의 비율이 여성이 남성보다 절대적으로 높은 비율로 전체의 90%를 차지하기 때문이다. 여성은 일반적으로 남성이 수급권을 획득하게 되면, 남성 수급권에 기내어 생활하다가 남성이 사망하게 되면, 유족연금 수급권을 획득하게 된다. 또한 백만 원 이상 연금수급액을 받는 수급권자 중 여성의 비율은 4% 미만으로 지나치게 낮은 수준이다. 백만 원 이상 수급액을 받으려면 가입 기간이 길어야 하고 그동안의 소득수준도 높아야 하는데, 여성의 경우 장기간 보험료를 높은 수준으로 납부할 가능성이 낮기 때문에, 결과적으로 수급권에서도 그 비율은 매우 낮게 된다.

둘째, 전체 장애연금 수급자 중에서 여성의 비율은 남성에 비하여 상대적으로 낮다. 이유는 여성의 경우 지역가입자로 관리될 때 무소득 배우자로 관리될 가능성이 높아 장애가 발생하더라도 가입 중에 발생하지 않고 적용제외 중에 발생될 가능성이 높아 장애연금의 수령 비율이 낮게 나타날 수 있다.

셋째, 여성의 경우 비경제활동의 비율이 남성보다 높게 나타난다. 남성에 비하여 2배가량 높게 나타나는데, 남성은 경제활동에 종사하고 여성은 육아, 가사 등의 무급노동을 하는 경우, 비경제활동으로 잡히기 때문이다. 국민연금은 경제활동의 참여를 전제로 보험료를 납부하고 연금수급권을 확보하게 된다. 그러므로 여성의 경제활동 참가율이 낮은 것은 여성의 연금수급권 확보에도 부정적인 영향을 미친다.

넷째, 성별에 따른 근로시간, 임금격차, 이직률 등을 살펴보면 여성이 남성에 비해 임금 차이도 심하고, 이직률도 매우 높게 나타난다. 여성은 출산·육아를 통하여 경력이 단절될 가능성이 크고 더불어 국민연금 가입 기간을 늘리기가 어렵게 된다. 국민연금은 사업장 가입자 중심으로 발전되어 사업장에 근로할 경우 가입할 가능성이 높은 바, 근속년수가 짧으면 사업장 가입자로 오래 머물러 있기 어렵다. 따라서 여성의 경우 무소득 배우자 자격으로 적용제외의 가능성이 높다. 사업장에서 근로를 하고 납부의 경험을 가지고 있다고 하너라도 그것이 다시 지역에서 납부로 연결되기는 어려우므로, 여성은 지역가입자에서 집중적으로 관리가 되어야 할 대상자임을 확인할 수 있다.

다섯째, 출산·육아와 국민연금과의 관계는 매우 밀접하다. 출산, 육아의 부담이 여전히 여성에게 남아 있는데 이 부담을 해소 하려면 여성들이 시간이 적게 소요되는 직장을 찾거나 일을 그만두는 선택을 하게 된다. 국민연금은 경제활동에 참여하는 것을 전제로 설계가 되었으므로 여성의 경제활동 형태에 의해 연령별 연금가입 추이를 살펴볼 수 있다. 실제로 국민연금통계연보를 통하여 확인해보면 여성의 국민연금가입 형태도, 20대 초반부터 증가하다가 출산과 육아시기에 감소하였다가, 40대 초반부터 다시 증가하는 형태의 M자 패턴을 보이는 것으로 나타났다. 남성의 모양과는 다른 양상으로 나타난다. 경제활동을 포기하고 전업주부를 선택하여 가사와 양육을 주로 하다가 자녀가 성장한 후에 다시 경제활동을 선택할 경우 양질의 일자리를 얻지 못한다. 양질의 일자리를 얻지 못한다는 것은 국민연금 가입의 확률이 높지 않고, 장기간 가입될 가능성도 높지 않아 개별적 수급권의 확보의 문제, 개별적 수급권의 규모의 문제가 발생할 가능성이 크다.

### (1) 배우자 지위 수급권

#### ① 유족연금

유족연금은 배우자의 급여와 연계되어 있고 피부양자에 대한 사회적 보호의 기능을 강하게 가지고 있다는 점에서 대표적인 배우자 수급권이라 할 수 있다. 유족연금은 국민연금에 가입하고 있는 사람 또는 연금을 받던 사람이 사망하면 그에 의하여 생계를 유지하던 유족들의 소득보장을 목적으로 하는 급여이다. 이러한 의미에서 유족연금은 혼인 관계를 전제로 유족인 배우자에게 제공하게 되는 일종의 상속권으로 이해된다(Ruland, 1998; 이정우, 2003에서 재인용). 따라서 유족연금은 혼인 기간의 장단에 상관없이 사망한 가입자 또는 연금수급자의 전체 가입경력을 기초로 하여 산정한 금액을 유족에 20년 가입을 기준으로 하는 기본연금액을 바탕으로 유족연금을 계산하고 있다. 가입 기간이 10년 미만인 경우 유족연금액은 기본연금액의 40%를 받게 되고, 10년 이상 20년 미만인 경우 유족연금액은 기본연금액의 50%를 받을 수 있으며, 20년 이상인 경우에는 기본연금액의 60%를 받을 수 있다.

#### ② 분할연금

분할연금은 이혼 증가 추세를 감안하여 이혼할 배우자가 노령연금 수급권자의 가입기간 중 부부의 혼인기간 동안 정신적 물질적 기여 부분에 대하여 노령연금 수급권의 일부를 분할할 수 있도록 한 급여이다. 이는 민법 제839조의 2에 규정한 재산분할청구권을 준용한 것으로 혼인기간 동안 재산형성에 공동 기여한 부분을 인정하고, 이혼으로 인하여 초래될 수 있는 노후생활 불안정, 특히 이혼여성들의 노후 빈곤에 대처하기 위한 목적으로 도입되었다. 분할연금제도는 복지수급권을 시장노동 이외에 가사노동과도 연관시킴으로써 모든 사회구성원의 소득보장을 성취하려는 성평등적 관점에 기초하고 있다는 점에서 그 의의가 크다고 할 수 있다.

국민연금제도에서 분할연금권이 주어진 것은 1998년 연금개혁에서였다. 처음 제도가 도입되었을 때는 분할연금 수급권자가 재혼할 경우 분할연금을 지급정지하고 노령연금 수급권자에게 전액 지급하도록 하여 이혼한 배우자가 재혼을 할 경우에는 해당이 되지 않는다. 그러나 2007년 연금개혁 시 동 조항을 삭제하여 재혼을 하더라도 분할연금을 계속 받을 수 있도록 개정함으로써 분할연금 수급권을 강화하였다. 또한 국민연금에서 노령연금과의 중복급여는 조정을 받게 되어 있으나 분할연금의 경우에는 자신의 노령연금과 중복급여는 조정을 하지 않게 되어 있다(국민연금법 제65조 2항).

분할연금의 수급 조건은 배우자의 가입 기간 중의 혼인 기간이 5년 이상인 자로서 다음에 해당되는 경우이다(국민연금법 제64조 제1항). ① 배우자와 이혼하였을 것, ② 배우자였던 사람이 노령연금 수급권자일 것, ③ 이혼한 배우자가 60세가 되었을 것이다. 이러한 요건을 충족하면 그때부터 연금제도의 일반적 취지에 부합하여 당사자가 생존하는 동안 배우자였던 자의 노령연금을 1/2로 균등하게 분할하여 받을 수 있다. 분할연금은 3년의 제척기간을 두고 있으며, 분할연금의 수급권이 발생한 후 3년 이내에 분할연금을 청구한 경우 분할연금 수급권자는 분할연금 지급사유가 발생한 때로부터 소급하여 분할연금을 수급할 수 있다. 이처럼 한국의 분할연금제도는 이혼 즉시 연금을 분할하는 것이 아니라 분할연금 의무자의 노령연금 수급권이 발생하고, 또한 분할연금 수급자 역시 국민연금 수급연령인 60세가 된 이후에 분할연금 청구권이 발생하면 신청을 통하여 연금을 분할하는 사후분할의 방법을 취하고 있다. 연금을 사후분할할 경우 사망이나 장애 등으로 분할연금 의무자가 노령연금 수급권을 취득하지 못한 경우에는 분할연금 수급권은 발행하지 않게 되어 분할연금을 수급할 수 없는 문제점이 발생하게 된다(유호선, 2010; 류건식·김대환, 2012).

이처럼 분할연금은 이혼 후 60세에 도달한 후 연금분할을 하는 사후분할방식을 취하고 있고, 혼인 기간이 5년 이상인 경우에만 수급을 허용하고 있으며,

아직은 급여 수준 또한 낮아 여러 가지 문제점을 가지고 있다. 그럼에도 불구하고 지금까지 가부장적인 가족문화로 인해 노후준비 또한 남성위주로 이루어지고 있는 현실에서 분할연금은 결혼기간 동안 부부의 소득 및 비소득 활동에 대해 동등한 경제적 가치 인정을 기반으로 하고 있다는 점에서 여성 사회권은 점차 강화되고 있다는 것을 확인할 수 있다.

### (2) 양육자 지위 수급권

연금제도에서 양육자 지위 수급권은 일반적으로 양육크레딧의 형태로 제공된다. 양육크레딧은 법정 모성휴가(maternity)기간 혹은 모성급여(maternity pay)를 수급하는 기간에 제공되는 형태와 양육기간(childcare)에 제공되는 형태의 2가지로 분류되고 있다(Monticone, 2008; 유호선, 2010년 재인용). 법정 모성휴가 혹은 모성 급여 기간의 연금보험료 기여는 EU국가들의 경우 거의 모든 국가에서 크레딧의 형태나 모성급여에 의해 이루어지고 있다. 그러나 한국의 경우 90일의 법정 모성 휴가기간에는 크레딧이 적용되지 않고 있다. 앞서 살펴본 바와 같이 출산휴가 및 육아휴직을 사용하는 여성근로자가 늘어나고 있지만 출산휴가기간 동안 국민연금 납입은 고용보험에서 90일분 전액을 지급하는 우선 대상기업의 경우 90일 모두 납부예외로 처리되고 있으며, 우선지원 대상이 아닌 대기업에 근무하는 경우에는 법정휴가기간 중 회사로부터 임금을 받을 수 있는 60일을 제외한 나머지 30일은 납부예외로 처리되고 있다. 또한 육아휴직급여의 경우도 국민연금법 상 소득에 포함되지 않아 납부예외를 적용하고 있다(국민연금법 제91조 1항).

일반적으로 후자의 경우, 즉 양육 기간에 제공되는 형태를 양육크레딧이라고 지칭한다. 한국의 출산크레딧(childbirth credit)제도도 후자에 속하는 크레딧이나 제도의 명칭을 양육크레딧이 아닌 출산크레딧으로 지칭하고 있다. 한국은 합계출산율이 2012년 1.3명(통계청, 2012)으로 세계에서 출산율이 가장 낮은 국가군에 속하였고 2022년 0.78명(통계청, 2022)으로 현재까지도 합계출산율이 감소하고 있다. 반면 인구고령화 속도는 가속화되고 있어 저출산 고령화 문제는 심각한 사회문제로 인식되고 있다. 국민연금의 출산크레딧제도는 이러한 배경하에 출산율 제고와 여성의 연금수급권 확대를 목표로 2007년에 도입한 제도이다.

출산크레딧의 적용대상은 국민연금 가입자 또는 가입자였던 자, 즉 수급권을 획득할 수 있는 자에 한하며, 부부의 합의에 의해 어느 한쪽의 가입기간에만 전체를 적용하는 것을 원칙으로 하되, 만약 부와 모가 합의하지 아니하는 경우에는 균분하도록 하고 있다. 이는 여성들이 출산과 양육으로 노동시장에서 이탈하게 될 경우 최소가입기간(10년)을 충족시키지 못하여 결과적으로 연금수급권이 발생하지 않을 경우에 출산 크레딧의 혜택을 볼 수 없다는 점을 고려한 조치라고 할 수 있다. 그러므로 이들에게 1년 정도의 크레딧이 가산되어도 최소가입기간을 채울 수가 없기 때문에 합의에 의해 유리한 쪽의 가입기간에 전체 기간을 산입을 할 수 있도록 하였다. 따라서 한국의 출산크레딧은 가족단위의 보상적 성격을 갖는다고 할 수 있다.

**〈표 12-8〉 출산크레딧 인정기간**

| 구분 | 둘째 | 둘째+셋째 | 둘째+셋째+넷째 | 다섯째 이상 |
|---|---|---|---|---|
| 인정기간 | 12개월 | 30개월(12+18) | 48개월(12+18+18) | 최대 50개월 |

출처: 국민연금공단 내부자료.

출산크레딧을 12개월에서 50개월까지만 인정해 준다는 것은 출산과 양육에 대한 사회적 보상이라고 하기엔 너무 미약하다. 더구나 첫 번째 자녀는 제외가 되고 있어 한국이 대표적인 저출산 국가임을 감안하면 유명무실한 제도가 될 수 있다. 또한 최대기간인 50개월을 인정받으려면 다섯 자녀를 출산해야 하므로 현실성도 부족하다. 자녀수에 따른 차등 가산은 출산크레딧이 여성의 출산

·육아기의 소득상실에 대한 사회적 제도적 보상으로서의 의미보다는 단지 출산율을 높이기 위한 정책이라는 한계를 보임으로써 여성의 출산·육아에 대한 무급노동의 가치가 정착화 되기 어려운 우려가 상존할 수 있다. 뿐만 아니라 2023년 6월 국민연금공단의 '국민연금 출산크레딧 현황'에 따르면 출산크레딧 수급자 남성이 전체 수급자의 97.9%를 차지하고 여성수급자는 99명으로 2.1%에 불과했다. 출산·육아로 인한 경력단절로 연금 수급 자격이 발행하는 가입기간 10년을 채우지 못해 크레딧 혜택을 받지 못하는 여성이 대부분이다. 결국 출산의 주체인 여성은 혜택을 받지 못하는 상황이 되고 만다. 따라서 출산크레딧을 양육크레딧으로 전환하여 더 많은 여성이 연금수급권을 획득할 수 있도록 해야 한다는 비판이 있다(연합뉴스, 2023. 10. 20.).

외국의 사례를 살펴보면, 자녀수에 관계없이 한 자녀 당 독일은 3년의 크레딧을 인정해주고, 스웨덴은 4년을 인정해 주고 있다. 특히 스웨덴의 경우 자녀를 두 명 낳아서 8년을 쉬어도 연금급여는 줄어들지 않으며, 인정소득도 최소한 전체평균소득의 75% 이상을 받을 수 있어 저소득층 여성의 경우 자신이 취득할 수 있는 소득보다 훨씬 더 높은 수준을 인정받게 된다(김수완, 2005; 박진화, 2013). 그에 비하면 최저 12개월부터 최고 50개월을 제공하는 우리나라의 크레딧 인정기간은 매우 짧은 수준이다. 출산·육아에 대한 사회적 보상은 여성의 무급노동에 대한 보상의 논리로 뒷받침되어야 한다. 특히 저출산은 연금보험료 납부인구가 줄어드는 것을 의미하기 때문에 출산 및 육아에 대한 연금제도 내에서의 적절한 사회적 보상은 양육자 사회권 차원에서 정당성을 가질 수 있다(박진화 외, 2014).

# 3. 공공부조

소득보장제도는 주로 사회보험제도와 공공부조로 구성된다. 공공부조란 생활수준이 빈곤선 이하로 떨어지게 되면 누구나 신청에 의하여 빈곤선까지의 생활을 보장받을 수 있게 해주는 소득보장제도로서 전 국민에게 인간다운 최저생활을 보장하는 마지막 안전망 제도라 할 수 있다. 따라서 사회보험제도가 예방적인 성격이 강하다면, 공공부조는 사후대책적인 성격으로 규정될 수 있다. 예방적인 사회보험제도가 빈곤을 예방하는 기능을 얼마나 수행하는가에 따라 공공부조의 기능과 역할이 상당 부분 결정된다고 할 수 있다.

우리나라는 1961년 「생활보호법」이 제정되었으나 미비한 수준의 생계보호만 이루어지다가 점차 발전하여 1999년 국민기초생활보장법이 통과되어 2000년부터 최저생계비 이하의 모든 국민에게 최저의 생계를 보장해 주게 되었다. 생활보호법은 욕구 충족의 책임은 개인이고, 이에 '근로 능력이 없는 자'만이 그 대상으로 규정함으로써 빈곤의 책임을 일차적으로 개인에게 두고 있으나 기초생활 보장법은 근로 능력이 있어도 생계가 어려운 자에게 생계급여를 제공함으로써 빈곤의 책임을 어느 정도 사회에 두고 있다고 본다. 따라서 여성 빈곤에 대한 구조적인 시각을 도입했다고 볼 수 있다(정은 외, 2009)

## 1) 국민기초생활보장제도 신청 및 급여의 종류

### (1) 신청방법

국민기초생활보장제도는 생활이 어려운 저소득 가구의 가구원, 그 친족 및 기타 관계인이 해당 가구의 급여를 신청하는 것이 원칙(신청주의)이다. 하지만 사회복지전담공무원이 급여를 필요로 하는 자가 누락되지 않도록 관할지역 내에 거주하는 수급권자(생활이 어려우나 급여신청을 하지 않았거나 신청서를 작성할 수 없는 자)에 대한 급여를 본인의 동의를 얻어 직권으로 신청할 수 있다(직권주의).

### (2) 수급권자 선정기준

현행 국민기초생활보장제도에서는 소득과 재산을 일원화한 소득인정액 기준, 부양의무자 기준 두 가지를 동시에 충족시켜야 수급권을 획득할 수 있다.

먼저 소득인정액 기준이란 소득인정액(소득평가액+재산의 소득환산액)이 생계급여 선정기준 이하의 가구를 말한다. 2023년 생계급여 최저보장수준 및 선정기준은 다음과 같다.

**〈표 12-9〉 2023년 최저생계비 및 현금급여 기준** (단위: 원/월)

| 구분 | 1인 가구 | 2인 가구 | 3인 가구 | 4인 가구 | 5인 가구 | 6인 가구 |
|---|---|---|---|---|---|---|
| 기준 중위소득 (A) | 2,077,892 | 3,456,155 | 4,434,816 | 5,400,964 | 6,330,688 | 7,227,981 |
| 생계급여 선정 및 급여기준 (A의 30%) | 623,368 | 1,036,846 | 1,330,445 | 1,620,289 | 1,899,206 | 2,168,394 |

* 8인 이상의 기준 중위소득: 1인 증가 시 879,534원씩 증가(8인 가구: 8,987,049원)
* 8인 이상 가구의 선정기준: 1인 증가 시 263,861원 증가(8인 가구: 2,696,116원)

출처: 보건복지부(2023). 국민기초생활보장사업안내.

다음의 요건에 해당하는 자는 기준을 충족한다. ① 부양의무자가 없는 경우, ② 부양의무자가 있어도 부양능력이 없는 경우, ③ 부양의무자가 있어도 부양능력이 미약한 경우로서 수급권자에 대한 부양비 지원을 전제로 부양능력이 없는 것으로 인정하는 경우, ④ 부양능력 있는 부양의무자가 있어도 부양을 받을 수 없는 경우를 말한다.

### (3) 급여의 종류

급여의 종류는 생계급여, 주거급여, 교육급여, 해산급여, 장제급여, 자활급여, 의료급여, 긴급급여가 있다. 생계급여액은 현금급여기준에서 가구의 소득 인정액과 주거급여액을 차감하여 산정한다.

## 2) 국민기초생활보장제도 수급현황

### (1) 국민기초생활수급자 현황

2021년 12월 말 기준 국민기초생활보장 수급자는 약 236만 명(172만 8천 가구)이며 인구 대비 기초생활보장수급자의 비율인 수급률은 4.6%이다. 수급자의 종류별로 보면 일반수급자가 96.2%이며, 시설수급자는 3.8%이다.

**〈표 12-10〉 수급자수와 구성 비율(2021년)** (단위: 명, %)

| | 계 | 일반수급자 | 시설수급자 | 가구 수 |
|---|---|---|---|---|
| 수급자수 | 2,359,672 | 2,268,852 | 90,820 | 1,728,389가구 |
| 구성비 | 100 | 96.2 | 3.8 | |

출처: 보건복지부(2021). 2021년 국민기초생활보장 수급자 현황.

### (2) 성별에 따른 연령계층별 국민기초생활보장제도 수급현황

2021년 기준 전체 기초생활수급대상자 2,268,852명 중 여성이 55%(1,257,019명), 남성은 45%(1,011,833명)의 비율을 보였다. 연령계층별로 분포를 살펴보면, 남성의 경우 20세 이상 64세 미만의 수급자가 전체 남성 수급자 중 51%를 차지하고 65세 이상은 30%로 상대적으로 낮게 차지하는 반면, 여성의 경우 65세 이상이 44%로 남성에 비해 노년기에 접어들수록 수급자가 많아지는 현상을 볼 수 있다.

특히 65세 이상의 연령에서 여성의 수가 남성에 비해 약 1.5배 이상 많은 점과 노인세대가 수급대상에서 많은 점은 여성노인인구의 증가[3)]라고 하는 측면과 남성보다 높은 여성의 기대수명, 근로능력이 있을 시기부터의 빈곤의 연장에서 비롯되는 것으로 볼 수 있다.

**〈표 12-11〉 성별·연령계층별 수급자 현황** (단위: 명)

| | | 총 계 | | | |
|---|---|---|---|---|---|
| | | 총 계 | 0~19 | 20~64 | 65세 이상 |
| 2021년 | | 2,268,852 | 384,839 | 1,031,617 | 852,396 |
| | 남성 | 1,011,833 | 195,755 | 514,625 | 301,453 |
| | 여성 | 1,257,019 | 189,084 | 516,992 | 550,943 |

출처: 보건복지부(2021). 2021년 국민기초생활보장 수급자 현황.

생애주기별 총 인구수에 대비한 성별수급률 역시 연령계층별 성별수급률과 유사한데 학령기 이후부터 여성의 수급률이 남성보다 높거나, 같게 나디났으며 특히 노년기에 현저한 차이가 나타나는 것을 볼 수 있다.

**〈표 12-12〉 생애주기별 남녀의 총인구대비 수급자 현황 분포** (단위: %)

| | 계 | 영유아기 | 학령기 | 청소년기 | 청년기 | 중년기 | 노년기 |
|---|---|---|---|---|---|---|---|
| 남성 | 3.9 | 1.9 | 4.3 | 6.0 | 1.5 | 3.9 | 7.8 |
| 여성 | 4.9 | 1.9 | 4.3 | 6.2 | 2.1 | 3.7 | 11.0 |

주: 영유아기(0~5세), 학령기(6~11세), 청소년기(12~19세), 청년기(20~39세), 중년기(40~64세), 노년기(65세 이상)

출처: 보건복지부(2021). 2021년 국민기초생활보장 수급자 현황.

3) 2021년 기준, 연령계층별 여성인구 중 65세 이상의 비중이 19.3%(4,990,525명)인 반면 남성인구 중 65세 이상의 비중이 15% (3,860,508명)으로 여성인구수가 남성보다 1,130,017명 많다. 여성 노인의 비율은 해마다 점점 더 증가하는 추세이다.

### (3) 수급자의 가구 유형별 현황

2021년 국민기초생활보장 수급자의 가구 유형은 대부분 노인, 장애인, 모자·부자가구 등 취약계층 세대가 60%이며, 보다 안정된 가구인 일반세대는 27.0%이다. 실질적으로 2021년 기준 여성의 기대수명은 86.6년으로 남성 80.6년보다 6년(통계청, 2021) 더 높은 것과 현재 우리나라의 5가구 중 한 가구는 여성이 가구주인 것을 감안하면 향후 노인세대, 모자세대를 비롯해 전반적인 가구 유형에서 여성수급자가 남성수급자의 비율보다 계속 증가할 것으로 보인다.

**〈표 12-13〉 수급자의 가구 유형별 현황** (단위: 가구, %)

| | 계 | 노인 세대 | 소년소녀 가장세대 | 모자 세대 | 부자 세대 | 장애인 세대 | 일반 세대 | 기타 |
|---|---|---|---|---|---|---|---|---|
| 가구 수 | 1,637,569 | 518,799 | 1,892 | 176,319 | 48,824 | 236,581 | 442,202 | 212,952 |
| 구성비 | 100 | 31.7 | 0.1 | 10.8 | 3.0 | 14.4 | 27.0 | 13.0 |

출처: 보건복지부(2021). 2021년 국민기초생활보장 수급자 현황.

## 3) 여성 가구주 현황

2021년 우리나라 여성 가구주는 664만 7천 가구로 전체 가구의 32.3%를 차지한다. 여성 가구주 가구의 비율은 '15년 29.4%에서 '20년 31.9%, '21년 32.3%로 늘어나고 '30년 35.4%' 추정치로 지속적인 증가추세를 보인다. 연령계층별로 여성 가구주의 추이를 보면, 65세 이상 가구주의 비중이 급속도로 늘어나 20년 여성 노인 1인 가구는 전체 노인 1인 가구 중 71.9%로 00년의 약 2.6배가 증가하였다.

**〈표 12-14〉 여성 가구주 현황**

(단위: 천 가구, %)

| | 가 구 | 여성 가구주 | 남성 가구주 | 여성 가구주 비율 |
|---|---|---|---|---|
| 2015 | 19,013 | 5,586 | 13,427 | 29.4 |
| 2020 | 20,350 | 6,487 | 13,862 | 31.9 |
| 2021 | 20,573 | 6,647 | 13,926 | 32.3 |
| 2030 | 22,651 | 7,803 | 12,234 | 35.4 |

출처: 여성가족부(2021). 2021년 통계로 보는 여성의 삶.

**〈표 12-15〉 노후 준비 방법(18세 이상, 2021)**

(단위: %)

| | 계 | 준비하고 있음 | 소계 | 국민연금 | 예금적금 | 직역연금 | 사적연금 | 부동산운용 | 퇴직급여 | 주택연금 | 기타 |
|---|---|---|---|---|---|---|---|---|---|---|---|
| 2021 | 100.0 | 67.4 | 100.0 | 59.1 | 14.0 | 8.5 | 6.5 | 4.7 | 3.8 | 1.6 | 1.9 |
| 전체여성 | 100.0 | 64.2 | 100.0 | 55.8 | 16.4 | 8.4 | 7.4 | 5.2 | 3.7 | 1.8 | 1.3 |

출처: 통계청(2021). 2021년 사회조사 결과(복지, 사회참여, 여가, 소득과 소비, 노동).

한편 노후 준비 방법으로는 국민연금이 가장 높은 비중을 차지하고 있으나 실제 노후를 준비하고 있는 여성은 약 64.2%에 불과하다. 또한 생활비 마련 방법은 60세 이상 전체여성 중 65.0%의 여성이 '본인 및 배우자'가 직접 생활비를 마련한다고 답했고, '자녀 또는 친척 지원(19.6%)'은 감소 추세를 보이며 '정부 및 사회단체의 도움(15.4%)'은 증가 추세이다.

**〈표 12-16〉 생활비 마련 방법(60세 이상, 2009)**

(단위: %)

| | 계 | 본인 및 배우자 부담 | 소계 | 근로소득, 사업소득 | 연금, 퇴직금 | 재산소득 | 예금 | 자녀 또는 친척 지원 | 정부 및 사회 단체 | 기타 |
|---|---|---|---|---|---|---|---|---|---|---|
| 2021 | 100.0 | 72.5 | 100.0 | 57.3 | 29.7 | 7.7 | 5.3 | 14.1 | 13.4 | 0.0 |
| 전체여성 | 100.0 | 65.0 | 100.0 | 54.9 | 8.9 | 29.7 | 6.6 | 19.6 | 15.4 | 0.0 |

출처: 통계청(2021). 2021년 사회조사 결과(복지, 사회참여, 여가, 소득과 소비, 노동).

핵가족화와 노인 단독가구의 증가로 경제적인 어려움을 겪고 있는 여성노인들을 위해서 효과적인 가족부양이 이루어지기 위한 정책수립이 필요하다. 국가의 직접적 지원에는 한계가 있으므로 가족 및 친족의 공동부양 책임의식의 고양, 각종 세제해택, 부양자 교육, 지지집단을 조성하여 자조모임을 형성하고, 전문가의 상담을 바탕으로 회원 간의 정보교환과 휴식서비스 제도의 확립이 필요하다.

노동시장에서 여성에 대한 불평등 요소들을 제거하고, 생계유지에 필요한 직접적인 소득획득의 기회를 증대시킴으로써 근로소득을 창출케 하여 노후소득을 확보하게 해야 한다. 이를 위해 여성의 잠재능력을 최대한 계발하고 발휘할 수 있도록 양성평등교육과 고용평등정책이 확대 실시되어야 한다. 현재 여성노인이 가족에 대한 의존성에서 탈피할 수 있는 사회적 교육기제가 마련되어야 하며 이것을 통해 여성노인에게 변화하는 사회를 이해할 수 있는 시각을 마련해 주어 여성노인 스스로 의식을 전환하도록 돕는 것이 필요하다. 아울러 고령자취업알선센터의 역할을 확대하고 효율적인 운영방안을 마련하여 취업의사가 있는 여성노인의 취업 기회를 확대하여 여성노인의 연령대로 적합한 직종을 개발해야 한다. 여성노인에 대한 개별적 직업상담과 연계성 있는 직업훈련을 통하여 고령자의 취업 능력을 배양시켜야 한다. 취업노인에 대한 지속적인 관리 및 교육을 통해 취업의 연속성을 확보하며, 노인의 전문성을 제고하여 여성노인의 개인 특성에 부합한 고용정책을 실시하도록 데이터베이스의 확립이 요청된다.

노인복지정책은 노인 자신이 소비자로서 자신에게 필요한 욕구를 선택할 수 있는 권리가 존중되고 부양자와 피부양자 사이에 예상되는 갈등을 해소할 수 있는 연구와 서비스도 활발히 개발되어야 한다.

## 생각해보기

**01** 한국형 사회복지국가를 향한 성통합모델에 대해 생각해 보자.

**02** 사회보장제도의 사각지대에 있는 여성에 대해 논의하고 그 대책을 토의해 보자.

**03** 젠더의 관점에서 외국의 사회보장제도와의 비교를 통해 시사점을 도출해 보자.

# 참/고/문/헌


강성도 (2001). **자원봉사의 이론과 실제**. 동남기획.

강이수 (2009). **일 · 가족 · 젠더: 한국의 산업화와 일-가족 딜레마**. 한울.

곽삼근 외 (2005). 생애주기별 성역할 발달과 갈등. **한국여성학**, 21(2), 14, 7-179.

구명숙 외 (2005). 기혼여성의 재취업구조에 관한 사례연구: 전업주부 재취업훈련참가자를 중심으로. **한국가정관리학회지**, 23(3), 162-167.

구애자 (2004). 여성적 리더십이 조직성과에 미치는 영향: 직무만족과 조직몰입을 중심으로. 한국항공대학교 경영대학원 석사학위논문.

구은정 (2019). 일상생활에서 체현된 가사노동의 가치. **여성연구**, 102(3), 61-102.

권봉헌, 이광옥 (2013). 가족친화적 조직문화와 집단효능감이 외식기업 조직구성원의 직무만족에 미치는 영향. **호텔리조트연구**, 12(1), 21-35.

권혜원 (2016). 비교연구의 관점에서 본 한국의 유연근무제와 일-생활 균형: 제도의 실효성을 저해하는 요인은 무엇인가?, **전문경영인연구**, 19(1), 71-99.

김갑성 (2006). 한국 내 다문화가정의 자녀교육 실태조사 연구. 서울교육대학교 대학원 석사학위논문.

김경희, 류임량 (2008). 여성단체의 일 · 가정양립 제도화를 위한 활동과 특성. **페미니즘 연구**, 3(2), 66-116.

김난주 (2014). 2013년 경력단절여성 등 경제활동실태조사 결과를 중심으로. **젠더리뷰**, 32, 13-27.

김다영 (2022). 2021년 성희롱 실태조사 연구. 여성가족부.

김보명 (2018). 여성인권과 문화적 차이의 문제. **젠더리뷰, 겨울호**, 38-43.

김복규 (2000). 우리나라 여성정책의 변화와 발전과제. **한국행정학회 비정기학술 발표논문집**, 2000(1), 1-17.

김상찬 외 (2011). 국제결혼여성의 인권보호를 위한 법적 과제. **법학연구**, 43(1), 321-322.

김선미 (2009). 이주 · 다문화 실태와 지원 사업 분석: 정부주도와 시민주도사. 국제뇌교육대학원 평화학과 학위논문.
김선택 (2010). 다문화사회와 헌법. **헌법학연구, 16**(2), 1-47.
김성옥 외 (2008), **사회보장론**. 창지사.
김소영, 진미정 (2016). 부부의 가사노동 시간변화: 2004년-2014년 생활시간조사자료 분석. **한국가정관리학회지, 34**(3), 65-84.
김수정, 김은지 (2007). 한국 맞벌이 가구에서 가사노동과 경제적 의존의 관계-교환 혹은 젠더보상? **한국사회학, 41**(2), 147-174.
김수한 (2012). 기업조직의 변화와 여성의 관리직 진출. **한국사회, 13**(2), 113-138.
김수한, 심동은 (2014). 기업 내 여성관리자의 성차별 경험. **한국사회학, 48**(4), 91-125.
김승현 (2009). 여성리더십 및 팔로워십 유형과 조직몰입과의 관계. 한양대학교교육대학원 석사학위 논문.
김양희 (2001). 21세기 성주류화를 위한 국민여론 및 전문가 의견 조사. **한국여성정책연구원 연구정책세미나, 2001**(0), 1-617.
김양희 (2006). 여성, 리더 그리고 여성 리더십. 삼성경제연구소 SERI 연구에세이.
김양희 외 (2000). 21세기 여성정책에 대한 국민의식조사 연구. 여성특별위원 & 한국여성개발원.
김영미 (2011). 스웨덴의 시간제 근로: 유연성과 성평등의 긴장 속 공존. **산업노동연구, 17**(1), 293-319.
김영순 (2010). 비정규직 여성노동자의 사회권을 통해 본 한국의 젠더체제. **사회보장연구, 26**(1), 261-287.
김영옥 (1998). 여성취업력의 동태적인 변화 분석. 한국여성개발원.
김영옥 외 (2006). 여성노동시장의 양극화 추이와 과제. 한국여성개발원.
김영화, 권신영, 최영진 (2011). **현대사회와 여성복지**. 양서원.
김용화 (2006). 성인지적 관점에서 바라본 성평등 실현에 관한 연구. 숙명여자대학교 박사학위논문.
김은경 (2015). '워킹맘' 일·가정 양립 지원 정책 평가: 논리모형을 중심으로. 중앙대학교 대학원 석사학위논문.
김은정, 장영철 (2011). 가족친화적 조직문화와 직무만족의 영향관계 실증연구-한국과 일본 국제비교연구. **한국경영논집, 50**, 89-128.
김인숙 외 (2001). **여성복지론**. 나남출판.
김지경 (2004). 젊은 기혼여성의 출산 후 취업연속성 결정요인. **대한가정학회지, 42**(3), 91-104.

김진욱 (2010). 한국 사회보장제도의 확장과 한계: 그 성과와 사각지대의 재조명. **한국사회정책**, 17(1), 63-93.

김진이 (2007). HIV/AIDS와 젠더불평등에 관한 연구: 사하라 이남 아프리카를 중심으로. 이화여자대학교 석사학위논문.

김태홍 외 (2009). 지속가능한 발전과 일가정양립 정책연구. 한국여성정책연구원 연구보고서.

김혜란 (2011). 성별영향평가와 성인지예산의 연계방향. 한국행정학회 동계학술대회.

김희강 (2009) 여성인권의 딜레마. **한국정치학회보**, 43(4), 99-124.

박경일 (2008). **사회복지정책론**. 공동체.

박귀영 외 (2017). **가족과 젠더**. 양서원.

박미선 (2013). 여성적 리더십 사례연구: 김만덕, 안철수, 유한킴벌리 CEO를 중심으로. 숙명여자대학교 사회교육대학원 석사학위 논문.

박복순 (2018). 가정폭력처벌법 시행 20주년의 평가 및 향후 과제. **여성연구**, 99(4), 181-218.

박선영 (2015). 양성평등기본법의 입법 의의와 과제. 제88차 여성정책포럼.

박수미 (2003). 한국여성들의 두 번째 노동시장 이행에 대한 종단적 연구. **한국여성학**, 19(1), 43-80.

박애리 외 (2022). 코로나19 시기 결혼이주여성과 자녀의 인권: 변화된 자녀양육과 심리적 상태를 중심으로. **가족과 문화**, 34(3), 1-26.

박은하 (2013). 사회복지정책 환경 변화에 따른 복지국가의 정책적 대응이 노동시장 내 젠더불평등에 미치는 영향: OECD 국가의 노동정책과 가족정책을 중심으로. 연세대학교 박사학위논문.

박주희 (2022). **다학제적 관점에서의 가족과 젠더**. 양서원.

박진화 외 (2014). 국민연금 수급권을 통해 본 한국여성의 사회권. **인문논총**, 34, 137-166.

박채복 (2010). 지식정보화 사회와 여성적리더십. **동아시아: 비교와 전망**. 9(1), 155-174.

배화옥 외 (2015). **인권과 사회복지**. 나남.

봉민근 (2007). **리더십**. 지역사회연구소.

서동희 (2006). 정책대상으로서의 '여성'개념과 연금정책의 방향. **한국정책학회보**, 15(2), 37-54.

서동희 (2008). 여성의 일-가정양립을 위한 육아문화와 기업의 사회적 공헌. **한국콘텐츠학회논문지**, 8(2), 173-181.

서동희 외 (2004). 한국와 영국, 스웨덴의 여성정책의 형성과 정부역할의 변화- 여권론적관점을 중심으로. **한국행정학보**, 38(6), 349-370.

서동희 외 (2009). 저출산 극복을 위한 여성 직업능력개발 및 취업 지원 방안. 한국직원능력개발원.

석재은 (2004). 여성의 성별 격차와 여성의 연금보장 방안. **보건사회연구**, 24(1), 93-129.

송다영 (2019). 젠더와 격차, 사회정책 과제. **보건복지포럼**, 270, 56-69.

송다영, 김미주, 최희경, 장수정 (2011). **새로 쓰는 여성복지론 쟁점과 실천**. 양서원.

송인자 (2010). 성별영향평가 환류현황과 개선방안. 제2차 성주류화포럼. 한국여성정책연구원.

송하식, 김용순 (2009). 유리천장에 대한 지각과 이직의도. **산업과 경영**, 22(1), 254-264.

신경아 (2014). 불안정한 노동시장에서 살아남기? 한국여성연구소 엮음. **젠더와 사회**(pp. 331-362). 동녘.

신경아 (2015). 시간선택제 여성노동자의 조직 내 주변화에 관한 연구. **한국여성학**, 31(2), 131-179.

신기석, 박영인 (2001). 복지국가의 여성정책 과제. **동아대학교 대학원논문집**, 26, 217-237.

안 진 (2013). 결혼이주관련법제의 문제점과 개선방안에 대한 일 고찰- 결혼이 주여성의 인권법적 관점에서. **법학연구소**, 30, 41-74.

여유진, 김태완, 김수정, 송치호 (2010). 경제위기에 따른 취약계층의 변화실태와 사회안전망 평가 및 향후 대책방안- 젠더적 관점의 Human New Deal 정책(복지부문). 한국여성정책연구원. 한국보건사회연구원.

염명순 외 (1999). 비전형적 성역할 교육 프로그램이 유치원아의 성역할 고정관념에 미치는 영향. **한국아동학회지**, 20(4), 91-104.

염유식, 성기호 (2021). 두 불평등 이야기: '직종 간 불평등'과 '직종 내 불평등'으로 검토한 노동시장에서의 성 불평등. **한국사회학**, 55(4), 161-203.

오은진 외 (2008). 경력단절여성의 취업욕구 조사연구. 한국여성정책연구원.

오현규, 김화연, 박성민 (2016) 한국 여성근로자의 성차별 인식에 관한 연구. **한국행정논집**, 28(2)(2016 여름), 307-328.

우에노 치즈코 (1994). **가부장제와 자본주의**. 이승희 역. 녹두.

유미숙 (1986). 직업에 대한 아동의 성별 고정관념의 인식. **한국아동학회지**, 7(2), 17-32.

유용식, 손호중 (2009). 다문화사회 대응정책 우선순위에 관한 연구. **사회복지정책**, 36(2), 447-470.

유해미 (2004). 젠더차원에서 본 복지국가 재편시기의 양육정책변화에 관한 연구. 고려대학교 박사학위논문.

이무선 (2014). 인권차원에서의 결혼이주여성보호법제의 재정비 방안. **법학논총, 32,** 131-159.

이소영 (2001). 여성복지 실천을 위한 페미니즘적 접근: 임파워먼트를 중심으로 한 이론적 고찰. 중앙대학교 사회개발대학원 석사학위논문.

이재희 (2004). 여성의 노후소득보장을 위한 국민연금제도의 개선방안. **한국생활과학회지, 13**(4), 555-568.

이정희 (2019). 탈성매매 여성의 회복 경험에 대한 사례연구: 구조지원사업 이용자를 중심으로. 계명대학교 대학원 사회복지학과 박사학위논문.

이진숙 외 (2001). 가족복지정책의 발전과정 속에 나타난 쟁점들과 대응. **사회복지연구, 30,** 5-38.

이혜경 (2002). 한국의 여성빈곤과 공공부조 및 여성복지서비스 정책. 젠더와 사회. 한양대여성연구소.

이혜경 외 (2003). 성통합적 복지국가재편 논의를 위한 여성주의적 비판. **사회보장연구, 19**(1), 161-189.

이화여자대학교 경영연구소 (2001). **가족친화적 환경과 기업정책.** 이화여자대학교 경영연구소.

임미영 외 (2002). 한국국민연금의 성 불평등 구조: 가입과 급여의 적격성을 중심으로. **한국행정학보, 26**(4), 167-185.

임소현 (2011). 우리나라 다문화정책의 진단 및 개선과제에 대한 연구- 다문화가정의 결혼이주여성을 위한 정책을 중심으로. 한국행정학회 춘계학술대회.

장서영 외 (2007). 경력단절여성 취업지원 프로그램개발 연구. 한국고용정보원.

장서영 외 (2008). 고학력 경력단절 여성의 노동시장 재진입 과정에 관한 질적 연구. **여성연구, 74**(1), 79-104.

장지은 (2008). 젠더특성이 조직유효성에 미치는 영향에 관한 연구: 여성적 리더십 중심으로. 숙명여자대학교 사회교육대학원 석사학위 논문.

정봉성 (2010). **현대사회와 리더십.** 경남문화.

정재훈 (2005). 국민연금제도의 발전 방안에 대한 연구: 양성 평등적 관점에서의 비판적 분석. **한국사회복지학, 57**(3), 31-50.

정현숙 외 (2020). **가족과 젠더.** 신정.

정혜정 외 (2009). **가족과 젠더.** 신정.

조선미 외 (2022). 2022년 여성가족패널조사. 한국여성정책연구원.

조성원 (1987). 직업 및 활동에서의 성역할 고정관념 발달에 관한 연구. 이화여자대학교 대학원 석사학위논문.

조흥식 외 (2000). **여성복지학**. 학지사.

주재선 (2009). 한국의 성인지 통계. 한국여성정책연구원.

차인순 (2015). '양성평등기본법'의 의미와 과제. 한국행정학회 여성정책연구회.

최규련 외 (1995). 맞벌이 가족의 문제와 해결방안. 한국여성개발원.

최병우 (2004). 직무만족에 있어 조직·직무특성, 대인적 환경특성의 영향: 남·녀 차이를 중심으로. **산업경제연구**, 17(4), 1195-1214.

최윤경, 김윤환, 이혜민 (2015). 육아정책연구소, 세계육아정책 시리즈 15 스웨덴의 육아정책 II, p. 4.

최윤정 외 (2019). 2018년 전국다문화가족실태조사 연구. 여성가족부.

최정일 (2018). 성매매 규제 및 성매매여성의 탈(脫)성매매를 위한 법제도적 지원 방안에 대한 연구. **보호관찰**, 18(1), 123-159.

한국여성정책연구회 (2002). 한국의 여성정책. 미래인력연구원·지식마당.

허민숙 (2013). 국제 여성인권운동과 여성인권의 지역적 실천. **세계정치**, 19, 97-134.

허수연, 김한성 (2019). 맞벌이 부부의 가사노동 시간과 분담에 관한 연구. **한국가족복지학**, 64, 5-29.

홍미영 (2004). 여성공무원에 대한 '유리천장' 현상에 관한 연구: 성별 차이 비교를 통한 시론적 분석. **한국사회와 행정연구**, 15(3), 329-363.

홍미영 외 (2015). 예산의 제도화와 정책 인식의 변화: 부산지역 성인지예산제도를 중심으로. 한국정책학회·한국지방정부학회 공동 추계학술대회.

홍태희 (2009). 젠더의 역사적 구성: 성별관계와 여성경제사. **여성경제연구**, 6(2), 85-109.

황수경 (2003). 여성의 직업선택과 고용구조. 한국노동연구원.

황수경 (2006). 고학력 경력단절 여성의 재취업을 위한 맞춤형 직업훈련지원연구. 교육인적자원부.

경찰대학교 치안정책연구소 (2023). 치안전망 2023을 발간하며.

경찰청 (2023). 2022 경찰통계연보.

고용노동부 (2018). 제6차 남녀고용평등과 일·가정양립 기본계획.

고용노동통계 (2015). 2014년 고용형태별 근로실태조사 보고서.

국가인권위원회 (2020a). 코로나19와 이주민 인권 모니터링 결과보고.

국가인권위원회 (2020b). COVID-19 관련 국제 인권 규범 모음집.
국민연금관리공단 (2009). 2009 국민연금통계연보.
국민연금관리공단 (2013). 2013 국민연금통계연보.
국민연금관리공단 (2014). 2014 국민연금통계연보.
국민연금관리공단 (2015). 2015 국민연금통계연보.
국민연금관리공단 (2021). 2021 국민연금통계연보.
국민연금관리공단 (2022). 2022 국민연금 공표통계.
기획재정부, 여성가족부, 한국여성정책연구원 (2012). 2013년도 성인지예산서작성 매뉴얼.
보건복지부 (2007). 국제결혼가정자녀실태조사.
보건복지부 (2009). 국민기초생활보장 수급자현황.
보건복지부 (2009). 보건복지가족통계연보.
보건복지부 (2010). 복지통계- 한국의 사회복지 지출추계.
보건복지부 (2011). 고시 제2011-96호.
보건복지부 (2013). 2013 국민기초생활보장 수급자 현황.
보건복지부 (2015). 2015 국민기초생활보장 수급자 현황.
보건복지부 (2021). 2021 국민기초생활보장 수급자 현황.
보건복지부 (2023). 2023년 국민기초생활보장사업 안내.
세계경제포럼 (2023). The global gender gap report.
여성가족부 (2006). 기업성장의 지름길 가족친화경영: 가족친화 우수기업사례집.
여성가족부 (2008). 2008년도 기관별 성별영향평가 결과보고서 제5권.
여성가족부 (2009). 성별영향평가 지침.
여성가족부 (2014). 가족친화 우수기업 사례집.
여성가족부 (2015). 제1차 양성평등정책 기본계획.
여성가족부 (2018). 제2차 양성평등정책 기본계획.
여성가족부 (2020). 제3차 경력단절여성 등의 경제활동촉진 기본계획.
여성가족부 (2021a). 2021 통계로 보는 남녀의 삶.
여성가족부 (2021b). 2021년 성별영향평가 종합분석 결과.
여성가족부 (2021c). 2021년 성인지예산서 작성 매뉴얼.
여성가족부 (2022a). 2022 통계로 보는 남녀의 삶.
여성가족부 (2022b). 2022년도 업무추진계획.
여성가족부 (2022c). 2022년 성폭력 안전실태조사.
여성가족부 (2023a). 성별영향평가 지침.

여성가족부 (2023b). 제3차 양성평등정책 기본계획.

저출산·고령사회연구원 (2020). 박수경, 일본의 일·생활균형을 위한 육아휴업제도의 최근 동향 및 시사점 칼럼.

저출산·고령사회연구원 (2022). 홍성민, 일본 산후파파육아 휴직 벤치마킹 칼럼.

저출산·고령사회위원회 (2021). 제4차 저출산·고령사회 기본계획.

정무장관(제2실)실 (1997). 1차 여성정책기본계획 1998-2002.

정부합동 (2014). 일하는 여성을 위한 생애주기별 지원 방안 종합대책.

주영한국교육원 (2017). 영국 보육비 지원정책.

통계청 (2004). 2003년 경제활동인구조사.

통계청 (2010). 일·가정 양립 관련 통계 개발 및 개선 추진계획.

통계청 (2012). e-나라지표.

통계청 (2013). 2013 경제활동인구조사연보.

통계청 (2013). 2013 국민기초생활보장 수급자 현황.

통계청 (2014). 2013년 경제활동인구조사.

통계청 (2014). 경제활동인구조사 부가조사(고령층).

통계청 (2014). 지역별고용조사.

통계청 (2015). 2015 경제활동인구조사연보.

통계청 (2015). 2015 통계로 보는 여성의 삶.

통계청 (2018). 경제활동인구조사 부가조사.

통계청 (2020). 경제활동인구 및 참가율.

통계청 (2021). 2021 경제활동인구조사.

통계청 (2021). 2021년 사회조사 결과(복지, 사회참여, 여가, 소득과 소비, 노동).

통계청 (2022). 성별 임금 및 근로시간.

통계청 (2023). E-나라 지표, 여성 경제활동인구 및 참가율.

통계청 (2023). 성별 경제활동인구 총괄.

통계청 (각 연도). E-나라지표, 지역별고용조사.

통계청 (각 연도). 경제활동인구조사. KOSIS.

통계청 (각 연도). 인구주택총조사보고서.

통계청 (각 연도). 경제활동인구연보.

한국건강가정진흥원 (2022). 2022년 가족친화 우수사례집.

한국보건사회연구원 (2018). 류정희, 이주연, 2018년 국외출장보고서.

한국보건사회연구원 (2019). 홍희정, 스웨덴의 일·생활 균형 정책과 시사점.

한국여성정책연구원 통계 DB 조회. (2021). 한국의 남녀 고용률 격차.
행정안전부 (2011). 결혼이민자 및 혼인귀화자 국적별 현황.
KOSIS (2023). 공공사회복지 지출(OECD회원국).

경향신문 (2015. 5. 27.). 육아휴직 등 가족친화정책, 직장 여성차별 키운다.
경향신문 (2023. 5. 25.). 맞벌이·외벌이 상관없이 가사노동 부담은 아내 몫.
공공뉴스 (2023. 3. 1.). "유리천장 견고" 500대기업 여성 임원 10% 불과.
연합뉴스 (2023. 10. 20.). 국민연금 출산크레딧 혜택 대부분 남성에게… 여성 수급자 2%뿐.
CEO스코어 (2023). www.ceoscore.co.kr

Bem, S. L. (1993). *The lenses of gender.* New Haven: Yale University Press.
Bem, S. L. (1974). The measurement of psychological androgyny. *Journal of Consulting and Clinical Psychology, 42*, 155-162.
Bianchi, S. M., Milkie, M. A., Sayer, L. C., & Robinson, J. P. (2000). Is anyone doing the housework? Trends in the gender division of household labor. *Social Forces, 79*(1), 191-228.
Butler, J. (2006). **젠더트러블**. 조현준 역. 문학동네.
Esping-Andersen. G. (1990). *Three Worlds of Welfare Capitalism.* London: Polity Press.
German, L. (2003). *Sex, Class, and Socialism.* 장경선 역. 책갈피.
Goleman, D., McKee, A., & Boyatzis, R. E. (2002). *Primal Leadership : Realizing the Power of Emotional Intelligence.* Harvard Business School Press.
Hook, J. L. (2006). Care in context: Men's unpaid work in 20 countries, 1965-2003. *American Sociological Review, 71*(4), 639-660.
Kim, J. W. (2009). Welfare States and Feminisation of Poverty. The 5th International Conference on Social Security. Renmin University. Beijing. China. 12-13. September.
Lerner, G. (2004). **가부장제의 창조**. 강세영 역. 당대.
Loden, M. (1985). *Feminine Leadership of How to Succeed in Business without Being One of The Boys*(p. 63), New York: Times Book.
Lorber, J. (2005). **젠더불평등-페미니즘 이론과 정책**. 최은정, 임소희, 임혜련, 정광숙 역.

일신사.

Mazur, A. (2002). Theorizing Feminist Policy. Oxford University Press.

Mclntosh, M. (1978). The State and the Oppression of Women. In A. Kuhn & A. Wolpe(eds.). *Feminism and Materialism*. London: Routeldge.

Meyer, K., & Prugl, E. (eds.). *Gender Politics in Global Governance*. Oxford: Rowman & Little field Pub.

Meyerson, D. E. (2001). *Tempered Radicals: How People Use Difference to Inspire Change at Work*. Boston: Harvard Business School Press.

OECD (2002). Babies & Bosses-Reconciling Work and Family Life (Vol.1) Australia, Denmark and the Netherlands.

OECD (2014). Employment Outlook 2014.

OECD (2020, 2023). Gender Wage Gap.

OECD (2021). Labour Force Statistics Database.

OECD (2021). Sex and Age Indicators.

Okin, S. M. (2000). Feminism, Women's Human Rights, and Cultural Differences. In UmaNarayan and Sandra Harding(eds.). *Decentering the Center: Philosophy for a Multicultural, Postcolonial, and Feminist World*. Bloomington and Indianapolis: Indiana University Press.

Orloff, A. S. (1993). Gender and the Social Citizenship: The Comparative.

Pascall, G. (1997). *Social Policy: A New Feminist Analysis*. London and N.Y.: Routledge.

Reskin, B., & Padavic, I. (1994). *Women and Men at Work*. Pine Forge Press.

Ruderman, N. M., & Ohlott, P. J. (2002). *Standing at the Crossroad : Next Step for High-Achieving Women*. Center for Creative Leadership.

Sainsbury, D. (1994). Women and Men's Social Rights: Gendering Dimensions of Welfare States. D. Sainsbury(ed.). *Gendering Welfare State*. London: Polity.

Shelton, B. A., & John, D. (1996). The division of household labor. *Annual Review of Sociology, 22*(1), 299-322.

Thompson, C. A., Beauvais, L. L., & Lyness, K. S. (1999). When work-family benefits are not enough: The influence of work-family culture on benefit utilization, organizational attachment, and work-family conflict. *Journal of Vocational Behavior, 54*(3), 392-415.

UN/DAW/ECLAC (1998). National Machineries for Gender Governance in M.K.

UNAIDS/WHO (2006). Estimating the state of the AIDS epidemic in countries.

West, C., & Zimmerman, D. H. (1987). Doing gender. *Gender & Society. 1,* 125-151.

Yuval-Davis, N. (2012). **정체성의 정치에서 횡단의 정치를 젠더와 민족**. 박혜란 역. 그린비.

## 저/자/약/력

**서동희**

- 영국 University of Birmingham(사회정책학 박사)
- 가톨릭꽃동네대학교 교수

- 주요논문

- Women and Pension Policy in Sweden, Britain and Korea. 2001(박사학위).
- 한국미혼모에 대한 관점 변화와 정부정책의 방향: 1995년~2020년 소셜미디어 빅데이터 분석. 2021.
- 여성관리자의 직급에 따른 주관적 경력성공 영향요인 연구. 2019.
- 비혼 남녀의 가족 전반에 대한 인식유형 연구. 2021.

- 저서

- 리더십과 인적자원관리. 2020.


## 여성과 사회

**초판발행** 2024년 3월 10일 1판 1쇄 발행 | 2025년 9월 10일 1판 2쇄 발행

지은이 서동희
펴낸이 최용구 | 펴낸곳 도서출판 **신정**
주소 (04316) 서울시 용산구 원효로 89길 19 (원효로1가)
전화 02)3211-4782, 0266(영업부), 3211-4783(편집부), 3211-4784(팩스)
이메일 shinjeong72@naver.com | 홈페이지 www.sjbook.co.kr
등록 2001년 5월 11일 제13-702호
기획마케팅 최용구 장만동 최충구 송대용 | 책임편집 석기은 황가연

ISBN 978-89-5912-902-7 93330
정가 18,000원